Technik transparent

Christof Vieweg

Alles über die
Mercedes-Benz
C-Klasse

Limousine, T-Modell und Sportcoupé

Eine Publikation der DaimlerChrysler AG, Global Service

Vorwort

Professor Jürgen Hubbert,
Mitglied des Vorstands der
DaimlerChrysler AG,
zuständig für das Geschäftsfeld
Mercedes-Benz Pkw und smart.

Die C-Klasse ist eine der tragenden Säulen unseres Pkw-Geschäfts. Seit ihrem ersten Auftritt im Jahre 1982 etablierte sie sich weltweit sehr erfolgreich, begeisterte zahlreiche neue Kunden für die Marke Mercedes-Benz und wird in Zukunft noch weiter an Bedeutung gewinnen.

Die neue Limousine gab dazu im Mai 2000 das Startsignal – mit dem T-Modell und dem Sportcoupé entwickelt sich die dritte Generation der C-Klasse zu einer Modellfamilie, die alles bietet, was sich junge und jung gebliebene Autofahrerinnen und Autofahrer wünschen: Individualität durch drei Karosserievarianten mit jeweils eigenständigem Charakter, Fahrspaß auf Basis modernster Spitzentechnik sowie Mercedes-typische Qualitäten in puncto Sicherheit, Komfort und Zuverlässigkeit.

Die C-Klasse überzeugt aber auch durch Attribute, die das Markenbild von Mercedes-Benz in immer stärkerem Maße prägen: Dynamik, Agilität und formale Ästhetik. Diese Synthese bewährter und neuer Mercedes-Grundwerte machen Limousine, T-Modell und Sportcoupé zu Top-Angeboten in ihren Marktsegmenten. In diesem Buch haben wir alles Wissenswerte über die neue C-Klasse zusammengestellt – alles über Technik, Design und Modellprogramm. Wir informieren ausführlich über die innovativen Hightech-Systeme, geben Tipps für den Auto-Alltag und möchten mit großen Reportagen etwas von dem faszinierenden Fahr-Erlebnis vermitteln, das diese Automobile bieten.

Deshalb wünsche ich Ihnen in doppelter Hinsicht recht viel Spaß – beim Durchblättern dieses Buches und bei allen Fahrten mit der neuen Mercedes-Benz C-Klasse.

Ihr

Jürgen Hubbert

3. aktualisierte Auflage 2001

Copyright by DaimlerChrysler AG, D-70546 Stuttgart

Herausgeber:
DaimlerChrysler AG, Global Service, D-70546 Stuttgart
Für den Herausgeber: Alexander Schniertshauer

Konzeption und Chefredaktion:
Christof Vieweg, CH-6918 Figino

Grafische Gestaltung:
Grandpierre & Partner Design, D-65510 Idstein

Redaktionelle Mitarbeit:
Hans Schilder (Design)

Fotografie:
Markus Bolsinger;
Christoph Altmann, Andreas Lindlahr, Christoph Morlok,
Harry Ruckaberle, Horst Stein, Hans-Jürgen Wiesner,
Archiv Produktkommunikation und Vertrieb Mercedes-Benz Pkw

Grafiken:
DaimlerChrysler AG, Abteilungen GS/SI und COM/MB

Druck:
Dr. Cantz'sche Druckerei, Ostfildern

Buchbinderische Verarbeitung:
Verlagsbuchbinderei Dieringer, Gerlingen

ISBN 3-932786-15-7
DaimlerChrysler-Bestellnummer 6518 0918 00

Zur aktuellen Buchreihe „Technik transparent"
gehören sieben Titel – siehe Seite 190.

„Technik transparent" ist auf chlorfrei gebleichtem Papier unter Verwendung mineralölfreier Farben gedruckt.

Alle Rechte, auch die des Nachdrucks, der Wiedergabe in jeder Form und der Übersetzung in andere Sprachen, behält sich die DaimlerChrysler AG vor. Es ist ohne schriftliche Genehmigung der DaimlerChrysler AG nicht erlaubt, das Buch oder Teile daraus auf fotomechanischem Weg zu vervielfältigen oder unter Verwendung elektronischer bzw. mechanischer Systeme zu speichern, systematisch auszuwerten oder zu verbreiten.

Alle Angaben ohne Gewähr. Aussagen über Grund- und Sonderausstattungen, Motorvarianten, technische Daten und Fahrleistungen gelten für die Bundesrepublik Deutschland. Länderspezifische Abweichungen sind möglich.

Stand per Redaktionsschluss Januar 2001

Inhalt

Modellprogramm	6	Guter Start	
Design	20	Neue Welt	
Mille Miglia	32	1000 Meilen Fahrspaß	
Karosserie	56	Schlanke Linie	
Sicherheit	78	Stabile Flanke	
Innenraum	94	Angenehmer Aufenthalt	
Elektronik	116	Gute Fahrt	
Fahrwerk	132	Voller Einsatz	
Motoren und Getriebe	150	Starker Typ	
Paris	174	Stadtfahrt	
Autofahrer-Tipps	192	Auto-Check beim Tankstopp	
	194	Meldungen aus dem Cockpit	
Notdienst-System	196	Bei Anruf Hilfe	
Technische Daten	197		
Sprachführer für Autofahrer	202	Sprechen Sie deutsch?	
Register	204		

Modellprogramm

Guter Start

Mit drei eigenständigen Varianten – Limousine, T-Modell und Sportcoupé – ist die Modellfamilie der Mercedes-Benz C-Klasse komplett. Die dynamisch-elegante Limousine ist seit Mai 2000 europaweit auf der Überholspur.

Temperament, Leistungsbereitschaft und jugendlicher Charme – das sind die charakteristischen Merkmale des Sportcoupés. Der Zweitürer ist der neue „Youngster" im Klub der sportlichen Mercedes-Modelle.

Das T-Modell betont seinen dynamisch-progressiven Charakter vor allem durch das lange, markant geformte Dach, das sich dank schwungvoller Linienführung im Heck stark absenkt und in die flach geneigten hinteren Dachsäulen übergeht.

Erfolg basiert auf Können. Vorsprung auf Wissen. Durch das Können und das Wissen seiner Ingenieure zählt Mercedes-Benz zu den Technologieführern unter den Automobilmarken. Das war eigentlich schon immer so, doch noch nie zuvor zündete die Firma in so kurzer Zeit ein solches Feuerwerk großer technischer Innovationen wie in den vergangenen Jahren.

Viele dieser Neuentwicklungen erfordern hohe Investitionen. Rund 35 Millionen Mark investiert DaimlerChrysler Tag für Tag, um aus Forschungs- und Entwicklungsprojekten serienreife Systeme für neue Automobile zu machen: Großer Aufwand, der auch den Preis der Innovationen bestimmt. Deshalb gibt es Top-Technik oft nur in Top-Modellen; erst nach einiger Zeit finden die Neuentwicklungen den Weg in die Großserie.

Das wird nun anders. Bei Mercedes-Benz profitieren jetzt auch Käufer der C-Klasse von den technischen Errungenschaften ihrer Marke. Konkret: Innovationen aus der E- und S-Klasse halten Einzug in die C-Klasse und machen die Automobile zu Technologieführern in ihren Marktsegmenten. Windowbags, adaptive Airbags für Fahrer und Beifahrer, Fahrlicht-Assistent, Multifunktions-Lenkrad, Zentral-Display und Lichtwellenleiter sind nur einige Beispiele für eine Vielzahl solcher Neuentwicklungen. Insgesamt gehören über 20 technische Innovationen aus den Mercedes-Topmodellen zur Serienausstattung der C-Klasse. Diese Spitzentechnologie haben die Mercedes-Ingenieure in ein Gesamtkonzept integriert, das den Begriffen Fahrspaß und Dynamik in dieser Fahrzeugklasse neue Bedeutung verleiht.

Mit Limousine, T-Modell und Sportcoupé ist die C-Klasse noch attraktiver, noch vielseitiger und noch individueller als je zuvor. Aus der Mercedes-Reihe, die bei ihrem ersten Auftritt nur aus einer viertürigen Limousine bestand, hat sich eine komplette Modellfamilie entwickelt, deren gemeinsame Merkmale Attraktivität, Ästhetik und Agilität lauten.

Die Limousine: Dynamik und Eleganz in Kombination

Charakterbildung – so lautete die Aufgabe der Designer bei der Gestaltung der Limousine, dem Stammvater der neuen Modellfamilie. Ziel war es, dem Viertürer einen dynamischen Charakter mit auf den Weg geben, der gleichermaßen Sympathie weckt und bereits beim ersten Auftritt keinen Zweifel an seiner Herkunft aus gutem Hause auf-

Modellprogramm

kommen lässt. Kurzum: Es sollte eine Limousine entstehen, die das neue, progressive Markenbild von Mercedes-Benz visuell widerspiegelt. Aber: Neben sportiver Dynamik und jugendlicher Attraktivität galt es auch, die typische Eleganz einer Mercedes-Limousine ins Bild zu setzen.

Drei Design- und Ausstattungslines – CLASSIC, ELEGANCE und AVANTGARDE – erleichtern die Verwirklichung individueller Wünsche hinsichtlich Formen, Farben und Materialien:

▶ In der Line **CLASSIC** präsentiert sich die Limousine als klassisch-zurückhaltender Typ, der nicht auf den ersten Blick verrät, was wirklich in ihm steckt. Die Karosseriegestaltung verzichtet auf Chromzierleisten, hochglänzende Blenden oder andere Dekors, sondern konzentriert sich darauf, die ursprünglichen Qualitäten der Limousine zu betonen – pur und unverfälscht. Das

Trendsetter auf Rädern – zur Serienausstattung der C-Klasse gehören über 20 technische Innovationen, die es bisher in diesem Marktsegment nicht gab.

macht den Reiz dieser Line aus, die trotz ihres „Understatement"-Charakters sehr modern und zeitgemäß wirkt. Aber auch sportlich-elegant, was vor allem durch die in Wagenfarbe lackierten Stoßfänger, Seitenschweller und Schutzleisten verstärkt wird.

▶ In der Line **ELEGANCE** ist die Limousine der C-Klasse der typische Mercedes-Benz: wertvoll, vornehm, elegant, komfortabel. Ein Hauch von S-Klasse wertet den Innenraum auf, in dem edles Holz an der Mittelkonsole, feines Leder an Lenkrad und Schalthebel sowie ein besonders geschmackvolles Stoff-Dessin den Ton angeben. Chromzierleisten auf Stoßfängern, Seitenschutzleisten, Türgriffen und Kühlermaske veredeln die äußere Erscheinung. Hochglänzende Lamellen in der Kühlermaske verstärken den eleganten Auftritt ebenso wie die serienmäßigen Leichtmetallfelgen im Sieben-Loch-Design.

▶ In der Line **AVANTGARDE** zeigt sich die C-Klasse von ihrer dynamischsten und individuellsten Seite. Blaugetöntes Glas, Innenraum-Zierteile aus strukturiertem Aluminium („Alu-Quadra") und 16-Zoll-Leichtmetallfelgen prägen einen elitären Charakter, der bewusst ein bisschen frech und unkompliziert wirkt. Auch für die Stoßfänger und Schwellerverkleidungen haben die

Vielseitiger Partner – dank seines variablen Innenraums ist das T-Modell der ideale Begleiter für Menschen mit aktiver Lebensgestaltung, die beruflich oder privat unterschiedliche Ansprüche an die Transportkapazität ihres Autos stellen.

Designer eine eigenständige Form entwickelt, die den besonderen Anspruch dieser Modellvariante betont und zugleich noch mehr Sportlichkeit ins Bild bringt.

Das T-Modell: Kombi mit besonderer Note

Die herausragenden Merkmale der Limousine wie Mercedes-typische Sicherheit, Fahrdynamik und Qualität ergänzt das T-Modell durch vorbildliche Funktionalität und Variabilität im Innenraum.

Vielseitigkeit ist die große Stärke des kompakten Kombis. Autofahrer können den Innenraum variabel gestalten und an individuelle Transportaufgaben anpassen. Die neu entwickelte, asymmetrisch geteilte Fondsitzanlage bietet dazu alle Möglichkeiten. Mit wenigen Handgriffen lassen sich Sitzkissen und Rückenlehnen ganz oder teilweise vorklappen, sodass sich der Gepäckraum im Fond deutlich vergrößert – auf bis zu 1384 Liter Ladevolumen (nach VDA-Messmethode) und bis zu 1,5 Quadratmeter Ladefläche. Hier ist viel Platz für Freizeitutensilien, Sportgeräte, Einkaufstaschen, Koffer oder – wenn es sein muss – auch für allerhand sperrige Gegenstände. Neben der variablen Fondsitzanlage bietet das T-Modell der C-Klasse serienmäßig eine leicht bedienbare Laderaumabdeckung mit integriertem Sicherheitsnetz, eine herausnehmbare Einkaufsbox in der Reserveradmulde und zusätzliche Ablagefächer im Kofferraum, die durch praktische Netze vom übrigen Gepäckraum abgetrennt sind. Der gesamte Fondbereich ist mit hochwertigem Teppichboden ausgelegt und sorgt zusammen mit edlen Materialien und modernen Farben für ein angenehmes Ambiente im Innenraum.

Dem Wunsch vieler Autofahrerinnen und Autofahrer nach einem individuellen, maßgeschneiderten Automobil tragen die Stuttgarter Designer und Ingenieure auch beim T-Modell durch drei Design- und Ausstattungslines Rechnung, die sich wie bei der Limousine vor allem durch individuelle Farbgestaltung, Materialauswahl und Ausstattung voneinander unterscheiden.

Allen Modellvarianten ist eine deutliche Wertsteigerung gemeinsam. Denn insgesamt bietet das T-Modell – ebenso wie die Limousine der C-Klasse – weitaus mehr serienmäßige Extras als die Vorgängermodelle. Die umfangreiche Serienausstattung repräsentiert beim T-Modell einen Wertzuwachs von rund 3 400 Mark. Mit anderen Worten: noch mehr Mercedes-Benz fürs Geld.

Das Sportcoupé: „Youngster" im Mercedes-Sportklub

Ihre Namen sind wohl bekannt, fast schon legendär: SLK, CLK, SL und CL – die Mitglieder im Sport-Klub von Mercedes-Benz. Dieser Klub nahm im Frühjahr 2001 ein neues Mitglied auf: das Sportcoupé der C-Klasse. Zwei Türen, kompakte Abmessungen, kraftvolle Proportionen und dynamische Linienführung – das sind die äußerlichen Erkennungsmerkmale des Zweitürers, mit dem Mercedes-Benz jungen und jung gebliebenen Menschen einen besonders attraktiven Einstieg in die sportliche Welt der Stuttgarter Automarke ermöglicht.

Technisch basiert das Sportcoupé auf der Limousine der C-Klasse und bietet somit alle wegweisenden Innovationen der neuen Mercedes-Modellfamilie. Konzeptionell betont der Zweitürer jedoch seine Eigenständigkeit. Selbstbewusst stellt er sich neben die Limousine – als attraktiver „Youngster", der die enge Verwandtschaft zu der neuen Mercedes-Modellfamilie nicht leugnet und trotzdem entschlossen ist, seinen eigenen Weg zu gehen.

Die kompakten Abmessungen der Karosserie, die rund 18 Zentimeter kürzer ist als die Limousine, und die kraftvollen Proportionen prägen das dynamische Erscheinungsbild des Sportcoupés. Nicht zuletzt trägt dazu auch das hohe Heck mit dem integrierten Spoiler und der dunkel eingefärbten Blende zwischen den Rückleuchten bei – ein Design-Merkmal, das nicht nur formal, sondern vor allem auch funktional besondere Ansprüche erfüllt. Denn im Interesse der Fahrsicherheit sorgt die hoch liegende Spoilerkante des Coupé-Hecks für gute aerodynamische Auftriebswerte an der Hinterachse, während die stilistisch interessante Blende zugleich als Fenster dient, das dem Autofahrer eine für Coupé-Verhältnisse gute Sicht nach hinten ermöglicht – vor allem beim Einparken.

Ein noch sportlicheres Design und eine noch bessere Fahrdynamik bietet das Sportcoupé der C-Klasse in Verbindung mit dem Ausstattungspaket EVOLUTION. Seine Inhalte: Auspuff mit vergrößerter Chromblende, Breitreifen 225/45 R 17, Leichtmetallfelgen 7,5 J x 17 im Sieben-Speichen-Design, Einlegeteppiche vorn und hinten (vorn mit Schriftzug EVOLUTION), Einstiegsschienen mit strukturierten Aluminium-Zierteilen, Dreispeichen-Lenkrad mit Lederbezug und gepolsterten Daumenauflagen, Schaltknauf mit Lederbezug, Pedale mit Überzügen aus poliertem Stahl mit Gumminoppen, Sportfahrwerk und in Wagenfarbe lackierte Türgriffe.

Schöner Blickfang – beim Sportcoupé beginnt der Fahrspaß schon beim Anschauen. Der Zweitürer entspricht dem Wunsch vitaler Menschen nach einem Automobil mit ausgeprägtem Erlebnis-Charakter und vorbildlicher Fahrdynamik.

Mercedes-Benz C 32 AMG: Kraft im Überfluss

Modell-Info

260 kW/354 PS Leistung, 450 Newtonmeter Drehmoment und ein Bremsweg aus 100 km/h von weniger als 36 Metern – das sind nur einige der eindrucksvollen Daten des Hochleistungs-Automobils C 32 AMG, das in seiner Klasse neue Maßstäbe setzt. Für die beachtliche Kraftentfaltung sorgen ein von Mercedes-AMG entwickeltes V6-Triebwerk mit Kompressoraufladung (siehe auch Seite 158) und ein neuartiges Automatikgetriebe mit SPEED-SHIFT-Funktion, das die Vorteile einer Fünfgang-Automatik mit der Dynamik eines Schaltgetriebes kombiniert. Dank SPEED-SHIFT genügt beispielsweise nur eine leichte Bewegung des Automatik-Wählhebels nach links, und das Getriebe wählt sofort – je nach Tempo und Motorkennfeld – den optimalen Gang für eine kraftvolle Beschleunigung. Eine kraftvoll konturierte Frontschürze mit integrierten Nebelscheinwerfern, spezielle Seitenschwellerverkleidungen und die bullige Heckschürze betonen die dynamischen Qualitäten der Hochleistungs-Limousine. Im Innenraum dominiert sportliche Exklusivität: Der Autofahrer hat die Hochleistungs-Limousine mit einem neuen Leder-Sportlenkrad jederzeit gut im Griff und die kräftig konturierten Sportsitze bieten ihm auch bei schneller Kurvenfahrt optimalen Seitenhalt. Hochwertiges, zweifarbiges Nappaleder macht den Aufenthalt an Bord des C 32 AMG noch angenehmer.

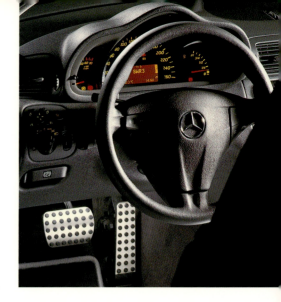

Sportliche Akzente – zum Ausstattungspaket EVOLUTION des Sportcoupés gehören unter anderem exklusive Einlegeteppiche, Lederlenkrad und Pedale mit schwarzen Gumminoppen.

In der Kombination des Sportpakets EVOLUTION mit Karosserie- und Fahrwerkskomponenten aus dem Hause Mercedes-AMG setzt sich das Sportcoupé besonders eindrucksvoll und exklusiv in Szene. Immerhin: Dann rollt der Zweitürer nicht nur mit dynamisch geformten Stoßfängerverkleidungen an Front- und Heckpartie von der Montagelinie, er steht an der Hinterachse auch auf noch breiteren Reifen der Größe 245/40 R 17.

Starker Typ – der C 32 AMG ist als Limousine und T-Modell lieferbar.

Die Motoren: Dynamik ab Werk

Dynamik und Fahrspaß – die beiden herausragenden Charakter-Merkmale der C-Klasse – sind allein durch die neun neuen oder weiter entwickelten Motoren garantiert. Sie leisten bis zu 20 Prozent mehr als die Triebwerke des Vorgängermodells, sie entwickeln auch bis 43 Prozent mehr Drehmoment und bieten damit die besten Voraussetzungen für ein dynamisches Fahr-Erlebnis. In Kombination mit der vorbildlichen Karosserie-Aerodynamik erreicht die C-Klasse deutliche höhere Fahrleistungen als bisher. So sind beispielsweise die Limousinen C 180 und der C 240 in der Höchstgeschwindigkeit jeweils 17 km/h schneller als ihre Vorgängermodelle. Noch beeindruckender ist der Fortschritt bei den Diesel-Triebwerken: Der C 270 CDI (Limousine) erreicht ein Höchsttempo von 230 km/h und ist damit 27 km/h schneller als der bisherige C 250 TURBODIESEL mit Fünfzylindermotor. Ein variabler Turbolader und die moderne Common-Rail-Einspritzung machen es möglich und sorgen auch dafür, dass die Limousine knapp 14 Prozent weniger Kraftstoff verbraucht als bisher.

Dynamisches Trio – die Modellfamilie der C-Klasse bietet alles, was sich junge und jung gebliebene Autofahrer wünschen: Individualität durch drei Karosserievarianten, Fahrspaß auf Basis modernster Toptechnik und markentypische Sicherheit.

Motorenprogramm: Neun Triebwerke für drei Karosserievarianten

	kW/PS	Limousine	T-Modell	Sportcoupé
C 180	95/129	●	●	●
C 200 KOMPRESSOR	120/163	●	●	●
C 230 KOMPRESSOR	145/197	—	—	●
C 240	125/170	●	●	—
C 320	160/218	●	●	—
C 32 AMG	260/354	●	●	—
C 200 CDI	85/116	●	●	—
C 220 CDI	105/143	●	●	●
C 270 CDI	125/170	●	●	—

● = lieferbar

Design

Neue Welt

Dynamik und Eleganz, so lauteten die Ziele. Rund zwei Dutzend Designer gingen ans Werk, hielten ihre Ideen per Zeichenstift fest, diskutierten hunderte Skizzen und übertrugen die besten schließlich in die virtuelle Welt der Computer, um sie auf speziellen Projektionsflächen dreidimensional erleben zu können.

Sitzprobe im Cyperspace: Hochmoderne Computer-Technik öffnet die Tür zu einer anderen Wirklichkeit und bietet den Designern die Möglichkeit, ihre Ideen „hautnah" zu erleben.

*T*estfahrt über die „Power-Wall": Auf einer Projektionsfläche erscheint die virtuelle Karosserie im Originalmaßstab. So können die Designer neue Modelle aus allen Blickwinkeln betrachten und im Detail optimieren.

Im Gestaltungsprozess der C-Klasse setzten die Mercedes-Designer erstmals konsequent auf neue, zukunftsweisende Technologien. Zwar bleiben Zeichenblock und Farbstift nach wie vor sehr beliebte Hilfsmittel, um Visionen zu fixieren und neue Formen zu skizzieren, doch immer häufiger greifen die Designer auch zu Maus und elektronischem Grafiktablett. Denn Computer revolutionieren die Möglichkeiten des Automobil-Designs. Kein Wunder: Diese moderne Technik ermöglicht es, viele Varianten eines neuen Autos zu testen, sie mit geringem Aufwand zu verändern und die Ergebnisse rasch mit den Vorgaben des konzeptionellen Lastenhefts zu vergleichen. Und das, ohne dass ein Modell gebaut, ein Blech gebogen oder eine Instrumententafel geformt wurde.

Computer vervielfältigen die kreativen Möglichkeiten der Designer und sparen überdies Zeit und Kosten. Schon die ersten zweidimensionalen Computer-Entwürfe der C-Klasse ließen sehr schnell erkennen, ob die stilistischen Vorstellungen mit den Vorgaben des bereits frühzeitig festgelegten Maßkonzepts vereinbar waren. Diese Basisdaten waren nämlich als „Proportionsmodell" im elektronischen Gedächtnis des Computers gespeichert und dienten den Designern in jedem Gestaltungsstadium als verlässliche Referenz, um ihre Visionen auf die Realität abzustimmen. Stimmt die Neigung von Frontscheibe und A-Säule? Ist die Motorhaube hoch genug, um allen Motorvarianten darunter Platz zu bieten? Der Computer beantwortet solche Fragen mit einem Mausklick.

„Powerwall": Ausflug in die dritte Dimension

Die Wirkung der unterschiedlichen Entwürfe, die nach diesen Vorgaben am Computer-Bildschirm entstanden, ließ sich allerdings erst dann wirklich beurteilen, als die dritte Dimension dazu kam. Diese räumliche Wirkung entfalteten die Designer, indem sie mit Hilfe von eigens für das Automobil-Design entwickelten Programmen die Flächen ihres Entwurfs definierten. Nach aufwendigen Berechnungen setzte der Computer schließlich einen faszinierenden Vorgang in Szene: Auf dem Bildschirm formierten sich hunderte Flächen binnen Sekunden zu einer kompletten Limousine, die sich nun auf dem Bildschirm beliebig drehen und aus jeder Perspektive betrachten ließ. Rund 20 Megabyte umfassten die Computerdaten des Design-Entwurfs in dieser Phase – später, als noch mehr Details ausgearbeitet waren, überstiegen sie diesen Wert um ein Vielfaches.

Einen Schritt weiter führte die „Powerwall". Sie funktioniert nach dem gleichen Prinzip, projiziert ihr Bild aber mit realistischer Tiefenwirkung im lebensgroßen Maßstab 1:1 – und mit noch größerem Detailreichtum. Die leistungsfähigsten Rechner ließen die virtuellen Autos sogar schon so wirklichkeitsgetreu entstehen, dass die Designer ihre Entwürfe nicht nur aus allen Blickwinkeln betrachten konnten, sondern sogar das Gefühl vermittelt bekamen, einen Fingerabdruck auf dem glänzenden Lack zu hinterlassen, wenn sie das Blechkleid berühren. Dabei existierte das Auto ebenso wenig wie eine Fata Morgana in der Wüste – das Bild war nur eine Projektion.

„Cave" nennen die Stylisten jenen Raum, in dem die Mikro-Chips Regie führen. Sie bilden Design-Entwürfe so wirklichkeitsgetreu und so plastisch ab, dass man glaubt sofort einsteigen zu können. Die Abkürzung „Cave" steht für „Computer Aided Virtual Environment" und öffnet den Automobil-Designern die Tür zu einer anderen Wirklichkeit: zur Virtual Reality (VR). Vier leistungsstarke Projektoren, von den Fachleuten „Beamer" genannt, lassen das virtuelle Auto entstehen. Jeder projiziert ein speziell berechnetes Bild auf eine der vier Flächen des „Cave": den Boden, die Rückwand und die zwei Seitenflächen. Jede

Fläche misst drei mal drei Meter, die sich zu einer Gesamtprojektionsfläche von 36 Quadratmetern addieren. Für den Betrachter wirkt die Projektion zunächst flach, erst die Stereobrille setzt das faszinierende räumliche Bild zusammen.

Jede Einzelheit ist im „Cave" zu erkennen: Lackspiegelungen verändern sich je nach Standort des Betrachters, sogar die Oberfläche der Instrumententafel oder eines Bezugsstoffs wirken so realistisch, dass jeder Betrachter unwillkürlich versucht ist, mit den Fingern darüber zu streichen und die Struktur zu ertasten.

Stereobrille: 118 Bilder pro Sekunde

Das technische Equipment, das diese künstliche Wirklichkeit erzeugt, bemüht nicht nur höchst entwickelte Elektronik, sondern bündelt deren Power gleich mehrfach. Acht Prozessoren der jüngsten und schnellsten Generation arbeiten in den Workstations parallel. Mehr als 1,5 Gigabyte Arbeitsspeicher stehen dabei jedem Prozessor als schnelle Datenquelle zur Verfügung, um die virtuellen Bilder in Echtzeit aufzubauen. Die vier unabhängigen Grafik-Pipelines einer Workstation steuern die Beamer in jeder Sekunde 118 Mal mit jeweils einem speziell errechneten Bild für das linke und für das rechte Auge des Betrachters an. Im gleichen Rhythmus gibt eine Sperrschicht in LCD-Technik abwechselnd das linke und das rechte Glas der Stereobrille für den Blick frei, um den verblüffenden räumlichen Eindruck zu erzeugen. Der schnelle Bildwechsel entgeht dem menschlichen Gehirn vollständig, da es höchstens 40 Einzelbilder pro Sekunde unterscheiden kann – beim Fernsehen genügen sogar nur 25 Einzelbilder pro Sekunde. Mehr noch: Diese Bilder stimmt das System genau auf den jeweiligen Standort des Betrachters ab. Ein „Tracking-System" mit elektronischem Sensor meldet dem Rechner ständig, wo sich der Mensch mit seiner Stereobrille gerade befindet. So wird die Illusion perfekt.

Ideen auf dem Zeichenblock: Trotz Computer und Cyperspace skizzieren Designer ihre Auto-Ideen zuerst mit dem Farbstift. Schon die ersten Entwürfe der C-Klasse ließen erkennen, dass hier ein besonders dynamischer Typ entsteht.

Augen mit Symbolwirkung: Die Mercedes-typischen Ovalscheinwerfer verschmelzen bei der neuen C-Klasse zu formschönen Einheiten.

Charakterbildende Merkmale sind auch diesmal die Scheinwerfer. War das berühmte Vier-Augen-Gesicht der E-Klasse schon einmal – im Jahre 1995 – das optische Signal für den Aufbruch der Marke Mercedes-Benz in eine Erfolg versprechende Zukunft, so setzt die C-Klasse diese Symbolik in neuer Interpretation fort und markiert damit die Zündung einer weiteren Stufe der Produkt-Offensive von Mercedes-Benz. Zwar sind die vier „Augen" auch nach wie vor gut erkennbar, doch gemäß seines Grundauftrags der Integration lässt das Design der C-Klasse die ovalen Scheinwerfer zu harmonischen Einheiten verschmelzen. Beim Sportcoupé zeigen die Designer, welche Variationsmöglichkeiten das Vier-Augen-Gesicht bietet: Markanter als bei der Limousine betonen sie hier die Form der beiden unterschiedlich großen Ellipsen, grenzen Fern- und Abblendscheinwerfer schärfer gegeneinander ab, um eine betont sportlich-progressive Wirkung zu erzielen. Bewusst deutet dieses Erscheinungsbild in Richtung der beiden größeren Mercedes-Coupés CLK und CL.

Ebenso weist die markentypische Lamellen-Kühlermaske mit dem zentral angeordneten Stern das Sportcoupé unmissverständlich als neues Mitglied im Klub der sportlichen Mercedes-Coupémodelle aus.

Motorhaube und Kotflügel greifen die Rundungen der Scheinwerfer auf und setzen sie als kraftvolle Wölbungen nach hinten fort. So zeigen sich Kotflügel und Motorhaube als formschöne Skulpturen aus Stahlblech. Assoziationen an die menschliche Anatomie drängen sich auf, denn die Form der Kotflügel erinnert an die Muskeln durchtrainierter Sportler. Mit den Augen der Designer betrachtet, betonen solche athletischen Formen die Breite der Karosserie, lassen sie vor allem in der Frontperspektive kraftvoll erscheinen. Der perfekt in den Karosseriekörper integrierte Stoßfänger mit den dezent ausgeformten Spoilerkanten im unteren Bereich und den Nebelscheinwerfern verstärkt diesen Effekt, zumal alle Teile einheitlich – in Wagenfarbe – lackiert sind und somit auch farblich wie aus einem Guss.

Anatomie: Starke Schultern

Auch in der Seitenperspektive dominiert auf den ersten Blick der dynamische Charakterzug der C-Klasse. Dafür sorgt bei der Limousine vor allem die ausgeprägte Keilform, die vor allem durch die bogenförmig gespannte Linie in Höhe der Bordkante geprägt wird. Die bewusste Ausprägung dieser so genannten „Schulterlinie" als Stilelement weckt erneut einen Vergleich mit der Anatomie: Es sind breite, gut gebaute „Schultern", die Seitenscheiben, Dachsäulen und Dach tragen. Durchgehend erstrecken sie sich von der Front- bis zur Heckpartie und verleihen der Karosserie formale Kraft – vor allem im hinteren Bereich, wo die markanten C-Säulen auf die Schulterlinie treffen und gemeinsam die Form des Hecks bestimmen.

T-Modell: Kraftvoller Schwung

Limousine und T-Modell wurden gleichzeitig entwickelt. Erst als sichergestellt war, dass die Linienführung der Limousine auch als Basis für eine ebenso attraktive Kombi-Variante taugt, gaben die Designer grünes Licht für das stilistische Grundkonzept der neuen C-Klasse. Kompromisse waren nicht erlaubt. Deshalb präsentiert sich das T-Modell weder als nachträglich umgestaltete Limousine mit Kombi-ähnlicher Heckklappe noch als Lieferwagen mit kastenförmigem Aufbau im Heck. Vielmehr entstand ein Automobil, dessen Design die dynamische Formensprache der Limousine aufgreift, um auf Basis dieser kraftvollen Proportionen eine eigenständige, sportlich-elegante Linienführung zu entwickeln.

Dieses Prinzip bewährte sich vor allem bei der Seiten- und Heckansicht des T-Modells. Details wie die großen Seitenscheiben, die Bordkanten-Zierstäbe sowie die integrierten Seitenschutzleisten im unteren Bereich der Fahrzeugflanke betonen die durchgehende, lang gestreckte, dynamische Linie der Seitenpartie.

Noch wichtiger für das markante Erscheinungsbild des T-Modells ist aber zweifellos die schwungvolle Formgestaltung des Dachs. Dieser Schwung entwickelt sich bereits im vorderen Bereich der Karosserie und gewinnt aus dem harmonischen Übergang der vorderen Kotflügel in die A-Säulen zusätzliche Dynamik. So wölbt sich das lange Dach über die Karosserie, um schließlich im Heck als geschmeidige Bewegung in die extrem flach geneigten D-Säulen überzugehen und seine formale Kraft in die Schulterlinien der Seitenpartie zu leiten. Die Dynamik dieser Seitenperspektive wird durch die starke Neigung des Dachs verstärkt. Es fällt nach hinten stark ab und weckt Assoziationen an die sportliche Linienführung eines

Sportler mit schönen Rücken: Neben der Seitenpartie prägt vor allem die individuelle Heckgestaltung den eigenständigen Auftritt jedes Mitglieds der Modellfamilie.

Coupés. Als wichtiges Mercedes-typisches Kombi-Erkennungsmerkmal wurde schließlich auch die Dachreling harmonisch auf die Dachlinie abgestimmt.

Sportcoupé: Formaler Vorwärtsdrang

Um dem Namen Sportcoupé gerecht zu werden, entwarfen die Designer eine vollkommen neue Karosserie, die mit kompakten Abmessungen und kraftvollen Proportionen auf sich aufmerksam macht. Das extrem kurze Heck kontrastiert mit dem deutlich größeren Überhang im Frontbereich und der lang gestreckten, sanft nach vorn abgesenkten Motorhaube. So entsteht – in Verbindung mit dem hoch liegenden Heckspoiler – eine keilförmige Silhouette, die Temperament und Dynamik signalisiert. Der „Vorwärtsdrang" des Sportcoupés ist unübersehbar: „Allzeit bereit" lautet das Versprechen seiner Linienführung, das dank leistungsstarker Motoren und sportlichem Fahrverhalten mit jedem Kilometer eingelöst wird.

Die breiten Türen und der spannungsvoll gewölbte Dachbogen, der sich aus dem Verlauf der stabilen A- und C-Säulen bildet, verstärken den dynamischen Linienfluss der Seitenpartie, bringen zugleich aber auch Mercedes-typische Solidität und Qualität ins Bild. Eine straffe Schulterlinie gliedert die ruhigen seitlichen Flächen in Höhe der Bordkante und streckt den Karosseriekörper. Zugleich lenkt diese Linie den Blick zügig vom Heck- zur Frontpartie – ganz im Sinne des keilförmigen, nach vorne orientierten Designkonzepts.

Proportionen: Dynamischer Auftritt

Bewusst steht das Heck von Limousine und Sportcoupé im Kontrast zur Motorhaube – zumindest hinsichtlich der Proportionen. Die Designer verstärken dadurch einerseits die keilförmige Silhouette der Karosserie und lenken den Blick unwillkürlich auf jenen Bereich, wo das Herz des Autos schlägt. Andererseits sorgen sie durch das kurze Heck für einen dynamisch-kompakten Auftritt.

Bei der Gestaltung der Heckpartie des T-Modells verzichten die Mercedes-Designer auf ein Feuerwerk überflüssiger Schnörkel oder Zierelemente und sprechen stattdessen eine klare, ruhige Formensprache. Die große Heckscheibe geht im unteren Bereich in direktem Linienfluss in die Heckleuchten über, die durch ihre markante, dreieckige Form Seitenwand und Heck harmonisch miteinander verbinden.

Form und Funktion im Einklang: Rückleuchten, Spoiler und die transparente Kunststoffscheibe bilden im Heck des Sportcoupés eine Einheit.

Ganz anders das Sportcoupé. Das hohe Heck des Zweitürers setzt provokative Akzente. Bewusst wählten die Designer diese markante Linienführung, um den dynamisch-progressiven Charakter des Sportcoupés auch in der Heckansicht zu betonen und die Aufmerksamkeit zu steigern. Die wichtigsten Stilelemente des muskulösen „Rückens" sind der perfekt integrierte Spoiler, der sich in einem leichten Bogen über die Heckscheibe spannt, die transparente Kunststoffblende mit ihrer interessanten, konvex-konkaven Form, die spannungsvoll geformte Heckschürze und die weit in die Seitenflanken gezogenen Rückleuchten. Mit solchen Details verleihen die Designer dem Heck außergewöhnliche formale Kraft – kurz, aber knackig lautete ihr Ziel für die Heckgestaltung.

Interieur: Sportlicher Maßanzug

Ergonomie und Design im Einklang – das ist der erste Eindruck nach dem Einsteigen in die C-Klasse. Das Cockpit wirkt maßgeschneidert. Die Armauflagen, das Multifunktions-Lenkrad und der Schalthebel bilden eine perfekte ergonomische Einheit – der Autofahrer nimmt Platz und hat auf Anhieb alles im Griff. Schöne Formen, teure Materialien und moderne Farbkombinationen bilden den optischen Rahmen dieses Cockpits. Optisch und technisch ist die Instrumententafel zweigeteilt. Die obere Hälfte erscheint in der Form eines leicht geschwungenen Flügels, der über Mittelkonsole und Handschuhfach „schwebt" und mit dieser Leichtigkeit sportliche Eleganz ins Bild bringt. Je nach Ausstattungsfarbe erscheint das flügelförmige Oberteil in einem dunkleren Farbton und hebt sich somit noch deutlicher von den anderen Details des Interieurs ab.

Im unteren Teil der Instrumententafel zieht fein edles Holz (CLASSIC und ELEGANCE) oder strukturiertes Aluminium (AVANTGARDE und Sportcoupé) die Blicke an. Es ziert die Mittelkonsole, die dank formintegrierter Schalterfelder und Bediengeräte einen übersichtlichen Eindruck macht. An den Seiten setzt sich die untere Hälfte der Instrumententafel in den Türverkleidungen fort, sodass Fahrer und Beifahrer visuell den Eindruck von sicherer Geborgenheit erleben, den die C-Klasse dank ihrer stabilen Karosseriekonstruktion auch reell bietet.

Getreu der Mercedes-Philosophie nach größtmöglicher Individualität bieten die Modelle der C-Klasse auch bei der Farbgestaltung zahlreiche Möglichkeiten, persönliche Akzente zu setzen. Für die Außenlackierung stehen 15 Farben (Sportcoupé: zwölf) zur Auswahl, von denen drei exklusiv reserviert sind: Amethystviolett für die AVANTGARDE-Modelle und Heliodorgrün sowie Aventurinorange fürs Sportcoupé. Die Farbtöne für die Karosserie lassen sich bei

Limousine und T-Modell mit einer von fünf Ausstattungsfarben kombinieren: Anthrazit, Oriongrau, Pacificblau, Quarz und Java (nur bei Lederausstattung). Beim Sportcoupé stehen sechs Stoffdessins zur Auswahl: Anthrazit/Grau, Anthrazit/Blau, Anthrazit/Rot, Anthrazit/Grün sowie Quarz/Quarz dunkel und Quarz/Gelb. Außerdem gibt es zwei Lederfarben: Anthrazit und Quarz.

Für Mercedes-Kunden, die es bei der Gestaltung der C-Klasse noch bunter treiben möchten, empfiehlt sich ein Blick in den Ausstattungskatalog *designo*. Er enthält weitere exklusive Interieur- und Exterieur-Farben, elegante Holz-Zierteile für die Mittelkonsole sowie hochwertige, farbige Lederbezüge für Sitze, Türinnenverkleidungen, Lenkrad und Schalthebel.

Akzente durch Farben: Bei der Gestaltung des Innenraums erfüllt das *designo*-Programm in puncto Farb- und Materialauswahl individuelle Wünsche.

*45 Jahre Diesel-Geschichte à la Mercedes-Benz:
Der Rallye-Siegerwagen von 1955 und der neue C 270 CDI
auf den Spuren der Mille Miglia*

1000 Meilen

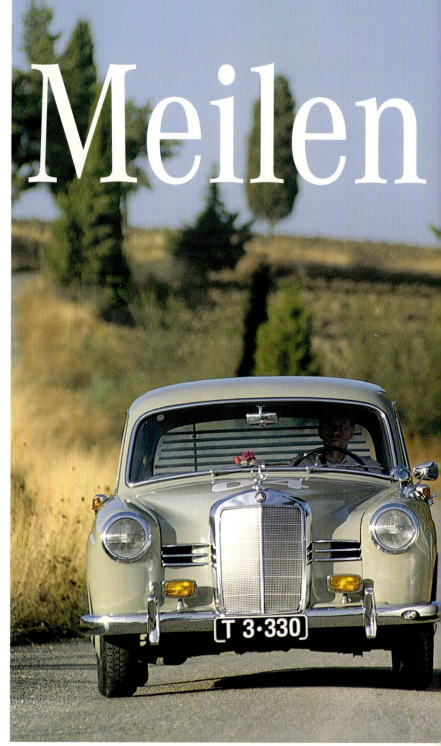

Mit ihrem Klassensieg bei der Mille Miglia des Jahres 1955 machten zwei Österreicher die Diesel-Personenwagen von Mercedes-Benz berühmt. 45 Jahre später gehen der 180 D, einer seiner damaligen Rallye-Fahrer und der neue C 270 CDI erneut auf Rallye-Kurs. Eine Tour voller lebendiger Motorsport-Erinnerungen.

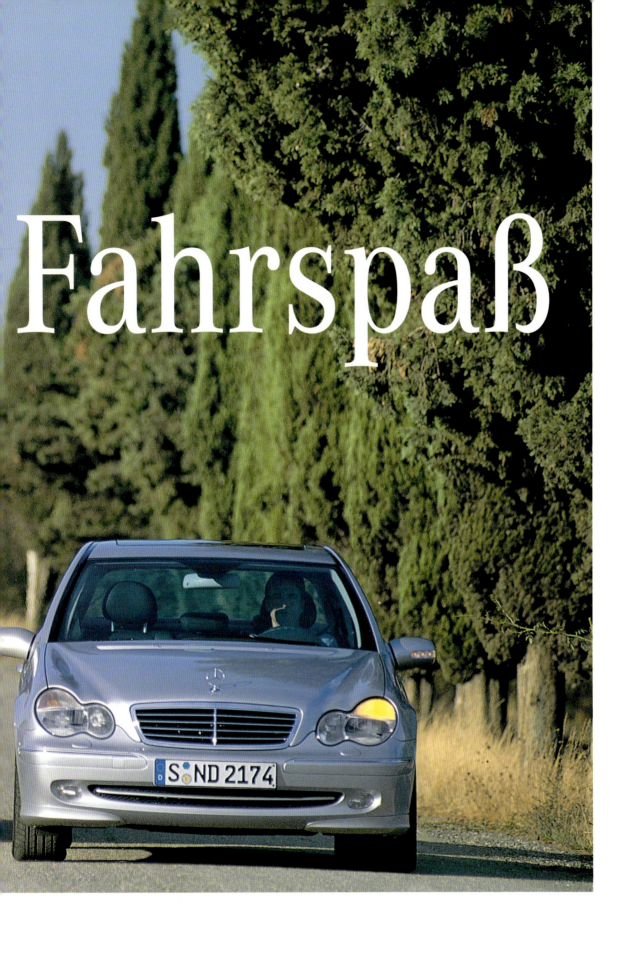

Es war eine spontane Idee. Ein Wunschtraum. Ein Abenteuer. Einmal etwas Besonderes erleben. So dachten Helmut Retter und Walter Larcher, als sie Anfang April 1955 einen Brief an Daimler-Benz in Stuttgart schickten – genauer gesagt: an Mercedes-Rennleiter Alfred Neubauer. Der Vorschlag: Retter und Larcher wollten für die Marke mit dem Stern bei der legendären Italien-Rallye Mille Miglia an den Start gehen. Allerdings nicht mit einem schnellen Sportwagen, sondern mit einer serienmäßigen Diesel-Limousine – dem neuen 180 D, der erst ein Jahr zuvor auf den Markt gekommen war.

Ein Diesel auf Rallye-Pfaden? Der Rennleiter war zwar nicht begeistert, doch verhindern wollte er diese Idee auch nicht. Schließlich war Helmut Retter Inhaber einer großen Mercedes-Werkstatt in Innsbruck und die Organisatoren der Mille Miglia hatten tatsächlich vor, erstmals eine Dieselklasse ins Leben zu rufen. „Meinen Segen habt ihr, aber allzu große Hoffnungen müsst ihr euch mit diesem Auto nicht machen – zu schwer, zu langsam", kommentierte Neubauer den Plan der Österreicher, sicherte ihnen aber den Service und die technische Unterstützung des Werks zu. Das war mehr als sie erwartet hatten und so begannen die Vorbereitungen, denn

Diesel-Treffen:
Mit nur 40 PS unter der Motorhaube startete der 180 D 1955 bei der Mille Miglia – und gewann. Der moderne C 270 CDI leistet 170 PS.

schon am Abend des 30. April 1955 fiel im norditalienischen Brescia der Startschuss.

40 PS und 1,2 Tonnen Leergewicht

Das Auto für die Rallye-Tour war schnell gefunden: Ein Vorführwagen aus dem Verkaufsraum der Firma Retter. Sechs Monate alt, rund 1,2 Tonnen schwer und mit einem 40-PS-Motor ausgestattet, der schon sechs Jahre zuvor im Typ 170 D Premiere gefeiert hatte. 112 km/h Höchstgeschwindigkeit ermöglichte der Vierzylinder laut offizieller Werksangabe. „Wir haben ein paar PS mehr rausgeholt und kamen auf rund 120 km/h", erinnert sich Ex-Rallyepilot Walter Larcher, der noch immer ein begeisterter Autofahrer ist.

An die gemeinsamen Erlebnisse mit Helmut Retter denkt er gerne zurück, denn die beiden waren ein unzertrennliches Team – beruflich und privat. Larcher arbeitete als kaufmännischer Angestellter im „Retter-Werk" und wurde bald ein Freund der Familie. Ein bis zwei Mal pro Woche rief ihn der Chef vom Schreibtisch weg, dann setzte man sich ins Auto und fuhr irgendwo hin. Meistens über den Brenner nach Bozen – einfach so, zum Abendessen. „Er saß auf der Hinfahrt am Steuer; nach dem Essen war er müde, dann durfte ich zurückfahren. Autofahren war unser Hobby. Das hat uns beide fasziniert."

Erster „Mille"-Start im Jahre 1927

Von der Mille Miglia wussten er und sein Chef damals nur soviel, wie die Zeitungen berichteten. Die Rallye galt als eines der größten Motorsport-Ereignisse; der härteste und zugleich schönste Wettbewerb auf öffentlichen Straßen. 1927 wurde die „Mille" erstmals gestartet – auf Initiative vier gut betuchter Herren mit Benzin im Blut: Graf Franco Mazzotti, Präsident des Automobilclubs von Brescia, Graf Aymo Maggi, einer der bekanntesten italienischen Rennfahrer der damaligen Zeit, Renzo Castagneto, Sekretär des Automobilclubs, und Giovanni Canestrini, der erste Motorsport-Journalist Italiens.

In ihrer Heimatstadt Brescia nannte man sie die „vier Musketiere", denn sie mussten mächtig kämpfen, um ihre Idee eines Straßenrennens durchzusetzen. Denn solche Wettbewerbe waren zur damaligen Zeit nichts Neues mehr und die Autofirmen zeigten wenig Interesse an einem weiteren PS-Spektakel.

Gründer-Treffen:
Graf Aymo Maggi, Graf Franco Mazzotti, Giovanni Canestrini und Renzo Castagneto (von links) hatten die Idee für die legendäre Italien-Rallye, die 1927 erstmals startete.

Deshalb war klar, dass nur etwas ganz Besonderes Erfolg haben würde: eine Rallye durch halb Italien. In Brescia sollte sie beginnen und enden. Halbzeit sollte in Rom sein, denn ohne Einbeziehung der „ewigen Stadt" klappte seinerzeit in Italien keine Veranstaltung. Also: Brescia – Rom – Brescia, über die Bergstraßen des Apennin, durch die Toskana, Umbrien, die Marken und zurück entlang der Adriaküste via Ancona, Rimini, Ferrara und weiter nach Vicenza und Verona bis Brescia. Später änderten sich Streckenverlauf und Fahrtrichtung mehrmals, doch ein Prinzip blieb immer bestehen: jede Tour war exakt 1 000 Meilen lang, daher auch der

Name der Rallye: Mille Miglia – 1 000 Meilen. Das klang verlockend. Rund 1 600 Kilometer Nonstop-Rennen auf Landstraßen, eine solche Strapaze interessierte die Autohersteller, denn dabei konnten sie die Dauerhaltbarkeit ihrer Modelle testen und wertvolle Erkenntnisse für die Serienproduktion sammeln. Eine Rallye als Versuchsfahrt.

Zwischen 1927 und 1957 fand die „Mille" 24 Mal statt und war für Italien stets ein Ereignis von nationaler Bedeutung. Das ganze Land geriet aus dem Häuschen, wenn es Frühjahr wurde und rund um Brescia die ersten Rennwagen auf Trainingsfahrt entdeckt wurden. Hunderttausende säumten die Straßen entlang der Rallye-Route, weit über 25 000 Polizisten, Carabinieri und Soldaten mussten für Ordnung und Sicherheit sorgen.

Logisch, dass bei den ersten Rennen nur italienische Automarken das Sagen hatten. O. M. (Officine Meccaniche), Lancia, Isotta Franscini und Alfa Romeo holten sich die begehrten Siegtrophäen. Die erfolgreichste ausländische Marke kam aus dem Elsass und war an dem hufeisenförmigen Kühler ihres Rennwagen zu erkennen: Bugatti.

Doch das änderte sich, als die Mille Miglia auch außerhalb Italiens in den Schlagzeilen stand. Schon 1930 schickte Mercedes-Benz das erste Team nach Brescia: Rudolf Caracciola, Christian Werner und einen Kompressor-Rennwagen vom Typ SSK mit 200 PS starkem 7,2-Liter-Triebwerk. Sie wurden zwar nur Sechster, doch bereits ein Jahr später rasten Caracciola und sein Co-Pilot Wilhelm Sebastian auf einem SSKL als Erste über die Ziellinie. Der neue Temporekord lag jetzt bei 101,147 km/h.

Die „Mille" avancierte zu einem der größten und wichtigsten Motorsportereignisse und die Teilnehmerlisten der jährlichen Wettbewerbe lesen sich noch heute wie ein Auszug aus dem „Who is Who" der Motorsportgeschichte: Campari, Nuvolari, Caracciola, Chiron, von Hanstein, Fangio, Kling, Herrmann, Frère, Ascari, von Frankenberg und Graf Berghe von Trips hatten zwischen 1927 und 1954 an der Italien-Rallye teilgenommen und Siege errungen.

„Ein Rennen der Rekorde"

Doch 1955 war ein ganz besonderes Jahr. „533 Wagen stehen am Start. Das ist eine Rekordzahl. Und es wird ein Rennen der Rekorde", schrieb Mercedes-Rennleiter Alfred Neubauer

„*E*s gibt nur eines: Warten. Endloses, quälendes Warten auf die Nachrichten, die von der Strecke kommen."

Mercedes-Rennleiter Alfred Neubauer in seiner Tagebuchnotiz über die Mille Miglia 1955.

am Abend vor dem Start in sein Tagebuch. Er behielt Recht. Die Stuttgarter waren mit ihrer ganzen Rennfahrer-Prominenz angetreten: Juan Manuel Fangio, Stirling Moss, Hans Herrmann und Karl Kling pilotierten die neu entwickelten 300-SLR-Silberpfeile mit Benzin-Direkteinspritzung. Zusätzlich gingen drei Privat-Teams mit dem 300 SL-Flügeltürer an den Start – eigentlich sollten es vier sein, doch einer von ihnen hatte den Start in den frühen Morgenstunden verschlafen. Rennfahrerpech.

Bereits auf dem ersten Teilstück zwischen Brescia und Verona kam Hans Herrmann auf ein Durchschnittstempo von 192,23 km/h. Beim Zwischenstopp in Rom hatten die vier 300 SLR schließlich alle Konkurrenten abgehängt, doch dann musste Kling wegen eines Unfalls aufgeben und Herrmann blieb hinter Florenz mit einem Riss im Benzintank liegen. Trotzdem: Mit einer Gesamtzeit von 10 Stunden, 7 Minuten und 48 Sekunden und einem Durchschnittstempo von 157,651 km/h fuhren Stirling Moss und sein Beifahrer Denis Jenkinson in Brescia als Erste durchs Ziel und stellten damit einen Rallye-Rekord auf, der bis heute ungebrochen ist. Zweiter wurde der Argentinier Fangio mit 10:39:33, der die 1000-Meilen-Distanz ohne Kopilot abgespult hatte. Ein grandioser Doppelsieg für Mercedes-Benz. Zum Vergleich: Moss' Konkurrenten auf Ferrari trafen erst eine Dreiviertelstunde später am Ziel ein.

Siegerlaune:
Nach dem Sieg der Mille Miglia 1955 umarmte Mercedes-Rennleiter Alfred Neubauer (Mitte) seine Helden Denis Jenkinson (links) und Stirling Moss (rechts). Die Diesel-Fahrer Helmut Retter und Walter Larcher erregten mit ihrem 180 D (Foto unten) weniger Aufsehen, waren aber in ihrer Klasse nicht minder erfolgreich.

„*D*ie beiden Diesel-Fahrer berichteten, ihr 180 D sei so zuverlässig gelaufen, dass sie auf der ganzen Strecke außer den notwendigen Tankstopps keinerlei Pausen einlegen mussten."

Aus einem Rundschreiben der Daimler-Benz AG an alle Werke, Niederlassungen und Vertretungen im In- und Ausland.

Brückenschlag:
Über die Ponte Scaligero führt die Rallye-Strecke durch die schöne Altstadt von Verona.

Wiedersehen:
45 Jahre nach seinem Sieg bei der Mille Miglia sitzt Ex-Rallyefahrer Walter Larcher wieder am Steuer des 180 D. Vor dem Palazzo dei Consoli in Gubbio (unten) treffen die Rallyewagen zur Zeitkontrolle ein.

Die Stars und ihre silbernen Boliden standen vom Start weg im Rampenlicht. Dem Team mit dem unscheinbaren 180 D und der Startnummer „04" schenkte dagegen kaum jemand Beachtung. Am Abend des 30. April 1955 gegen 21.30 Uhr bekamen Helmut Retter und Walter Larcher in Brescia das Startsignal und brachten den Vierzylinder-Diesel auf Touren. „Die Mercedes-Diesel-Klasse machte von unserem Beobachtungspunkt wenige Kilometer nach dem Start einen sehr guten Eindruck", notierte Rennleiter Neubauer in einem Zwischenbericht, verlor das Team Retter/Larcher dann aber wieder aus den Augen. Kein Wunder: Die beiden boten keinen Anlass für weitere Bemerkungen. „Alles lief wie am Schnürchen", erinnert sich Walter Larcher. „Wir sind gefahren, haben getankt und sind weiter gefahren. Keine Probleme."

Erinnerungen auf der Rallye-Route

45 Jahre später. Für Walter Larcher werden Erinnerungen lebendig. Noch einmal sitzt er am Steuer des 180 D. Noch einmal steuert er die Diesel-Limousine auf der Strecke der Mille Miglia über die kurvenreichen Landstraßen Umbriens und der Toskana – durch das kleine Dorf Radicofani, über die schmale Brücke von San Quirico und weiter auf der berühmten Via Cassia Richtung Siena. „Hier war ich schweißgebadet", erinnert er sich. „Das schwere Auto, die vielen Kurven – aber keine Servolenkung und keinen Bremskraftverstärker. Das war schon ziemlich anstrengend. Aber Spaß hat's trotzdem gemacht, weil der Motor stets wie ein Uhrwerk lief."

Mit von der Partie auf den Spuren der Mille Miglia von 1955 ist einer der Nachfahren des 180 D – der neue Mercedes-Benz C 270 CDI. „Ja, hätten wir ein solches Auto gehabt, dann hätte selbst Stirling Moss um seinen Sieg bangen müssen", scherzt Ex-Rallye-

Durchreise:
Über die schmale Dorfstraße von Radicofani donnerten einst die Mercedes-Silberpfeile – und die Diesel-Rallyewagen.

fahrer Larcher nach der ersten Probefahrt in dem neuesten Dieselmodell aus Stuttgart.

Technisch gesehen liegen zwar Welten zwischen beiden Autos, doch trotzdem verbindet sie die gleiche Botschaft: Diesel-Fahrspaß. So wie der 180 D mit seinem Rallye-Sieg das Image vom lahmen Selbstzünder widerlegte, so markiert auch der 270 CDI einen neuen Wendepunkt in der langen Geschichte des Diesels. Denn mit dem modernen Fünfzylinder-Triebwerk erreicht die 125 kW/170 PS starke Diesel-Limousine Fahrleistungen, die einem Benziner mit V6-Motor ebenbürtig sind: 230 km/h Höchstgeschwindigkeit und nur 8,9 Sekunden für den Spurt von null auf 100 km/h.

So viel Agilität und Dynamik hätte man in dieser Hubraumklasse noch vor wenigen Jahren von keinem Selbstzünder erwartet. „Diesel waren schon immer besondere Autos. Uns haben sie stets viel Spaß gemacht – deshalb wollten wir die Mille Miglia auch nur mit einem Diesel fahren. Etwas anderes kam gar nicht in Frage", bricht Ex-Rallyefahrer Larcher eine Lanze für die Selbstzünder.

41

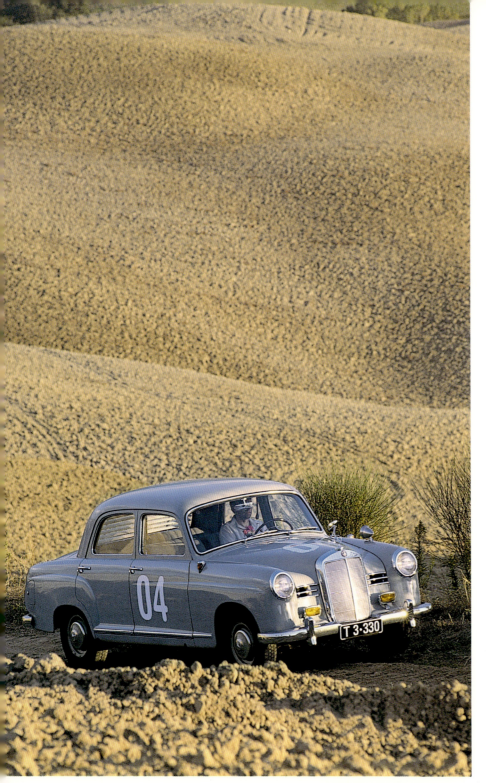

Italien-Express:
Der 180 D erreichte bei der 1600-Kilometer-Rallye ein beachtliches Durchschnittstempo von 94,6 km/h.

Keine Zeit fürs Training

Zurück ins Jahr 1955. Von der Piazza della Vittoria im Herzen Brescias, dem traditionellen Startplatz der Mille Miglia, steuerte Helmut Retter den 180 D über die Strada Statale 11 über Desenzano an der Südspitze des Gardasees bis Verona. Rund 60 Kilometer ohne besondere Herausforderung – Vollgas-Etappen. Dann Menschenmassen in Veronas Altstadt. Alles war hell erleuchtet. Tausende winkten, jubelten und freuten sich, wenn wieder ein Rallye-Wagen vorbeikam. Das gleiche Schauspiel in Vicenza, Padua und Ferrara. Dann wurde es langsam ruhiger an den Straßenrändern – die Fans waren müde geworden. Mit aufgeblendeten Scheinwerfern raste der 180 D durch die Nacht. Augen auf und höllisch aufpassen.

Genaue Streckenkenntnisse hatten die beiden Innsbrucker nicht. So viel Zeit wie beispielsweise Denis Jenkinson hatten sie vor der Rallye nicht. Der Beifahrer von Stirling Moss war insgesamt acht Wochen lang auf der Route unterwegs und hatte sein „Gebetbuch" vorbereitet, in dem er jede Kurve, jede Kreuzung und Stadtdurchfahrt notierte. Das Team Retter/Larcher war nur einmal – am Wochen-

Mille Miglia

"Ja, die Strecken sind wirklich schön. Doch wenn du die Rallye fährst, siehst du davon nichts. Da sind immer nur die nächsten 100, 200 Meter Asphalt vor dem Auto wichtig."

Walter Larcher, Mille-Miglia-Sieger des Jahres 1955.

ende vor der Rallye – auf der Strecke unterwegs und hatte versucht, sich die schwierigsten Passagen zu merken.

Bizeps-Training auf den Pässen

Als es hell wurde übernahm Walter Larcher das Steuer des Mercedes-Diesel. „Die Pässe in Umbrien und in der Toskana waren mein Revier. Eine ziemliche Kurbelei an dem großen Lenkrad – das war Bizeps-Training." Und eine Geduldsprobe. Denn mit seinen 40 Pferdestärken kriecht der Oldtimer nach heutigen Dieselverhältnissen quasi im Schneckentempo über die Bergstraßen. Nur 103 Newtonmeter Drehmoment liefert der Vierzylinder bei 2000/min an die Kurbelwelle. „Da hilft nur eins", meint 180-D-Fahrer Walter Larcher trocken: „Zweiter Gang und immer nur Vollgas geben." Für den neuen C 270 CDI stellen die Pässe keine Herausforderung dar. Kein Wunder: Sein Fünfzylinder stellt fast viermal soviel Drehmoment zur Verfügung.

Gut eine Stunde vergeht, bis endlich das Ortsschild Rieti auftaucht. Die erste schwierige Bergpassage auf der Mille-Miglia-Strecke ist geschafft. Es geht talwärts Richtung Rom, was aber in dem „Ponton"-Mercedes ebenfalls keine Spazierfahrt ist. Jetzt wird zusätzlich auch das rechte Bein des Fahrers gefordert, denn ohne Bremskraftverstärker heißt es kräftig aufs Pedal zu treten, damit die Trommelbremsen an Vorder- und Hinterachse zupacken.

„Fahren, nicht bremsen"

Über schwache Bremsen hatte sich seinerzeit auch das Team Retter/Larcher nach ihrer Trainingsrunde auf der Mille-Miglia-Strecke beklagt, doch Mercedes-Rennleiter Neubauer wollte davon nichts wissen. „Ihr sollt fahren, nicht bremsen", wimmelte er die Beschwerde der Österreicher ab.

Diesem Rat gehorchten die beiden aufs Wort und fuhren, was der Diesel hergab. Viterbo, Radicofani, Siena, Florenz – die schönsten Orte der Toskana huschten im Eiltempo vorbei. Dann die gefährlichen Pässe nördlich von Florenz: Passo della Futa und Passo di Raticosa, wo sich bei den früheren Rallyes immer wieder schwere Unfälle ereignet hatten. „Auf dieser schwierigen Passage konnten wir einen weiteren Wagen aus der Dieselklasse überholen. Der hatte Schwierigkeiten mit dem Motor, was uns natürlich mächtig freute", erinnert sich Larcher.

Technische Probleme kannten die Diesel-Piloten auch auf den letzten 300 Kilometern vor dem Ziel nicht: Bologna, Modena, Parma – nach dem Kurvengeschlängel in der Toskana und in Umbrien waren diese Streckenabschnitte ein regelrechtes Erholungsprogramm. Und so gelang ihnen, was sie selbst nie für möglich gehalten hätten: der Klassensieg bei der Mille Miglia. Nach 16 Stunden, 52 Minuten, 25 Sekunden und mit einem beachtlichen Durchschnittstempo von 94,645 km/h knatterte die Diesel-Limousine in Brescia durchs Ziel.

Höhepunkt:
Auf dem 900 Meter hohen Passo della Futa überholte das Team Retter/Larcher den letzten Konkurrenten und fuhr dem Sieg entgegen.

Endstation:
In der Innenstadt von Brescia ist Start und Ziel der Mille Miglia. Die Siegerehrung findet auf der Piazza Loggia statt.

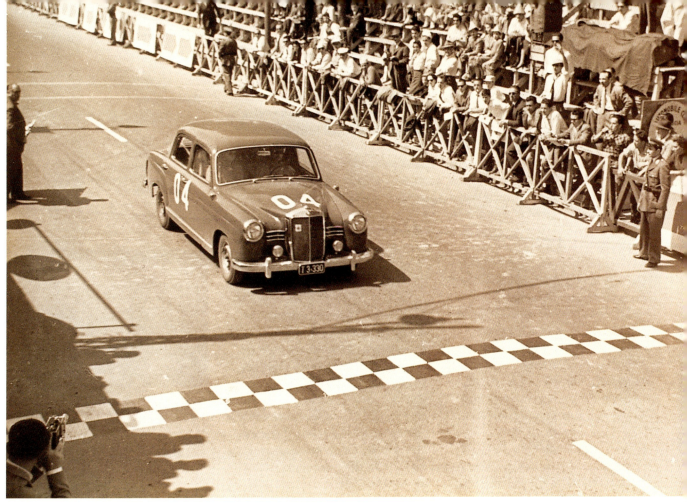

Endspurt:
Nach 16 Stunden, 52 Minuten und 25 Sekunden fuhr der 180 D am 1. Mai 1955 in Brescia über die Ziellinie. Walter Larchers Siegerurkunde (unten) trägt die Unterschrift zweier Gründungsväter der Mille Miglia.

Das verblüffte nicht nur das Publikum, sondern auch den Rennleiter, der seine Diesel-Teams schon fast vergessen hatte. „Hervorragend – ein wirklich erfreuliches Ergebnis für die Regelmäßigkeit und Zuverlässigkeit des 180 D", meldete Alfred Neubauer in seinem Telex-Bericht nach Stuttgart, wo die Verkaufsdirektion noch am Abend des 1. Mai 1955 ein Rundschreiben verfasste und alle Niederlassungen und Händler bat, den „Rallye-Erfolg auch werbemäßig auszuwerten". Der Diesel war plötzlich auf der Überholspur.

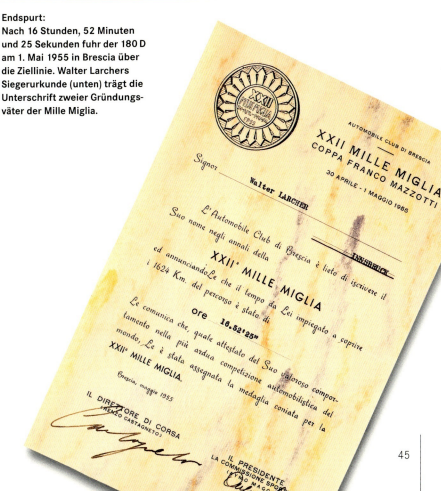

Auf den Spuren der Mille Miglia

Brescia – Rom – Brescia

Die Rallye-Piloten des Jahres 1955 brauchten nur 10 bis 16 Stunden, um die rund 1 600 Kilometer lange Tour abzuspulen. Doch wer Land und Leute nicht im Eiltempo erleben möchte, sollte für den Rundkurs gut vier bis fünf Tage einplanen. Startpunkt ist die norditalienische Stadt Brescia, die von Frankfurt/Main etwa 750 Kilometer entfernt ist. Durch die Schweiz dauert die Anreise rund sieben Stunden und kostet etwa 60 Mark Autobahngebühren, inklusive der Schweizer Jahresvignette.

Mille Miglia

6 Tre Marchetti
Wenn in Verona Opernsaison ist, treffen sich in diesem Sterne-Restaurant die Tenöre. Verona, Vicolo Tre Marchetti 19/b. Telefon: +39 045 8030463. Sonntags geschlossen.

Museen

1 Civica Galleria d'Arte Moderna
Zählt zu den bedeutendsten italienischen Privatsammlungen für moderne Kunst. Täglich von 9 bis 12.30 Uhr und von 15 bis 17.30 Uhr geöffnet. Montags geschlossen. Brescia, Kirche San Giulia.

2 Tempio Capitolino
Hier sind Grabfunde aus der Zeit der Römer zu bewundern. Täglich geöffnet von 9 bis 12.30 Uhr und von 15 bis 17.00 Uhr. Brescia, Via dei Musei.

3 Teatro Romano und Casa di Giulietta
Das römische Amphi-Theater ist einen Besuch wert. Von Dienstag bis Sonntag jeweils zwischen 9 und 12.30 Uhr und 14.30 und 18.30 Uhr geöffnet. Verona, Piazza Brà. Das Wohnhaus der berühmten Julia ist von Dienstag bis Sonntag jeweils zwischen 9 und 19 Uhr geöffnet. Verona, Via Capello 23.

4 Civico Museo D'Arte
Das Museum befindet sich im alten Schloss (Castelvecchio) und ist von Dienstag bis Sonntag jeweils zwischen 9 und 19 Uhr geöffnet. Verona, Corso Cavour.

für Jung und Alt. Von hier lohnt ein Besuch des römischen Amphi-Theaters und der „Casa di Giulietta" **3**, dem Haus der berühmten Julia in der Via Capello 23. Ein paar Schritte weiter, am Etsch-Ufer, liegt das Castelvecchio. Zu dieser mächtigen Burganlage gehören das „Civico Museo d'Arte" (Kunstmuseum) **4** und die Ponte Scaligero, über die jedes Jahr die historische Mille Miglia führt. Von hier ist es nur noch ein Katzensprung zur „Bottega del Vino" **5**, Veronas urigster Weinkneipe. Für kulinarisch anspruchsvollere Verona-Besucher gilt das Sterne-Restaurant „Tre Marchetti" **6** nahe der Arena als Top-Adresse. Viel Auswahl bietet Verona auch in Sachen Hotels. Empfehlenswert sind die Häuser im Zentrum, wo man das Auto in einer der Tiefgaragen abstellen und die Altstadt zu Fuß erkunden kann: das „Hotel Accademia" **2**, das „Gabbia d'Oro" **3** und das „Due Torri Baglioni" **4**. Etwas außerhalb, inmitten der Weinberge des Valpolicella-Gebiets, liegt die „Villa del Quar" **5**.

Fluchtpunkt:
Guter Wein, gutes Essen, gute Erholung – das Hotel Villa del Quar lädt zum Relaxen ein.

Hotels

1 Vittoria
Fünf-Sterne-Hotel im Herzen Brescias. Traditionsreicher Treffpunkt der Rallye-Prominenz. 61 Zimmer. Doppelzimmer ab 350 Mark*. Brescia, Via delle 10 Giornate 20. Telefon: +39 030 280065.

2 Hotel Accademia
Angenehmes Vier-Sterne-Hotel in einem Palast aus dem 17. Jahrhundert (Foto unten). Von hier sind Piazza Brà und die Casa di Giulietta nur ein paar Schritte entfernt. 92 Zimmer. Doppelzimmer ab 360 Mark*. Verona, Via Scala 12. Telefon: +39 045 596222.

3 Gabbia d'Oro
Fünf-Sterne-Luxus in zentraler Innenstadtlage. Kein Restaurant. 27 Zimmer. Doppelzimmer ab 450 Mark*. Verona, Porta Borsari 4. Telefon: +39 045 8003060.

4 Due Torri Baglioni
Elegante Einrichtung und perfekter Service in einem traditionsreichen Fünf-Sterne-Hotel. 91 Zimmer. Doppelzimmer ab 450 Mark*. Verona, Piazza Sant'Anastasia 4. Telefon: +39 045 595044.

5 Villa del Quar
Dieses Vier-Sterne-Hotel liegt außerhalb Veronas in den Weinbergen des Valpolicella. Schwimmbad. 18 Zimmer. Doppelzimmer ab 400 Mark*. Pedemonte, Via Quar 12. Relais & Chateau. Telefon: 0180 5333431.

* Die Übernachtungspreise gelten für die Hauptsaison.

Vicenza – Heimat des berühmten Architekten Andrea Palladio, der im 16. Jahrhundert nicht nur das Bild der Stadt, sondern die gesamte europäische Architektur prägte. Zahlreiche der prachtvollen venezianischen Landvillen und der Palazzi Venetiens basieren auf Plänen des Baumeisters. Heute wie damals ist Vicenza ein eher stilles Städtchen mit schmalen Gassen, schönen Häuserfassaden und vielen Juweliergeschäften. Kein Wunder: In Vicenza schlägt das Herz der italienischen Goldschmiedekunst, die seit Jahren durch ihr modernes Design von sich reden macht. Sehenswert ist das „Teatro Olimpico" 5 mit seinem steinernen, dreidimensionalen Bühnenbild. Kulinarisch hat Vicenza indes nach einhelliger Meinung aller Gastro-Kritiker wenig zu bieten, deshalb geht's auch gleich weiter auf den Spuren der Mille Miglia nach Padova. Hier lohnt sich es, die Autobahn bereits an der Ausfahrt Grisignano zu verlassen und auf der SS 11 bis zum Ort Sarmeola zu fahren. Hier kocht Massimiliano Alajmo, Europas jüngster Küchenchef, im Ristorante „Le Calandre" 7.

Drittgrößter Platz Europas

In Padova gibt es vor allem ein sehenswertes Ziel: den Prato delle Valle, der mit einer Fläche von rund 8,9 Quadratkilometern nach dem Roten Platz in Moskau und dem Pariser Place de la Concorde zu den größten Plätzen Europas zählt. Venezianische Paläste mit Laubengängen, ein schmaler Wassergraben und 78 Statuen großer Persönlichkeiten schmücken das riesige Oval, das als Treffpunkt, Marktplatz und Sportarena dient. Nicht weit entfernt liegt die Basilika „Il Santo" mit ihren Kostbarkeiten aus Marmor, Bronze und Gold. Der Palazzo Bo im Stadtzentrum beherbergt eine der traditionsreichsten Universitäten Europas. Hier haben bereits Galileo Gallilei und Kopernikus gelehrt. Die Studenten treffen sich in einem der vielen Cafés wie dem weltberühmten „Pedrocchi" 8, wo 1848 der Studentenaufstand gegen die österreichische Besetzung der Stadt begann. Für die Professoren ist hingegen die „Osteria dei Fabbri" 9 der Anziehungspunkt nach den Vorlesungen, wo sie am liebsten das Risotto mit Radicchio bestellen.

Ferrara – eine Schönheit aus roten Backsteinen, Palazzi und breiten Flaniermeilen. Sehenswert ist der Palazzo dei Diamanti 6, der aufgrund seiner quaderförmigen Fassade so genannt wird. In seinem Inneren hat die Stadt eine Pinakothek eingerichtet. Prachtvoll auch die Wasserburg Castello Estense und die Kathedrale aus dem 12. Jahrhundert. Bis zum Mittagessen sind es jetzt nur noch ein paar Schritte: „Quel fantastico giovedi" 10 heißt das Restaurant, das Kenner der Mille Miglia empfehlen. Gut übernachten kann man im Relais & Chateau-Hotel „Duchessa Isabella" 6, das in der Nähe des Diamanten-Palasts liegt.

Die nächste Rallye-Etappe heißt Ravenna, das rund 80 Kilometer von Ferrara entfernt ist. Willkommen an der Adria! Wer sich am Meer von den Strapazen der Auto-Tour erholen möchte, sollte gleich nach Marina di Ravenna fahren und sich am Strand ein ruhiges Plätzchen suchen. Im gleichen Ort empfängt auch das „Park Hotel Ravenna" 7 seine Gäste.

Zum Abendessen lohnt sich aber auf jeden Fall die kurze Tour in die City – genauer gesagt: in die Via Maggiore 87.

Schmuckstück:
78 Statuen zieren Europas drittgrößten Platz, den Prato delle Valle in Padova.

Meisterkoch:
Massimiliano Alajmo (oben links) und sein Team bringen Spezialitäten der Region auf den Tisch des Restaurants „Le Calandre".

Hier gilt die „Trattoria al Gallo" 11 als Geheimtipp. Wer dort keinen Platz mehr bekommt, sollte es im benachbarten Restaurant „Chilo" 12 probieren.

Republik auf 61 Quadratkilometern

Zurück auf die Rallye-Piste. Nächste Ziele sind die Touristen-Hochburg Rimini und der Zwergstaat San Marino. Wir verzichten auf den Rimini-Rummel und biegen lieber gleich nach rechts ab, um der 61 Quadratkilometer großen Mini-Republik einen Besuch abzustatten. Die

Mille Miglia

Restaurants

7 Le Calandre
Vor den Toren Padovas kreiert Europas jüngster Küchenchef seine Köstlichkeiten. Massimiliano Alajmo hat bereits zwei Michelin-Sterne. Sarmeola di Rubano, Via Liguria 1.
Telefon: +39 049 630303.
Sonntagabend und montags geschlossen.

8 Caffè Pedrocchi
Geschichtsträchtiger Studenten-Treffpunkt in der Nähe der Universität von Padua. Padova, Piazetta Pedrocchia.
Telefon: +39 049 8781231.

9 Osteria dei Fabbri
Hier lassen sich Paduas Professoren verwöhnen. Padova, Via dei Fabbri 13.
Telefon: +39 049 650336.

10 Qual fantastico giovedi
Küchenchef Marco Janotta ist wegen seiner ideenreichen Trüffel-Spezialitäten sehr geschätzt. Ferrara, Via Castelnuovo 9.
Telefon: +39 0532 76 0570.
Mittwochs geschlossen.

11 Trattoria al Gallo
Kleine, gemütliche Trattoria mit Garten. Ravenna, Via Maggiore 87.
Telefon: +39 0544 213775.
Sonntagabend, montags und dienstags geschlossen.

12 Chilo
Die urige Trattoria gehört zu Ravennas ältesten Lokalen. Man serviert Rotwein vom eigenen Weingut. Ravenna, Via Maggiore 62.
Telefon: +39 0544 36206.
Donnerstags geschlossen.

Museen

5 Teatro Olimpico
Das einzigartige Theater mit der dreidimensionalen Bühne aus Stein ist von Dienstag bis Sonntag jeweils zwischen 10 und 12 Uhr sowie zwischen 15 und 18 Uhr geöffnet. Vicenza, Piazza Matteotti.

6 Palazzo dei Diamanti
Das prachtvolle Gebäude mit der Pinakothek und dem Museum für moderne Kunst ist von Dienstag bis Samstag jeweils zwischen 9 und 14 Uhr geöffnet. Sonntags von 9 bis 13 Uhr. Ferrara, Corso Rosetti.

Hotels

6 Duchessa Isabella
Ein Hotel von besonderer Klasse in einem Palast aus dem 15. Jahrhundert mit goldverzierten Decken, farbenfrohen Fresken und antiken Kaminen. 27 Zimmer. Doppelzimmer ab 430 Mark*.
Relais & Chateau.
Telefon: 0180 5333431.

7 Park Hotel Ravenna
Freizeithotel mit herrlichem Park und Schwimmbad an der Adriaküste. 136 Zimmer. Doppelzimmer ab 230 Mark*. Marina di Ravenna, Viale delle Nazioni 181.
Telefon: +39 0544 531743.

Mille Miglia führt heutzutage schnurstracks durch die Contrada del Pianello bis zur Piazza della Liberta vor den Regierungspalast. Dort ist Zeitkontrolle.

Hinter San Marino werden die Straßen schmaler – und schöner. Via Panoramica heißt die Landstraße, die über Merlatino Conca bis in die Renaissance-Stadt Urbino

Bühnenstück:
Die Kulisse des Teatro Olimpico zeigt eine Straßenszene aus Vicenza – dreidimensional.

Prachtstück:
In dem Palast, der heute das Hotel Duchessa Isabella beherbergt, feierte die Edelfrau Isabella d'Este schon vor 500 Jahren rauschende Feste.

* Die Übernachtungspreise gelten für die Hauptsaison.

Restaurants

13 Taverna del Lupo
Elegantes Restaurant mit Spezialitäten der Region: Trüffel, Spanferkel, Steinpilze. Gubbio, Via Giovanni Ansidei 21.
Telefon: +39 075 9274368.
Montags geschlossen.

14 Ristorante alla Fornace di Mastro Giorgio
Marco Faiella serviert in einem Palazzo aus dem 14. Jahrhundert, wo sich einst die Werkstatt eines großen Keramikkünstlers befand. Gubbio, Via Mastro Giorgio 2.
Telefon: +39 075 9275740.
Montags geschlossen.

15 San Francesco
Im Sommer sitzt man auf einer herrlichen Veranda oder im Garten des Restaurants mit Blick auf die Basilika. Spezialität: Schinkennest mit Frischkäse und Trüffeln. Assisi, Via San Francesco 52.
Telefon: +39 075 812329.
Mittwochs geschlossen.

16 Buca di San Francesco
Kleine Trattoria mit großer Küche. Assisi, Via Brizi 1.
Telefon: +39 075 812204.
Mittwochs geschlossen.

17 Villa Roncalli
Elegantes Sterne-Restaurant in einer schönen Villa. Foligno, Viale Roma 25.
Telefon: +39 0742 391091.
Montags geschlossen.

18 Bistrot da Rita
Bei Rita gibt es keine Speisekarte, sie empfiehlt jedem Gast ein individuelles Gericht. Rieti, Piazza San Rufo 25.
Telefon: +39 0746 498798.
Sonntags und Montagmittag geschlossen.

Plattform:
Von der Piazza vor dem Palazzo dei Consoli in Gubbio blickt man weit über die Stadt und die Hügellandschaft des Apennin.

führt. Nomen est omen. Sehenswert ist der Panorama-Blick über die sanften Hügel der Marken, in deren Tälern vereinzelt kleine Dörfer liegen.

Urbino war die Heimat des berühmten Herzogs Federico, der die Stadt von 1444 genau 38 Jahre lang regierte und sie zu einem führenden Zentrum italienischer Kultur entwickelte. Der „Palazzo Ducale", das Wohnhaus des Fürsten, beweist es: Er gilt als Musterbeispiel eleganter Renaissance-Baukunst. Heute beherbergt der Palast die Nationalgalerie 7 und präsentiert wertvolle Kunstwerke. In Urbino erblickte auch Raffael, Italiens berühmtester Renaissance-Maler und Architekt, das Licht der Welt: am 6. April 1483. Sein Haus in der Via Raffaello kann man besichtigen.

Gubbio – einst ein wichtiges Handelszentrum, heute eine beschauliche Stadt mit rund 35 000 Einwohnern inmitten der Bergwelt Umbriens. Von der großen Vergangenheit zeugen die prachtvollen Bauwerke wie der Palazzo dei Consoli 8 aus dem 14. Jahrhundert, der heute noch immer als Rathaus und Museum dient. Auf der Piazza vor dem Palast, die einen herrlichen Blick über die Stadt bietet, stehen zu Rallye-Zeiten die Zeitkontrolleure und mancher gestresste Fahrer bedauert es, nicht zu einer kurzen Rast in die benachbarte „Taverna del Lupo" 13 oder das „Ristorante alla Fornace di Mastro Giorgio" 14 einkehren zu können. Für Urlauber, die in aller Ruhe auf den Spuren der Mille Miglia reisen, empfiehlt sich auch das Hotel „Relais Ducale" 8.

Alles dreht sich um Francesco

Auf der SS 298 führt der Rallye-Kurs zur Provinzhauptstadt Perugia und dann weiter via SS 147 nach Assisi, der hügeligen Heimatstadt des berühmten Franziskus. Alles über den Heiligen Franziskus erfahren Besucher in der riesigen Kirche San Francesco am Westrand der Stadt, in der berühmte italienische Künstler arbeiteten und die als einer der wichtigsten Kunststätten Italiens gilt. Auch das beste Restaurant der Stadt trägt den Namen des Heiligen: „San Francesco" 15, in unmittelbarer Nähe der Kirche. Umbrische Spezialitäten wie Trüffel oder Pasta mit Weißweinsauce serviert man auch in der „Buca di San Francesco" 16.

Ein letzter Blick zurück auf Assisi und seinen rund 1 300 Meter hohen Hausberg, den Monte Subasio, dann erreichen wir Foligno, das aber außer einem mehrfach prämierten Restaurant nicht viel zu bieten hat. Sein Name: „Villa Roncalli" 17.

Jetzt sind es nur noch knapp 100 Kilometer bis Rom – Zeit für eine letzte Rast vor dem Großstadttrubel. Wie wär's mit Seeteufel, Auberginen und Wildfenchel? Mit solchen und anderen Spezialitäten verwöhnt Rita Galassetti im „Bistrot da Rita" 18 ihre Gäste.

Halbzeit auf dem Petersplatz

Rom – Halbzeit für die Rallye-Piloten. Rund 850 Kilometer haben sie bis hierher abgespult und jetzt verlangt das Reglement eine Zwangspause von ihnen. Vor der Haustür des Papstes, auf dem Petersplatz. Logisch, dass die Straßen in die Hauptstadt für den übrigen Verkehr gesperrt sind, wenn sich der Rallye-Tross nähert. Denn

Antike:
Auf dem Besuchsprogramm für Rom sollte unbedingt das Pantheon stehen. Der ehemalige Tempel gilt als eines der größten Bauwunder des klassischen Altertums.

im chaotischen Verkehr der Millionenstadt würde sich das Rallye-Tempo auf Schrittgeschwindigkeit verringern. Bestenfalls. Deshalb gilt für Urlauber: Das Auto hat in der „ewigen Stadt" Pause. Den Plan, mit dem eigenen Auto zum Pantheon ❾, zum Forum Romanum ❿ oder zum Kolosseum ⓫ zu fahren, sollte man gleich am Anfang aufgeben und statt dessen besser ein Taxi oder einen der vielen öffentlichen Kleinbusse nehmen. Empfehlenswert sind Hotels in zentraler Lage wie das Lord Byron ❾ oberhalb der Villa Borghese oder das Hassler Villa Medici ❿ an der Spanischen Treppe, denn dort stellt der Portier das Auto sicher in einer Parkgarage ab und die historische Altstadt ist nur ein paar Schritte entfernt. Beim Bummel durch die Altstadt empfiehlt sich ein kurzer Abstecher in eins der schönsten Museen: die Galleria Doria Pamphili ⓬. Wer lieber außerhalb bleiben möchte, steuert am besten das Hotel „Cavalieri Hilton" ⓫ an. Es liegt auf einem der sieben Hügel Roms und bietet einen herrlichen Blick auf den Petersdom.

Auf der Staatsstraße 2, der traditionsreichen Via Cassia, führt die Rallye-Strecke aus der Hauptstadt in Richtung Norden. Viterbo heißt das nächste Etappenziel – eine ehemalige Papst-Residenz, die heute

Museen

❼ Palazzo Ducale
Im Haus des Herzogs Federico ist eine Nationalgalerie mit wertvollen Kunstwerken untergebracht. Geöffnet täglich ab 9 Uhr. Urbino, Palazzo Ducale.

❽ Palazzo dei Consoli
Das Rathaus stammt aus dem 12. Jahrhundert und beherbergt eine Pinakothek. Täglich von 10 bis 13 Uhr und von 15 bis 18 Uhr geöffnet. Gubbio, Via die Consoli.

❾ Pantheon
Der ehemalige römische Tempel mit beeindruckender Rundkuppel ist täglich von 9 bis 18.30 Uhr geöffnet. Rom, Piazza della Rotonda.

❿ Forum Romanum
Die Ausgrabungsstätten des antiken Rom (Foto unten) sind täglich von 9 bis 19 Uhr geöffnet. Rom, Via dei Fori Imperiali 1.

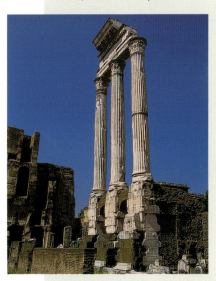

⓫ Kolosseum
Das größte römische Theater öffnet täglich von 9 bis 19 Uhr. Rom, Piazza del Colosseo.

⓬ Galleria Doria Pamphili
Eine der wertvollsten Gemäldeausstellungen Roms. Dienstags, freitags, samstags und sonntags geöffnet von 10 bis 13 Uhr. Rom, Piazza del Collegio Romano.

Hotels

❽ Relais Ducale
Vom Garten dieses Vier-Sterne-Hotels hat man einen herrlichen Blick auf die alte Stadt und die Hügellandschaft. 32 Zimmer. Doppelzimmer ab 180 Mark*. Gubbio, Via Galeotti 18. Telefon: +39 075 9220157.

❾ Lord Byron
Madonna, Tom Cruise und Claudia Schiffer schätzen die Ruhe und Abgeschiedenheit dieses Fünf-Sterne-Hotels (Foto unten), das trotzdem nicht weit von der Piazza del Popolo und der Spanischen Treppe entfernt ist. 28 Zimmer. Doppelzimmer ab 460 Mark*. Rom, Via G. Notaris 5. The Leading Hotels of the World. Telefon: 0800 8521100 (gebührenfrei).

❿ Hotel Hassler Villa Medici
Besser und zentraler kann man in Rom nicht wohnen. Fünf-Sterne-Hotel unmittelbar an der Spanischen Treppe. 85 Zimmer. Doppelzimmer ab 730 Mark*. Rom, Trinita die Monti 6. The Leading Hotels of the World. Telefon: 0800 852 1100 (gebührenfrei).

⓫ Cavalieri Hilton
Fünf-Sterne-Hotel außerhalb der Stadt in San Pietro mit einzigartigem Blick auf Rom. Hier kocht der Deutsche Heinz Beck, Roms bester Küchenchef. Schwimmbad und Fitness-Center. 358 Zimmer. Doppelzimmer ab 600 Mark*. Rom, Via Cadlolo 101. Hilton-Hotels. Telefon: 00800 444 58667 (gebührenfrei).

* Die Übernachtungspreise gelten für die Hauptsaison.

ein eher beschauliches Dasein fristet. Zum Espresso oder Cappuccino lädt das traditionsreiche Gran Caffè Schenardi 19 in der Nähe der Piazza delle Erbe ein. Es stammt aus dem Jahre 1855 und steht aufgrund seiner wertvollen Einrichtung mit Stuckverzierungen und Statuen unter Denkmalschutz.

Eine Dorfstraße als Rallye-Piste

Rund 25 Kilometer nördlich von Aquapendente zweigt die Rallye-Route von der Via Cassia ab und führt in das kleine Bergdorf Radicofani, das auch heute noch einen Besuch wert ist. Kaum zu glauben, dass die Boliden wie der 302 PS starke 300 SLR seinerzeit nach der Zeitkontrolle am Ortseingang durch die schmale, abschüssige Dorfstraße donnerten, um möglichst schnell das nächste Etappenziel zu erreichen: Pienza.

Kenner meinen, hier sei die Toskana am schönsten. Sie haben Recht. Nirgendwo anders ist das Wechselspiel zwischen schwingenden Hügeln und tiefen Tälern so reizvoll wie in der „Crete", dem Landstrich rund um das Städtchen Pienza. Hier wurde im 15. Jahrhundert Papst Pius II. geboren und verwirklichte seinen Traum von der „idealen Stadt". So entstand ein wirklich reizvolles Beispiel für die Baukunst der

Renaissance:
Pienza ist nicht nur wegen des würzigen Pecorino-Käses und des guten Weins einen Zwischenstopp wert.

Restaurants

19 Gran Caffè Schenardi
Eines der traditionsreichsten Kaffeehäuser Italiens. Viterbo, Piazza delle Erbe.

20 Latte di Luna
Hier serviert man toskanische Spezialitäten wie „Zuppa di Pane" (Brotsuppe). Pienza, Via San Carlo 2/4.
Telefon: +39 0578 748606.
Dienstags geschlossen.

21 Antica Trattoria Botteganova
Von Italiens Gastro-Kritiker Veronelli bestens empfohlene Trattoria in Siena, Strada Chiantigiana 29.
Telefon: +39 0577 284230.
Montags geschlossen.

22 Osteria Le Logge
Das bekannteste Restaurant von Siena. Beste toskanische Küche. Siena, Via del Porrione 33.
Telefon: +39 0577 48013.
Sonntags geschlossen.

23 Il Pozzo
Gemütliche Trattoria mit vorzüglicher Küche. Monteriggioni, Piazza Roma 2.
Telefon: +39 0577 304127.
Sonntagabend und montags geschlossen.

Museen

13 Museo Civico
Das Museum im ersten Stock des Palazzo Pubblico von Siena zeigt Fresken aus dem 14. Jahrhundert. Geöffnet von Montag bis Samstag jeweils zwischen 9.30 und 19.30 Uhr. Sonntags von 9.30 bis 13.30 Uhr. Siena, Piazza del Campo.

14 Pinacoteca Nazionale
Hier sind alle Künstler der sienesischen Malerei mit ihren Werken vertreten. Geöffnet von Dienstag bis Samstag jeweils in der Zeit von 8.30 bis 19.00 Uhr. Sonntags von 8.30 bis 13.00 Uhr. Siena, Via San Pietro 29.

Informationen

Staatliches Italienisches Fremdenverkehrsamt ENIT
Deutschland:
Kaiserstraße 65,
60325 Frankfurt am Main.
Telefon: +49 69 237434.
Österreich:
Kärntner Ring 4,
1010 Wien.
Telefon: +43 222 2113633.
Schweiz:
Uraniastraße 32,
8001 Zürich.
Telefon: +41 1 2113633.

Literatur

► „Oberitalien – Richtig Reisen", DuMont-Verlag, Köln. 463 Seiten, ca. 40 Mark.
► „Mittelitalien – Richtig Reisen", DuMont-Verlag, Köln. 346 Seiten, ca. 40 Mark.
► „Toskana", Merian live-Reiseführer, Gräfe und Unzer Verlag, München. 126 Seiten, ca. 13 Mark.
► Mille Miglia – 1000 Meilen für Genießer, Kulinarischer Reiseführer mit Rezepten und Hotel-Tipps. Synergon-Verlag, Stuttgart. 192 Seiten, ca. 90 Mark.

Renaissance – mit vielen Palazzi, Brunnen und Kirchen, die zu einer kulturhistorischen Entdeckungstour einladen. Danach trifft man sich im Restaurant „Latte di Luna" 20 zum Mittagessen. Als kleines aber feines Hotel empfiehlt sich das außerhalb gelegene Haus „L'Olmo" 12.

Ruhe im Schutz der Stadtmauer

Siena – 60 000-Einwohner-Stadt mit zahlreichen Sehenswürdigkeiten: der Piazza del Campo, dem Torre del Mangia, dem Dom und den Museen Museo Civico 13 und Pinacoteca Nazionale 14. Gute Adressen für das Mittagessen sind die Restaurants „Antica Trattoria Botteganova" 21 und „Osteria Le Logge" 22. Gut übernachten kann man im „Certosa di Maggiano" 13. Knapp zwölf Kilometer vom Stadtzentrum entfernt liegt das malerische Dorf Monteriggioni, das sich hinter einer mächtigen Stadtmauer mit 15 Wehrtürmen versteckt. Hier lässt's sich ruhig und gut leben – zum Beispiel im „Hotel Monteriggioni" 14 oder im Ristorante „Il Pozzo" 23.

Florenz – keine andere Stadt hat eine solche Vielzahl kunsthistorischer Sehenswürdigkeiten zu bieten wie Florenz. Motive

Formenspiel: Durch die Hügellandschaft der „Crete" im Süden der Toskana führt der Weg nach Siena.

Hotels

12 L'Olmo
Kleines aber feines Hotel inmitten der toskanischen Hügellandschaft. Schwimmbad. 5 Zimmer. Doppelzimmer ab 340 Mark*. Monticchiello, Ommio 27. Telefon: +39 0578 755133.

13 Certosa di Maggiano
Das Vier-Sterne-Hotel liegt außerhalb von Siena. Das Gebäude ist ein ehemaliges Karthäuser-Kloster aus dem 13. Jahrhundert mit Turm und Ziehbrunnen. Schwimmbad und schöner Garten. 17 Zimmer. Doppelzimmer ab 500 Mark*. Siena, Via Certosa 82. Relais & Chateau. Telefon: 0180 5333431.

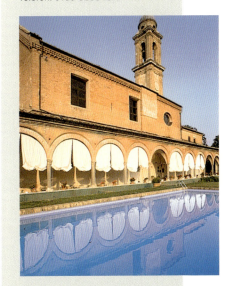

14 Monteriggioni
Gemütliches Vier-Sterne-Hotel mit Schwimmbad und Garten. 12 Zimmer. Doppelzimmer ab 200 Mark*. Monteriggioni, Via 1° Maggio 4. Telefon: +39 0577 305009.

* Die Übernachtungspreise gelten für die Hauptsaison.

Wahrzeichen:
Der 94 Meter hohe Turm des Palazzo Vecchio weist den Weg zum schönsten Platz in Florenz.

Raritäten:
Die Trattoria „L'Uovo di Colombo" ist gleichzeitig Auto- und Motorradmuseum.

für Erinnerungsfotos sind hier wirklich keine Mangelware: die Uffizien 15, die Piazza della Signoria, Palazzo Vecchio 16 oder die Galleria dell'Accademia 17. Wer unterwegs eine kleine Stärkung braucht, sollte nach einem der vielen Probierstände oder Mini-Restaurants für kulinarische Köstlichkeiten aus der Toskana Ausschau halten. Besonders empfehlenswert sind die „Cantinetta dei Verrazzano" 24 und „Il Fratellini" 25. Als Top-Adresse für Gourmets gilt die „Enoteca Pinchiorri" 26, die der Michelin-Führer mit zwei Sternen auszeichnet. Empfehlenswerte Hotel-Adressen sind zum Beispiel das „Grand Hotel" 15 inmitten von Florenz oder die Villa San Michele 16 oberhalb der Stadt im schönen Fiesole.

Mittagessen zwischen Oldtimern

In Richtung Bologna sollte man ausnahmsweise nicht die Autobahn, sondern die Staatsstraße 2 wählen. Sie führt zu den beiden berüchtigsten Pässen auf der Rallye-Route: dem Passo di Futa und dem Passo di Raticosa, beide rund 1 000 Meter hoch. Vorher müssen Oldtimer-Fans aber unbedingt im Städtchen Vaglia Station machen und die Trattoria „L'Uovo di Colombo" 27 besuchen. Sie präsentiert sich als

Museen

15 Uffizien
Eine der größten Gemäldesammlungen der Welt mit Kunstwerken von Botticelli, Michelangelo, Tizian, Dürer, Rubens und Rembrandt. Von Dienstag bis Samstag zwischen 9 und 19 Uhr geöffnet. Sonntags von 9 bis 14 Uhr. Florenz, Piazzale degli Uffizi.

16 Palazzo Vecchio
Das historische Rathaus von Florenz beherbergt zahlreiche Skulpturen und Gemälde. Von 9 bis 19 Uhr geöffnet (außer donnerstags). Freitags und samstags auch von 20 bis 23 Uhr. Florenz, Piazza della Signoria.

17 Galleria dell'Accademia
Hier werden viele der Originale Michelangelos ausgestellt. Von 9 bis 19 Uhr geöffnet. Montags geschlossen. Sonntags und freitags von 9 bis 14 Uhr geöffnet. Florenz, Via Ricasoli.

18 Museo Civico Archeologico
Das Museum zeigt eine Sammlung von Fundstücken aus der Zeit der Etrusker und ihrer Vorfahren. Geöffnet von Dienstag bis Samstag jeweils zwischen 9 und 14 Uhr. Sonntags von 9 bis 12.30 Uhr. Bologna, Via dell' Archiginnasio 2.

19 Pinacoteca Nazionale
Für Fachleute zählt dieses Museum zu den reichsten Galerien Europas. Geöffnet von Dienstag bis Samstag jeweils zwischen 9 und 14 Uhr. Sonntags von 9 bis 13 Uhr. Bologna, Via delle Belle Arti.

kleines Automuseum – man speist inmitten der Oldtimer aus den Zwanziger- und Dreißigerjahren.

Bologna – Stadt der mittelalterlichen Bogengänge, der prachtvollen Renaissance-Bauten und der teuren Boutiquen. Hier ist Einkaufsbummeln angesagt. Zum Beispiel in der Via Rizzoli und der Galleria Cavour, wo sich fast alle namhaften italienischen Mode-Designer präsentieren. Rund um die Piazza Maggiore gibt es aber auch andere Sehenswürdigkeiten zu besichtigen: die gotische Prachtkirche San Petronio, die mittelalterliche Universität im Palazzo dell'Archiginnansio oder das Archäologische Museum **18**. Etwas außerhalb liegt die Pinacoteca Nazionale **19**, die zu den reichsten Galerien des Landes zählt. Eine Spitzenadresse anderer Art ist das „Grand Hotel Baglioni" **17** in der Nähe der Piazza Maggiore.

Schlussetappe für Genießer

Der Endspurt auf das Ziel der Mille Miglia hat begonnen. Modena – Parma – Brescia, dann sind die 1 000 Meilen abgespult. Aber der Reihe nach: Wer für Autos schwärmt, kommt an einem Besuch in Modena, der Heimat edler Sportwagen wie Ferrari, Maserati, Lamborghini oder de Tomaso nicht vorbei. Demgegenüber ist Parma eher das Ziel für kulinarische Genießer: Schinken, Käse, Nudeln, Gebäck – hier schlägt das Herz der italienischen Esskultur. Wer sich hier nicht in einem der vielen Feinkostläden mit Leckereien eindeckt, ist selber schuld. Das beste Live-Erlebnis in puncto Essen und Trinken bieten die Restaurants „Parizzi" **28** und „La Greppia" **29**.

Jetzt ist es nur noch ein Katzensprung bis zum Ziel der „1 000 Meilen": „Brescia, Piazza della Vittoria" – so programmieren wir zum letzten Mal das Navigationssystem an Bord der C-Klasse und nach gut einer Stunde meldet die freundliche Stimme aus dem Lautsprecher: „Ziel erreicht".

Restaurants

24 Cantinetta dei Vernazzano
Weinschenke und Mini-Restaurant für toskanische Zwischenmahlzeiten. Florenz, Via dei Tavolini 18-20 R. Telefon: +39 055 268590.

25 Il Fratellini
Origineller Probierstand für eine Vielzahl von Chianti-Weinen. Dazu serviert man toskanische Crostini mit Hühnerleber, Wildschwein-Salami oder Käse. Florenz, Via dei Cimatori 38 R.

26 Enoteca Pinchiorri
Besser kann man in Florenz und Umgebung nicht speisen. Zwei-Sterne-Restaurant im Herzen der toskanischen Hauptstadt. Florenz, Via Ghibellina 87.
Telefon: +39 055 242777.
Sonntags, Montagmittag und Mittwoch geschlossen.

27 Trattoria L'Uovo di Colombo
Ein Restaurant als Auto- und Motorradmuseum. Originelles Ambiente, freundlicher Service und typische Gerichte aus der Toskana. Vaglia, Via Bolognese 39.
Telefon: +39 055 407539.

28 Parizzi
Sterne-Restaurant außerhalb des Stadtzentrums. Parma, Via Repubblica 71.
Telefon: +39 0521 285952.
Montags geschlossen.

29 La Greppia
Dieser Gourmet-Tempel (ein Stern) liegt in der Nähe der Piazza Duomo. Empfehlenswert: „Raviolini alla parmigiana" – gefüllte Nudelteigtaschen. Parma, Via Garibaldi 39.
Telefon: +39 0521 233686.
Montags und dienstags geschlossen.

Hotels

15 Grand Hotel
Im ehemaligen Palazzo der Familie Giutini befindet sich heute ein Top-Hotel mit prachtvoller Innenausstattung (Foto unten). Kostbare Fresken und Intarsien zieren die Zimmer. 107 Zimmer. Doppelzimmer ab 740 Mark*. Florenz, Piazza Ognissanti 1.
Telefon: +39 055 288781.

16 Villa San Michele
Einst Franziskaner-Kloster, heute Luxushotel. Die Fassade stammt von Michelangelo. Swimming-Pool, großer Garten. 41 Zimmer. Doppelzimmer (mit Halbpension) ab 1300 Mark*. Fiesole, Via Doccia 4. The Leading Hotels of the World.
Telefon: 0800 8521100 (gebührenfrei).

17 Grand Hotel Baglioni
Das Fünf-Sterne-Hotel im Herzen Bolognas hat eine über 90-jährige Tradition. Wellness-Center. 125 Zimmer. Doppelzimmer ab 535 Mark*. Bologna, Via Indipendenza 8. The Leading Hotels of the World.
Telefon: 0800 8521100 (gebührenfrei).

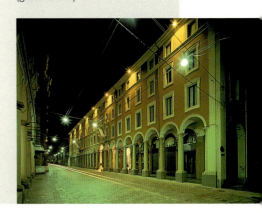

* Die Übernachtungspreise gelten für die Hauptsaison.

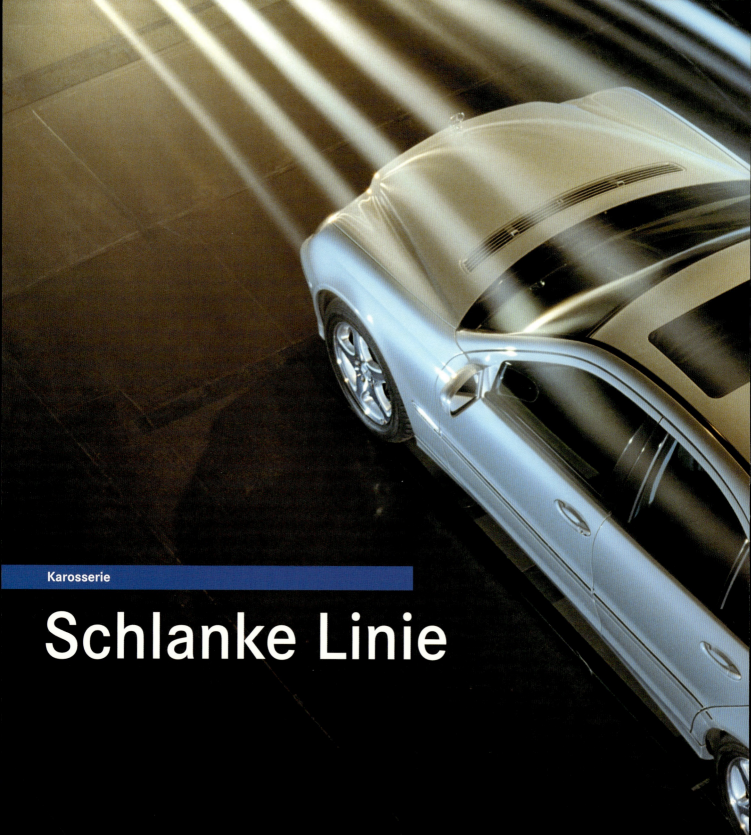

Karosserie

Schlanke Linie

Realität und Scheinwelt: Hochleistungs-Computer unterstützen die Aerodynamik-Ingenieure. In Zukunft laufen auch komplette Windkanal-Tests in der virtuellen Realität ab.

*M*oderne Leichtbauwerkstoffe wie hochfester Stahl, Aluminium und Kunststoff sowie vorbildliche Aerodynamik tragen bei der neuen C-Klasse maßgeblich zur Kraftstoffersparnis bei. Innovativer Korrosionsschutz steigert die Wertbeständigkeit und erfolgreiche Detailarbeit in vielen Karosseriebereichen verbessert Fahrsicherheit und Geräuschkomfort.

Analyse im Detail: Um die Luftströmung im Motorraum der C-Klasse zu optimieren, setzten Mercedes-Ingenieure erstmals moderne Simulationsprogramme ein.

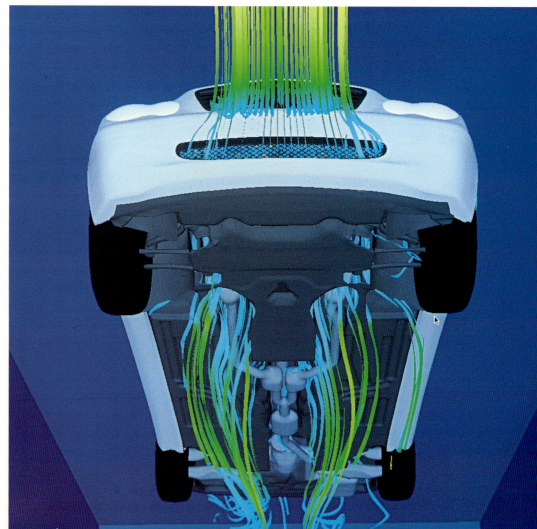

Es stürmt und trotzdem weht kein Luftzug. Mit Orkanstärke rast der Wind durch den Raum, doch niemand spürt die Kraft der Naturgewalt. Alles ist nur eine perfekte Illusion – oder modern ausgedrückt: Virtual Reality. Eine Scheinwelt, die nur dank leistungsfähiger Elektronik sichtbar wird. Aerodynamik-Entwicklung per Computer, Windkanaltests auf dem Bildschirm: Was bisher aufgrund der unvorstellbar großen Datenmengen und der hohen Geschwindigkeiten technisch unmöglich erschien, wird in einigen Jahren Wirklichkeit sein. Dann werden Hochleistungscomputer in der Lage sein, die aerodynamischen Qualitäten eines kompletten Automobils schon lange vor Bau erster Modelle oder Prototypen zu testen. Dazu werden die Rechner nicht nur den Windkanal und die Karosserie originalgetreu nachbilden, sondern auch die Luftströmung an allen Zonen der Karosserieoberfläche analysieren und kritische Stellen durch Farben oder konkrete Messwerte sichtbar machen.

Stichwort „Virtuelle Automobilentwicklung": Simulationen, die bisher bereits zur Vorbereitung von Crash-Tests, Karosserie- und Fahrwerksversuchen gang und gäbe sind, erobern künftig auch den großen Bereich der Strömungsmechanik. Immer schnellere und immer leistungsfähigere Computer machen es möglich. Computational Fluid Dynamics (CFD) nennen Fachleute das neuartige Verfahren, Strömungsvorgängen per Simulation auf die Spur zu kommen. Im Mercedes Technologie Center (MTC) in Sindelfingen arbeiten Ingenieure mit Hochdruck an diesen zukunftsweisenden Berechnungsmethoden und können bereits erste konkrete Ergebnisse vorweisen. Die neue C-Klasse profitierte davon. Computer-Simulationen und reale Windkanaltests liefen bei der aerodynamischen Entwicklung der Limousine parallel und so konnten die Berechnungsspezialisten ihren Kollegen im Windkanal beispielsweise erstmals Hinweise zur Optimierung der Luftdurchströmung des rundum gekapselten Motorraums geben. In diesem Teilbereich, bei dem die Automobilentwickler stets nach einem idealen Kompromiss zwischen Motorkühlung und Aerodynamik streben, arbeiten die CFD-Programme bereits sehr präzise und halfen, Anzahl und Dauer aufwendiger Praxistests zu verringern.

Schnelle Chips: 12,7 Milliarden Rechenaufgaben

Allein der Rechenaufwand für solche Teiluntersuchungen ist immens: Den Raum des virtuellen Windkanals gliedern die Berechnungsingenieure in rund vier Millionen quaderförmige Zellen. 2,5 Millionen Zellen stellen die Strömung des Windkanals dar, die restlichen 1,5 Millionen Zellen simulieren die Strömung im Motorraum und am Unterboden der Karosserie. Um aussagekräftige Ergebnisse zu bekommen, müssen in jeder der vier Millionen Zellen vor allem drei Parameter gemessen werden: Luftdruck, Luftgeschwindigkeit und Strömungsrichtung. Dabei knackt der Computer Differenzialgleichungen mit mehr als 24 Millionen Unbekannten und löst in jeder Sekunde bis zu 12,7 Milliarden Rechenaufgaben. Trotz dieses unvorstellbaren Arbeitstempos sind die Super-Chips des Computers

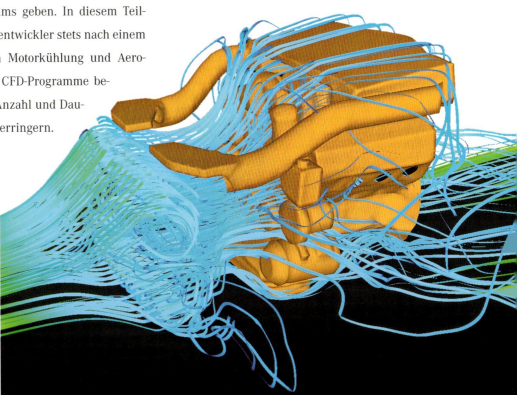

**Aerodynamik:
Mehr Durchblick bei Regenfahrt**

Bei der C-Klasse sorgen eine Reihe aerodynamischer Detailmaßnahmen dafür, dass Autofahrer auch bei schlechtem Wetter ungetrübten Scheibendurchblick haben. So wurden die Aluminiumrinnen an den A-Säulen in ihrer Funktion als Wasserabweiser perfektioniert. Ergebnis: Das auf die Frontscheibe auftreffende Wasser sammelt sich in diesen Schienen und wird von dort mit Hilfe des Fahrtwinds nahezu vollständig übers Dach nach hinten geführt. Dort trifft es in einen Ablaufkanal zwischen Dachhinterkante und Heckscheibeneinfassung, der es über seitliche Kanäle nach unten umleitet. Das Wasser trifft deshalb weder auf die Seitenfenster noch auf die Heckscheibe – sie bleibt bei der Limousine bis Tempo 160 schmutzfrei. Als Wasserabweiser dient auch die schmale, unscheinbare Rinne im Gehäuse der Außenspiegel: Hier tropft das Regenwasser in einem sehr flachen Winkel ab und wird vom Fahrtwind nach hinten getragen.

Technik-Info

gut 24 Stunden lang im Dauerstress, bis die ersten Rechenergebnisse in Form farbiger Animationen oder endloser Zahlenkolonnen über den Bildschirm flimmern.

Der Aufwand lohnt, auch wenn virtuelle Windkanaltests vorerst nur für Teilaufgaben wie Strömungsanalysen im Motorraum oder an den Scheibenbremsen taugen. Aerodynamikentwicklung ist ohnehin Detailarbeit – ein guter c_W-Wert ist immer das Ergebnis zahlloser Detailoptimierungen in allen Karosseriebereichen. Bei der C-Klasse wird dieses akribische Engagement der Strömungsexperten von besonderem Erfolg gekrönt: Mit einem c_W-Wert von nur 0,26 ist der neue C 180 in seinem Marktsegment die strömungsgünstigste Stufenheck-Limousine der Welt. Im Vergleich zum Vorgängermodell konnten die Sindelfinger Aerodynamik-Fachleute den Luftwiderstand um stolze 13 Prozent verringern und unterbieten damit auch den vorbildlichen c_W-Wert der E- und S-Klasse (0,27), der bisher als Spitzenleistung in dieser Disziplin der Karosserieentwicklung

**Test im Regen:
Unter ultraviolettem Licht wird die geringe Verschmutzung der Seitenfenster und der Heckscheibe sichtbar.**

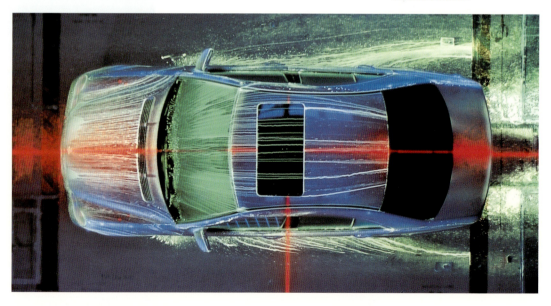

galt. Auch das für den Kraftstoffverbrauch maßgebliche Produkt aus Stirnfläche (A) und c_W-Wert liegt um knapp 13 Prozent unter der Kennzahl der bisherigen C-Klasse (siehe Tabelle auf Seite 62). Und das sind einige jener wichtigen Details, die zu dem vorbildlichen c_W-Wert beitragen:

▶ **Front- und Heckschürze:** Die strömungsgünstige Form dieser Anbauteile und die markanten seitlichen Einzüge der Karosserie betonen nicht nur den dynamischen Charakter der C-Klasse, sie haben auch aerodynamische Eigenschaften. Ihre Aufgabe ist es, im vorderen Bereich den Fahrtwind gezielt seitlich abzulenken, sodass er vorbeiströmt und sich im Heck verwirbelungsarm wieder von der Karosserie trennt.

▶ **Spoilerkante** auf dem Kofferraumdeckel oder auf der Heckklappe (Sportcoupé): Dieses dezente Detail verbessert die Abströmung des Fahrtwindes, reduziert den Auftrieb und verhindert, dass sich hinter der Karosserie Luftwirbel bilden. Beim T-Modell ist der Spoiler in den oberen Teil der Heckklappe integriert.

▶ **Radspoiler** an den Vorder- und Hinterrädern: Die kleinen Kunststoffelemente verringern den Staudruck der Luft vor den Reifen und senken somit den c_W-Wert; gleichzeitig reduzieren sie den Auftrieb.

▶ **Unterbodenverkleidung:** Die großen, glattflächigen Kunststoffabdeckungen, die bis vor die Hinterachse reichen, lassen den Fahrtwind verwirbelungsfrei unter der Karosserie durchströmen.

▶ **Motorraumverkleidung:** Die vollständige Kapselung des Motorraums dient nicht nur dem Akustikkomfort, sie lenkt auch den Fahrtwind gezielt nach hinten und verhindert, dass sich die Luft im Motorbereich verwirbelt.

▶ **Motorhaube:** Um eine widerstandsarme Überströmung der Scheibenwischer zu erreichen, wurde die Form dieses Blechteils im Windkanal optimiert.

Fortschritt im Detail:
Der integrierte Heckspoiler des T-Modells (oben) reduziert den Auftrieb an der Hinterachse deutlich. Beim Sportcoupé trägt vor allem die strömungsgünstige Frontpartie zu dem geringen c_W-Wert bei.

Analyse am Modell:
Nach der Computersimulation setzten die Mercedes-Ingenieure die aerodynamische Entwicklungsarbeit der C-Klasse mit originalgetreuen Modellen im 1:4-Maßstab fort.

▶ **Abdichtungen an der Frontpartie:** Die Gummiprofile an den Scheinwerfern sind so gestaltet, dass sie sich durch den Einfluss des Staudrucks aufweiten und das Eindringen des Fahrtwindes in die Spalte verhindern. Auch der Bereich rund um den Kühler ist vollständig abgedichtet.

Sichere Straßenlage: Auftrieb deutlich verringert

Ein möglichst geringer c_W-Wert ist für die Aerodynamik-Ingenieure von Mercedes-Benz aber nicht das Maß aller Dinge. Sie sind erst zufrieden, wenn ihre Arbeit gleichzeitig auch der Fahrsicherheit dient. Stichwort Auftrieb: Der Fahrtwind, der über das gewölbte Autodach strömt, legt in der gleichen Zeit einen längeren Weg zurück als die Luft, die unter dem Wagen durchströmt. Dadurch entsteht ein Unterdruck mit fataler Sogwirkung: Die Karosserie hebt an, die Achsen werden entlastet und die Räder verlieren den Kontakt zur Fahrbahn.

Dies zu verhindern und gleichzeitig eine ebenso formschöne wie windschnittige Karosserie zu entwickeln, erfordert viel Know-how und Erfahrung. Beides haben die

Gut im Wind: Limousine mit bestem c_W-Wert in dieser Fahrzeugklasse

	Limousine	T-Modell	Sportcoupé
Stirnfläche m²	2,08	2,08	2,02
Luftwiderstand c_W x A m²	0,54	0,64	0,59
c_W-Wert	0,26	0,31	0,29
Auftrieb Vorderachse C_{AV}	0,03	0,00	0,01
Auftrieb Hinterachse C_{AH}	0,08	0,00	0,13

Mercedes-Ingenieure bewiesen: Die Kennzahlen für den Karosserieauftrieb an Vorder- und Hinterachse liegen bei der Limousine um bis zu 57 Prozent unter den Werten des Vorgängermodells. Beim T-Modell liegen die gemessenen Auftriebswerte praktisch bei null. Dazu tragen vor allem das neue Verkleidungskonzept für den Unterboden, die Radspoiler an Vorder- und Hinterachse, der dezente Spoiler im Heck und die neu entwickelten Anlaufkörper vor den vorderen Radhäusern bei.

Wenn bei Regen Außenspiegel, Seitenfenster und Heckscheibe eines modernen Automobils schmutzfrei bleiben, so ist auch dies ein Ergebnis erfolgreicher Aerodynamikentwicklung – und ein wichtiger Beitrag zur Fahrsicherheit. Mercedes-Ingenieure testen die Verschmutzung der Karosserie im Windkanal. Unter ultraviolettem Licht beobachten sie, wie der Fahrtwind das Regenwasser bei Geschwindigkeiten von 80, 100 und 120 km/h über die Karosserie verteilt und ermitteln die Anzahl der Wassertropfen pro Quadratzentimeter Scheibenfläche (siehe auch Technik-Info auf Seite 60).

Hörbares Ergebnis: Fahrkomfort durch Aero-Akustik

Aerodynamische Feinarbeit macht sich auch akustisch bemerkbar. Der niedrige Geräuschpegel an Bord der C-Klasse ist das Ergebnis aufwendiger Untersuchungen im Aero-Akustikkanal, wo die Mercedes-Ingenieure mit Spezial-Mikrofonen nach akustischen Störquellen fahndeten. Gegen Windgeräusche entwickelten sie ein umfangreiches Maßnahmenpaket, das neben zusätzlichen Kantenschutzprofilen an den Türen, umlaufenden Dichtungen für die Seitenscheiben und verbesserten Einfassungen an der Heckscheibe unter anderem auch aero-akustisch geformte Außenspiegelgehäuse und aufwendig abgedichtete Dachzierstäbe beinhaltet. Lästige Wummer-Geräusche, die oft bei

Praxis-Tipp

Sicher durch Nacht und Nebel

▶ Die Scheinwerfer und Rücklichter des Autos regelmäßig reinigen.

▶ Bei Gegenverkehr nicht in die Scheinwerfer des entgegenkommenden Wagens, sondern den rechten Fahrbahnrand anschauen. Beim Näherkommen des Gegenverkehrs langsam nach links sehen, bis die Augen jene Stelle anpeilen, wo das eigene Auto dem anderen Wagen begegnet.

▶ Die Sehleistung kann man selbst prüfen: Wer auf 25 Metern Entfernung das Nummernschild des vorausfahrenden Wagens nicht klar erkennen kann, hat zu schlechte Augen und sollte einen Augenarzt aufsuchen.

▶ Bei Nebel sofort das Abblendlicht einschalten und den Fuß vom Gaspedal nehmen. Überholmanöver beenden und möglichst weit rechts fahren.

▶ Am Fahrbahnrand oder an den Begrenzungspfosten rechts neben der Spur orientieren. Die Leitpfosten haben auf Autobahnen einen Abstand von 50 Metern.

▶ Niemals an den Rücklichtern des vorausfahrenden Wagens orientieren. Das hat bei plötzlichen Bremsmanövern oft fatale Folgen: Je dichter der Nebel, desto kürzer ist der Abstand zum Vordermann.

▶ Den Scheibenwischer regelmäßig einschalten, damit die Nebeltröpfchen auf der Frontscheibe nicht zusätzlich die Sicht verschlechtern.

▶ Das Nebelschlusslicht nur einschalten, wenn die Sichtweite weniger als 50 Meter beträgt. Andernfalls blendet das helle Licht nachfolgende Autofahrer.

geöffnetem Schiebedach den Fahrkomfort trüben, vermeiden die Fachleute durch den Einsatz eines Windabweisers, dessen Kunststoffprofil sich durch acht exakt berechnete und aufeinander abgestimmte Kerben auszeichnet. Sie unterbrechen den Luftstrom und verhindern Turbulenzen, die das Wummern verursachen.

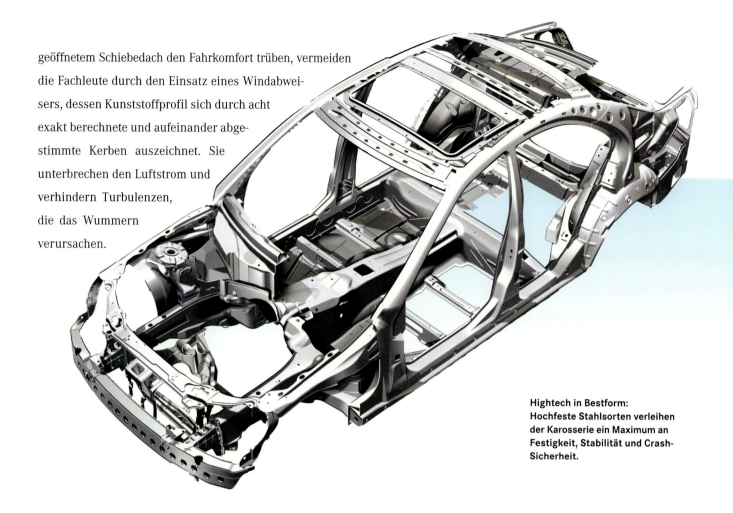

Hightech in Bestform:
Hochfeste Stahlsorten verleihen der Karosserie ein Maximum an Festigkeit, Stabilität und Crash-Sicherheit.

Gemeinsame Plattform: Grundlage Mercedes-typischer Qualität

Eine zweiteilige Bodengruppe, eine neue ellipsoidförmige Stirnwand (siehe auch Seite 83) und der Vorbau bilden bei allen Karosserievarianten der C-Klasse die Basis, die auch in den Disziplinen Crashsicherheit, Steifigkeit, Leichtbau und Korrosionsschutz Bestnoten verdient. Diese gemeinsame Plattform ermöglichte es, den Mitgliedern der neuen Modellfamilie eine einheitliche, Mercedes-typische Qualität mit auf den Weg zu geben und bot dennoch genügend gestalterischen Spielraum, um drei individuelle Charaktere entstehen zu lassen: die dynamisch-elegante Limousine, das jugendliche Sportcoupé und das vielseitige T-Modell.

Diese Individualität wird vor allem beim Zweitürer deutlich. Zwar lässt das Sportcoupé die enge Verwandtschaft zur Limousine durchaus erkennen, doch bei genauer Betrachtung betont es seine Rolle als eigenständiges Mitglied der Modellfamilie sehr deutlich. Kein sichtbares Blechteil gleicht der Limousine: Alle Beplankungsteile der Karosserie – vom Kotflügel bis zum Dach, von der Motorhaube bis zur Heckklappe – haben die Designer neu gestaltet und die Ingenieure neu konstruiert, um dem Zweitürer sein besonderes sportlich-kraftvolles Image zu verleihen und ihm zugleich ein Höchstmaß an Funktionalität mit auf den Weg zu geben.

Unter dem sichtbaren Blech beschränken sich die karosserietechnischen Unterschiede von Sportcoupé und T-Modell auf die Seitenwände, das Dach, die hinteren Türen und den Heckbereich – der modularen Rohbaustruktur sei dank:

▶ Die **Seitenwände** bestehen nicht nur formal, sondern auch technisch jeweils aus einem Stück. Ihre Außenbeplankung und die Innenschalen bilden eine stabile Konstruktion, die maßgeblichen Anteil an dem vorbildlichen Seitenaufprallschutz hat. Da die Türen des Sportcoupés 120 Millimeter breiter sind als bei Limousine und T-Modell, veränderte sich die Position der B-Säulen, die über die gesamte Länge mit zusätzlichen Blechverstärkungen sowie mit massiven Abstützungen im unteren Bereich ausgestattet wurden.

▶ Das **Dach** zeichnet sich ebenfalls durch eine hochbelastbare Rahmenstruktur mit Knotenverbindungen an allen Säulen aus. Beim Sportcoupé kommt ein zusätzlicher Querträger zum Einsatz, der die Steifigkeit nochmals erhöht und den Einbau des neuartigen Panorama-Schiebe-

Pflege mit System:
Poliertuch, Lackreiniger, Polish und Glanzkonservierer brauchen Autobesitzer, um den Lack ihres Wagens auf Hochglanz zu bringen (oben links). Kleinere Blessuren sollte man sofort mit einem Lackstift ausbessern (oben rechts).

Praxis-Tipp

Glanzstück durch Lackpflege

Lackpflege ist Werterhaltung, die Besitzer der C-Klasse mit wenig Aufwand in Eigenleistung erbringen können. Dazu gibt es ein komplettes Mercedes-Pflegeprogramm, dessen Komponenten speziell auf den Lackaufbau der kompakten Mittelklasse-Modelle abgestimmt sind. Die wichtigsten Tipps:

▶ Regelmäßig waschen: Bei Handwäsche ein mildes Shampoo und reichlich Wasser verwenden. Zur Vermeidung von Wasserflecken nicht in der prallen Sonne waschen.
▶ Insektenreste, Teerflecken und Vogelkot möglichst rasch entfernen: Solche „Schmutzflecken" können den Lack angreifen. Entsprechende Reiniger aus dem Pflegeprogramm reinigen gründlich, ohne den Lack zu strapazieren.
▶ Regelmäßige Lackkontrolle: Auf ungeschütztem Lack perlt kein Wasser mehr ab. Stumpfen Lack zuerst mit Lackreiniger säubern, glänzenden Lack ohne diese Vorarbeit mit Polish und Glanzkonservierer auffrischen.
▶ Lack konservieren: Eine Pflege mit Polish und Glanzkonservierer im Abstand von drei bis sechs Monaten erhält Glanz und Schutz des Lacks.
▶ Kleinere Lackschäden ausbessern: Grundier- und Lackstifte jedoch nur bei kleinen Schäden, beispielsweise nach Steinschlag, einsetzen. Großflächige Lackarbeiten dem Fachmann in der Mercedes-Werkstatt überlassen. Ansonsten besteht die Gefahr, dass die Do-it-yourself-Retusche dauerhaft sichtbar bleibt.

Für die Lackpflege mit System hat Mercedes-Benz einen Koffer mit allen erforderlichen Reinigungs- und Pflegemitteln zusammengestellt. Auch Fensterleder, Poliertücher und Schwamm gehören dazu.

dachs (siehe auch Seite 74) ermöglicht. Die serienmäßige Dachreling des T-Modells ist einteilig konstruiert; sie besteht aus Aluminium.

- Die **Fondtüren** des T-Modells haben die Mercedes-Designer neu gestaltet und oberhalb der Bordkante an die dynamische seitliche Linienführung des T-Modells angepasst.
- Die **Heckstruktur** erforderte beim T-Modell besondere konstruktive Maßnahmen, da im Vergleich zur Limousine die obere Querverbindung hinter den Fondsitzen fehlt. Sie würde die Beladung des Kombi-Kofferraums beeinträchtigen. Statt dessen konstruierten die Mercedes-Ingenieure zusätzliche Strukturbauteile an den hinteren Radläufen und verbanden sie mit den Innenschalen der Radeinbauten. Dadurch finden die umklappbaren Lehnen der Fondsitze sicheren Halt. Beim Sportcoupé wurden die Blechteile des Heckbodens, die Längsträger und die Reserveradmulde gekürzt – die Querträgerstruktur, die zu dem hohen Aufprallschutz beiträgt, blieb hingegen unverändert.

Moderner Leichtbau: Alu und Kunststoff im Einsatz

In dieser modularen Karosserie-Architektur spielt Stahl die Hauptrolle. Konsequent schöpften die Ingenieure im Sindelfinger Mercedes Technologie Center (MTC) das große Potenzial dieses bewährten Werkstoffs auf den Gebieten Leichtbau, Stabilität und Reparaturfreundlichkeit aus. So hat sich der Anteil hochfester Bleche, die bei einem Minimum an Blechdicke (Gewicht) ein Maximum an Festigkeit bieten, im Vergleich zum Vorgängermodell mehr als verdoppelt. Er beträgt jetzt 38 Prozent. Moderne Produktionsverfahren wie das so genannte „spannungsarme Fügen" (Stirnwand) oder das Prinzip der lasergeschweißten „Tailored Blanks" (Bodenanlage) ermöglichen die Herstellung maßgeschneiderter Bleche, deren Materialstärke je nach Belastung um bis zu 150 Prozent variiert. So lässt sich auch für solche großflächigen Blechteile ein guter Kompromiss aus Leichtbau und Crashsicherheit erzielen.

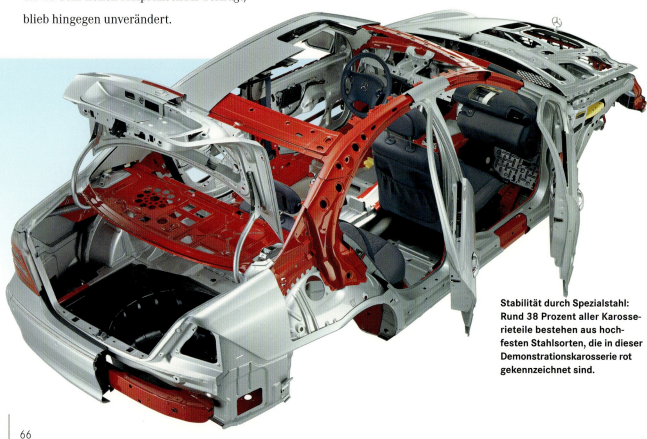

Stabilität durch Spezialstahl: Rund 38 Prozent aller Karosserieteile bestehen aus hochfesten Stahlsorten, die in dieser Demonstrationskarosserie rot gekennzeichnet sind.

Karosserie

Maße im Vergleich:
Das Sportcoupé gilt als der „Youngster" in der Modellfamilie der C-Klasse. Im Vergleich zur Limousine ist die Karosserie des Zweitürers 183 Millimeter kürzer. Der Radstand ist bei allen Karosserievarianten gleich.

Ein Novum auf dem Gebiet der Werkstofftechnik ist der so genannte Dual-Phasen-Stahl, der im Vorbau und in der Fahrgastzelle zum Einsatz kommt. Er zeichnet sich dank seines hochfesten Gefüges mit einer zweiphasigen Mikrostruktur durch extrem hohe Belastbarkeit aus.

Neben solchen Stahl-Innovationen kommen freilich auch die anderen modernen Leichtbau-Werkstoffe Aluminium und Kunststoff zum Einsatz – allerdings nur dort, wo sie aus technischer und ökonomischer Sicht Sinn machen.

So enthält das Frontmodul einen Querträger aus Aluminium-Strangpressprofilen, der die Vorteile geringen Gewichts und hoher Belastbarkeit vereint. Auch der so genannte Integralträger, an dem Vorderachse, Lenkung und Motor befestigt sind, besteht aus Aluminium – genauer gesagt: aus Aluminium-Druckguss, der hier gegenüber Stahl einen Gewichtsvorteil von rund vier Kilogramm bietet (siehe auch Seite 135).

Mit seinem geringen Gewicht und seinem vorbildlichen Verformungsverhalten bewährt sich Kunststoff an den großflächigen Stoßfängern der C-Klasse. Minikarambolagen bis vier km/h hält das Material ohne Beschädigung stand und nimmt nach dem Crash wieder seine ursprüngliche Form an. Die integrierten Schutzleisten lassen sich mit wenigen Handgriffen austauschen.

Wirksame Geräuschdämmung: Absorber in Hohlräumen

Stabilität und Sicherheit waren indes nicht die einzigen Ziele bei der Karosseriekonstruktion; auch das Thema Geräuschkomfort stand von Anfang an auf der Tagesordnung. Dazu leisten die Mercedes-Ingenieure einen wichtigen Beitrag, denn sie füllen bestimmte Hohlräume des Rohbaus mit Schaum- oder Fasermaterialien aus. Diese Elemente werden zunächst auf spezielle Trägerplatten montiert und fest mit der Karosserie verbunden – in den Trockenzonen der Lackiererei vergrößern sich die geräuschdämmenden Materialien selbsttätig und füllen die Hohlräume vollständig aus. Insgesamt verbergen sich zum Beispiel bei der Limousine 42 solcher Schaum- oder Faserelemente unter dem Blechkleid. Allein in den beiden Seitenwänden befinden sich jeweils elf Schaumabsorber, 18 füllen die Hohlräume im Dachbereich aus, fünf finden im Bodenblech sowie im Vorbau Platz und auf der Hutablage kommt ein besonders großvolumiger Schaumabsorber zum Einsatz.

Gute Vorsorge: Bleche mit doppeltem Korrosionsschutz

In vielen Ländern Europas gewährt Mercedes-Benz seinen Neuwagenkunden eine kostenlose Langzeitgarantie für Mobilität und Werterhalt. „mobilo-life" gilt für die Dauer von 30 Jahren und beinhaltet auch umfangreiche Garantieleistungen bei Durchrostungsschäden an Karosserie und Unterboden, wenn das Auto regelmäßig in einer Mercedes-Vertragswerkstatt gewartet wird. Dieses Garantieversprechen basiert auf einem aufwendigen Korrosionsschutz, dessen Qualität unabhängige Prüforganisationen nach Tests tausender Mercedes-Personenwagen regelmäßig bestätigen. Bei der C-Klasse haben die Sindelfinger Ingenieure den Rostschutz nochmals perfektioniert. Drei Grundgedanken standen dabei im Vordergrund: der schonende Umgang mit Rohstoffen, die Vermeidung von Abfällen und der Verzicht auf umweltkritische Werkstoffe.

Das Ergebnis ist eine Rohbaukarosserie, die zu 85 Prozent durch Zinkbeschichtung vor Korrosion geschützt ist. Zum Vergleich: Beim Vorgängermodell betrug der Anteil zinkbeschichteter Bleche „nur" 65 Prozent. Statt Rundum-Vollverzinkung setzt Mercedes-Benz auf ein ebenso wirksames Schutzkonzept, das sich an den tatsächlichen Belastungen der Blechteile orientiert und im Einklang mit dem Grundsatz der Ressourcenschonung steht.

Im Mittelpunkt dieses Konzepts steht ein Stahl mit zweifachem Korrosionsschutz: Elektrolytisch verzinkte Blechplatinen werden zusätzlich mit einem organischen Lack beschichtet, der ebenfalls rostabwehrende Zinkpigmente enthält. Dieser Lack ist zwar nur zwei bis vier Mikrometer dünn, doch er hält den Belastungen beim Pressen und Punktschweißen der Blechteile stand und bietet somit dauerhaften Schutz. Knapp die Hälfte aller verzinkten Karosserieteile der neuen C-Klasse bestehen aus diesem innovativen Stahlblech. Für Vorbau, seitliche Längsträger, A-Säulen sowie für die Innenschalen der Türen, der Motorhaube und des Kofferraumdeckels verwendet Mercedes-Benz Bleche mit beidseitiger organischer Beschichtung, die damit an vielen Stellen auch die herkömmliche Hohlraumkonservierung ersetzen. Die einteiligen Seitenwände, die Kotflügel sowie die Beplankungen der Türen, der Motorhaube und des Kofferraums sind an den Innenseiten

Karosserie

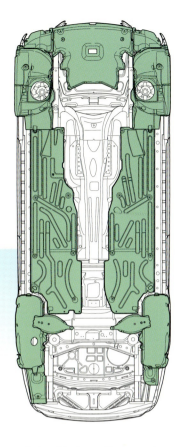

Abdeckung für den Unterboden: 14 Kunststoffteile schützen die Karosserie vor Steinschlag und ersetzen den herkömmlichen PVC-Korrosionsschutz.

organisch beschichtet, während die übrigen Karosserieteile auf konventionellem Wege ein- oder zweiseitig verzinkt werden.

Innovative Lösung: Verkleidung für den Unterboden

Auch auf den herkömmlichen PVC-Unterbodenschutz können die Mercedes-Ingenieure bei der C-Klasse verzichten und garantieren trotzdem auch in dieser Disziplin Langzeit-Korrosionsschutz. Des Rätsels Lösung ist eine Unterbodenverkleidung aus glasfaserverstärktem Kunststoff, deren 14 Einzelkomponenten Motorraum, Radkästen, äußere Bodenbleche und Hinterachslenker vollständig abdecken und die Karosserie somit wirksam vor Steinschlag schützen. Überdies hilft die Kunststoffverkleidung Gewicht abzuspecken, denn sie bringt insgesamt nur 4,5 Kilogramm auf die Waage und ist damit 2,3 Kilogramm leichter als das bisher verwendete mineralgefüllte PVC, das bei der Altautoverwertung Probleme bereiten kann.

Technik-Info

Scheibenwischer: Zwei Arme mit aufwendiger Hubsteuerung

Für die C-Klasse haben die Mercedes-Ingenieure eine leistungsfähige Zweiarm-Wischanlage mit besonderer Kinematik entwickelt: Während sich der linke Scheibenwischer auf einer festen Drehachse bewegt, macht sein rechtes Pendant zusätzlich eine Hubbewegung, um auf diese Weise eine noch größere Scheibenfläche reinigen zu können. Ihre Ruhestellung finden beide Wischerarme auf der Beifahrerseite, wo ihre Ablagefläche mittels eines speziellen Luftkanals in der Instrumententafel beheizt wird. Diese Wischerheizung tritt in Aktion, wenn der Autofahrer Heizung oder Klimaanlage auf die Funktion „Defrost" umschaltet. Dank einer Tipp-Funktion am Kombihebel für Scheibenwischer, Lichthupe und Blinker lassen sich die Scheibenwischer schnell aktivieren, sodass die Scheibe einmal ohne Wasserzufuhr gereinigt wird. In der Schaltung „Intervall-Wischen" übernimmt auf Wunsch ein elektronischer Regensensor an der Frontscheibe die Regie über die Scheibenwischer und steuert sie automatisch je nach Regenintensität.

Beim T-Modell gehört auch der Heckscheibenwischer zur Serienausstattung.

Sensor an der Frontscheibe: Der Regensensor arbeitet mit Hilfe der Infrarot-Technik. Zwei Dioden senden einen Lichtstrahl aus, der je nach Regenintensität mit unterschiedlicher Stärke reflektiert wird. So lässt sich das Wischer-Intervall steuern.

Materialien im Kreislauf: Kunststoffteile mit einem Gesamtgewicht von rund 30 Kilogramm sind für den Rezyklat-Einsatz freigegeben.

Sinnvolles Recycling: Quote von 85 Prozent

Die Unterbodenverkleidung lässt sich hingegen vollständig wiederverwerten. Wie viele Kunststoffteile der C-Klasse besteht sie aus einem modernen Thermoplast (Polypropylen), das als so genanntes Mono-System die spätere Altauto-Demontage erleichtert und sich für ein Material-Recycling auf hohem Qualitätsniveau eignet. So können die Kunststoffe in den ursprünglichen Produktionskreislauf zurückkommen. Mercedes-Benz macht dafür den Weg frei und hat nach aufwendigen Langzeittests insgesamt 38 Kunststoffteile mit einem Gesamtgewicht von rund 30 Kilogramm für den Rezyklat-Einsatz freigegeben; das entspricht etwa

13 Prozent aller verwendeten Kunststoffe. Zum Vergleich: Beim Vorgängermodell waren „nur" 20 Bauteile für den Einsatz von Rezyklaten geeignet.

Dank des umweltgerechten Material-Mix erreicht die C-Klasse eine Recycling-Quote von über 85 Gewichts-Prozent und entsprach damit bereits zur Markteinführung im Mai 2000 den Bestimmungen der deutschen Altauto-Verordnung für das Jahr 2002.

Recyclingfähige Bauteile finden sich in allen Bereichen der Karosserie – von der Unterbodenverkleidung bis zum Stoßfänger, vom Pralldämpfer bis zur Innenverkleidung der Kotflügel, vom Bodenbelag bis zum Kabelkanal und vom Geräuschabsorber bis zum Sitzbezug. Die Lieferanten von Mercedes-Benz sind aufgerufen, bei der Herstellung dieser Komponenten hochwertige Rezyklat-Kunststoffe zu verwenden. Bei der Kofferraumverkleidung der C-Klasse ist dies von Anfang an der Fall. Die Trägerschicht dieses Bauteils besteht aus einem Verbund von Baumwoll-, Polypropylen- (PP) und Polyethylenterephthalat-Fasern (PET). Dabei werden die PET-Fasern vollständig aus dem Material rezyklierter PET-Getränkeflaschen gewonnen und die PP-Fasern setzen sich zu 50 Prozent aus Sekundär-Werkstoff zusammen.

Ein neuartiges recyclinggerechtes Material bewährt sich auch in den hinteren Radhausverkleidungen aller Karosserievarianten der C-Klasse: Hier setzt Mercedes-Benz ein neuartiges Textilgewebe ein, das die Innenseiten der Radhäuser ebenso wirksam vor Steinschlag, Streusalz und Nässe schützt, aber gegenüber Kunststoff einen rund 50-prozentigen Gewichtsvorteil bietet. Auch die Akustik wird optimiert: Das typische Zischen bei Regenfahrt oder Steinschlaggeräusche absorbiert die textile Vlies-Folien-Kombination besser als die bisherigen Kunststoffverkleidungen.

Ebenso bekommen Naturmaterialien zunehmend eine Chance im Automobilbau. 33 Bauteile der C-Klasse bestehen aus nachwachsenden Rohstoffen wie Wolle, Baumwolle, Kokos-, Holz- und anderen Zellulosefasern. Sie bringen insgesamt knapp 23 Kilogramm auf die Waage – das sind rund 27 Prozent mehr als beim Vorgängermodell.

Neue Technik: Lichtsensor an der Frontscheibe

Zur fortschrittlichen Karosserietechnik der C-Klasse gehören auch verschiedene Innovationen auf dem Gebiet der Lichtentwicklung, die mehr Sicherheit und mehr Komfort bieten. Beispiel Fahrlicht-Assistent, den es bis vor kurzem nur für Luxus-Limousinen und Top-Sportwagen gab: Über das Ein- oder Ausschalten der Scheinwerfer muss sich der Autofahrer keine Gedanken mehr machen – diese Aufgabe übernimmt der Fahrlicht-Assistent mit Hilfe eines serienmäßigen Lichtsensors an der Frontscheibe. Er erkennt,

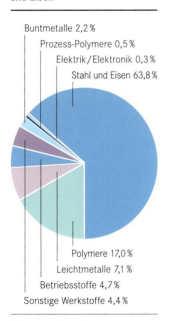

Werkstoff-Mix C-Klasse*:
Fast 900 Kilogramm Stahl und Eisen

Buntmetalle 2,2 %
Prozess-Polymere 0,5 %
Elektrik/Elektronik 0,3 %
Stahl und Eisen 63,8 %
Polymere 17,0 %
Leichtmetalle 7,1 %
Betriebsstoffe 4,7 %
Sonstige Werkstoffe 4,4 %

*Angaben für die Limousine auf Basis eines Gesamtgewichts von 1 381 Kilogramm

Vorsicht beim Glühlampenwechsel

Alle Leuchten und Glühlampen der C-Klasse sind leicht zugänglich, sodass Autobesitzer beim Auswechseln defekter Glühlampen leichtes Spiel haben. Trotzdem sollte man unbedingt einige Sicherheitshinweise beachten:

► Die Gasentladungslampen (Xenon-Licht) müssen vom Fachpersonal des Mercedes-Service ausgewechselt werden. Vorsicht: Hochspannung!
► Die H7-Glühlampen für Abblend- und Fernlicht stehen unter Druck. Wer sie im Do-it-yourself-Verfahren auswechseln möchte, sollte unbedingt Augenschutz und Handschuhe tragen.
► Grundsätzlich keine Glühlampen verwenden, deren Glas bereits verkratzt oder beschädigt ist. Sie können platzen.
► Glühlampen niemals mit den bloßen Fingern anfassen, sondern Seidenpapier oder ein weiches Tuch verwenden.
► Vor dem Glühlampenwechsel die Fahrzeugbeleuchtung und die Zündung ausschalten. Vorsicht: Kurzschlussgefahr!
► Hinweise zum Wechsel der verschiedenen Glühlampen stehen in der Bedienungsanleitung – unbedingt beachten.
► Nur die Original-Glühlampen gemäß der Tabelle auf dieser Seite verwenden.

Praxis-Tipp

Glühlampen-Tabelle: Halogen, Xenon und Leuchtdioden im Einsatz

	Glühlampen-Typ (Sockelbezeichnung) und Leistung (Watt)	Besonderheit
Blinklicht vorn	PY 21W BA, 21 Watt	Gelb gefärbter Glaskolben.
Seitliches Zusatzblinklicht	T5/6W, 6 Watt	In den Gehäusen der Außenspiegel.
Abblendlicht	H7, 55 Watt oder D2R-35, P 32d-3, 85 V, 35 Watt (Xenon)	Handschuhe und Augenschutz tragen. Xenon-Lampen nur in der Fachwerkstatt auswechseln lassen.
Fernlicht	H7, 55 Watt	Handschuhe und Augenschutz tragen.
Standlicht/Parklicht	W 5W, 5 Watt	
Nebellicht	HB 4, 55 Watt	
Blinklicht hinten	PY 21W, 21 Watt	
Schluss- und Parklicht	R 5W, 5 Watt	
Bremslicht	P 21W, 21 Watt	
Rückfahrlicht	P 21W, 21 Watt	
Kennzeichenbeleuchtung	C 5W, 5 Watt	Zwei Soffitten-Glühlampen.
Nebelschlusslicht	P 21W, 21 Watt	Auf der Fahrerseite.
Dritte Bremsleuchte	20 Leuchtdioden	
Innenraumlicht vorn	Soffitte 10 Watt und als Leselicht Glassockel 5W, 5 Watt	

Halogen in zwei Varianten: In den Nebelscheinwerfern kommen HB 4-Lampen (links) und fürs Abblend-/Fernlicht H7-Glühlampen (rechts) zum Einsatz.

wenn es dämmert oder wenn die Limousine in einen Tunnel fährt, und schaltet in solchen Fällen automatisch die Außenbeleuchtung des Autos ein. Diese Komfortschaltung funktioniert auch bei Regen oder Schneefall – nur bei Nebel muss das Licht auch weiterhin manuell eingeschaltet werden. Der Fahrlicht-Assistent wird mittels Multifunktions-Lenkrad am Zentral-Display im Kombi-Instrument programmiert und per Lichtschalter an der Instrumententafel (Position „Auto") aktiviert.

Darüber hinaus ermöglicht die elektronische Datenbus-Vernetzung an Bord der C-Klasse (siehe auch Seite 131) eine Reihe weiterer zusätzlicher Lichtfunktionen und Schaltungen, die Sicherheit und Komfort steigern. Die Kunden der C-Klasse profitieren auch hier von den Innovationen der Mercedes-Topmodelle, wo diese Technik erstmals in Serie ging:

▶ **Notlicht:** Ist eine Datenleitung oder ein elektronisches Steuergerät defekt, verhindert eine vorprogrammierte Schaltung den Ausfall der kompletten Fahrzeugbeleuchtung.

Technik-Info

Xenon-Licht: Doppelte Leuchtkraft

Anstelle der H7-Glühlampen fürs Abblendlicht sind auf Wunsch für Limousine und T-Modell der C-Klasse tageslichtähnliche Xenon-Scheinwerfer lieferbar. Hier dienen Xenon-Gas und Metallsalze als Lichtquellen. Unter Hochspannung von bis zu 28 000 Volt entzündet sich ein Lichtbogen, der die Glühwendel herkömmlicher Lampen ersetzt. Die Xenon-Technik zeichnet sich gegenüber der Halogen-Glühlampe durch einen doppelt so hohen Lichtstrom, eine fünffache Lebensdauer und eine um 30 Prozent geringere Leistungsaufnahme aus. Dank dieser Vorzüge ist bei nur 35 Watt Stromverbrauch eine weitaus bessere und hellere Ausleuchtung der Fahrbahn und der Seitenränder gewährleistet, was sich vor allem bei Kurvenfahrt oder an Einmündungen positiv bemerkbar macht.

Präzision ist auch bei der Ausrichtung des Xenon-Lichtes gefordert: Eine elektronisch gesteuerte, dynamische Leuchtweite-Regulierung erkennt kurzzeitige Karosseriebewegungen beim Anfahren, beim Bremsen oder beim Beschleunigen mit Hilfe so genannter Drehwinkel-Sensoren an den Achsen. Sie geben diese Informationen an einen Mikro-Computer weiter, der Elektromotoren an den Scheinwerfern steuert. So folgen die Reflektoren stets der aktuellen Karosserielage und passen den Neigungswinkel der Lichtbündel dementsprechend an.

Licht aus Gas:
Xenon-Scheinwerfer zeichnen
sich durch hohe Lichtleistung,
lange Lebensdauer und geringen
Strombedarf aus.

**Panorama-Schiebedach:
Transparenz von der Frontscheibe
bis zum Heck**

Technik-Info

Das Panorama-Schiebedach, das auf Wunsch fürs Sportcoupé der C-Klasse lieferbar ist, feiert Weltpremiere im Automobilbau. Für den Panorama-Effekt sorgt eine durchgehende Glasoptik, die von der Frontscheibe bis zum Heckspoiler reicht. Auf Knopfdruck fährt der vordere Teil des Daches langsam nach hinten, während sich vorn eine gläserne Lamelle aufstellt und als Windabweiser fungiert. So bietet die Neuentwicklung den Passagieren ein einmaliges Open-Air-Erlebnis, denn der Öffnungsbereich ist rund ein Drittel größer als bei einem herkömmlichen Schiebedach. Und weil sich das Panorama-Schiebedach außerhalb der Karosserie bewegt, schränkt es die Kopffreiheit der Insassen nicht ein.

Strangpressprofile aus Aluminium bilden die stabile Struktur des neuartigen Schiebedachs, das als komplett vorgefertigtes und funktionsfähiges Modul an der Montagelinie eintrifft und nach dem Lackierprozess fest mit dem Dachrahmen des Sportcoupés verklebt wird.

Die 18-prozentige Lichttransmission des grün getönten Sicherheitsglases schützt die Insassen wirksam vor der Ultraviolett-Strahlung (UV) des Sonnenlichts. Bei Messungen stellten die Mercedes-Ingenieure eine 100-prozentige Kompensation des UV-B- und UV-C-Lichts fest, während der UV-A-Anteil im Innenraum nur 2,2 Prozent betrug. Vollständigen Sonnenschutz bietet ein zweiteiliges Rollo an den Innenseiten beider Glasflächen, das sich bei geschlossenem Panorama-Schiebedach mittels Elektromotors schließen lässt. Dabei fährt ein Rollo automatisch nach vorn und das andere nach hinten. Lässt der Autofahrer den Schalter an der Dachbedieneinheit des Sportcoupés los, stoppen die Rollos in jeder gewünschten Zwischenstellung und decken somit jeweils nur einen Teil der beweglichen und fest stehenden Glasfläche ab.

**Innovation aus Glas:
Elektromotoren heben das
Panorama-Schiebedach leicht
an, sodass es außerhalb der
Karosserie nach hinten gleitet.
Gleichzeitig stellt sich vorn
eine Glaslamelle als Windabweiser auf.**

Karosserie

- **Ersatzlicht:** Fallen Glühlampen aus, die für die Fahrzeugsicherheit wichtig sind, schaltet die Elektronik andere Lampen ein, die das defekte Licht vorübergehend ersetzen können.
- **Tagfahrlicht:** Mit Hilfe des neuen Multifunktions-Lenkrads und des Zentral-Displays im Kombi-Instrument kann der Autofahrer die Lichtanlage der C-Klasse so programmieren, dass sich Abblend-, Stand-, Schluss- und Kennzeichenlicht stets automatisch nach dem Anlassen des Motors einschalten.
- **Orientierungslicht:** Ist diese Funktion mittels Multifunktions-Lenkrads und Zentral-Displays programmiert, bleiben die Frontscheinwerfer auch nach dem Aussteigen der Passagiere eingeschaltet, um ihnen die Orientierung bei Dunkelheit zu erleichtern. Die Dauer dieser Lichtfunktion ist von 1 bis 60 Sekunden wählbar.

Die Frontscheinwerfer sind nicht nur wichtige Design-Merkmale der C-Klasse, sie setzen auch mit ihrer modernen Technik Zeichen: Unter den großen geschwungenen Kunststoff-Streuscheiben verbirgt sich ein Zweikammer-Reflektor, der vier Lichtfunktionen vereint. Der äußere Bereich dient dem Abblendlicht und dem darüber angeordneten Blinker, während die innen liegende Reflektorfläche für das Fernlicht und das Standlicht reserviert ist. Das bedeutet: Im Interesse optimaler Lichtausbeute sind Abblendlicht und Fernlicht separat untergebracht. Das Fernlicht wird dem Abblendlicht zugeschaltet, sodass eine weiträumige Fahrbahnausleuchtung gewährleistet ist. Die Nebelscheinwerfer finden ihren Platz in der vorderen Stoßfängerverkleidung und nehmen dort eine tiefe Position ein, die für die Ausleuchtung des Bereichs vor dem Auto und der Fahrbahnränder besonders vorteilhaft ist. Außerdem gewinnen die Ingenieure durch die separate Anordnung der Nebelscheinwerfer Reflektorfläche für das Abblend-

Praxis-Tipp

Der richtige Dreh für die Leuchtweite

Der Leuchtweiteregler für die Frontscheinwerfer gerät oft in Vergessenheit. Seine richtige Einstellung ist bei Dunkelheit und beladenem Fahrzeug jedoch besonders wichtig, um entgegenkommende Autofahrer nicht zu blenden. Die Mercedes-Ingenieure empfehlen die in der Grafik dargestellten Einstellungen.

Position 0 Abblendlicht in Grundeinstellung

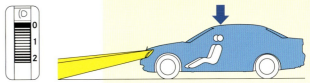

Position 1

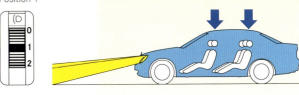

Position 2

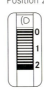
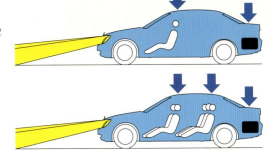

Scheinwerfer mit vier Funktionen: In einem Gehäuse sind Fern-, Abblend-, Stand- und Parklicht untergebracht. Die Streuscheibe besteht aus Kunststoff.

Lichtzeichen im Heck: Die Rückleuchten erfüllen neben ihren wichtigen technischen Funktionen auch formale Aufgaben und prägen ebenfalls den eigenständigen Auftritt der drei Karosserievarianten.

licht. Wie viele neue Mercedes-Modelle erhält auch die C-Klasse Außenspiegelgehäuse mit integrierten Blinkleuchten. Hier leuchten auf jeder Seite sechs Glühlampen auf, deren Licht sowohl von vorne als auch von der Seite gut zu erkennen ist.

Schnelle Warnung: 20 Leuchtdioden im Heck

Die Heckleuchten der C-Klasse sind bei allen Modellvarianten weit in die Fahrzeugflanken hineingezogen und beinhalten Bremslicht, Blinker, Schluss- und Rückfahrlicht sowie auf der linken Seite die Nebelschlussleuchte. Mit den Bremslichtern ist eine dritte, hochgesetzte Bremsleuchte gekoppelt, deren 20 Leuchtdioden beim Tritt aufs Bremspedal rund 50 Millisekunden schneller aufleuchten als die herkömmlichen Glühlampen. Damit leisten die Leuchtdioden einen wichtigen Beitrag zur Vermeidung von Auffahrunfällen, denn ihre schnellere Reaktion bedeutet bei Tempo 100 für nachfolgende Fahrzeuge einen potenziellen Gewinn von bis zu fünf Meter Bremsweg.

Karosserie

Leuchtdioden an der Heckklappe:
Beim T-Modell ist die hochgesetzte Bremsleuchte im Heckspoiler integriert.

Hochdruckdüsen an den Scheinwerfern:
Die Teleskope der Reinigungsanlage verbergen sich in den vorderen Stoßfängern und fahren auf Knopfdruck heraus.

Praxis-Tipp

Scheinwerfer-Reinigung mit Shampoo

Die leichten Kunststoff-Streuscheiben der Scheinwerfer sind zwar gut gegen Steinschlag gewappnet, doch auf unsachgemäßes Säubern durch trockenes Reiben reagieren sie empfindlich. Am besten ist es, das Säubern der Scheinwerfer grundsätzlich der speziellen Scheinwerfer-Reinigungsanlage (Wunschausstattung) zu überlassen, die den Schmutz schnell und effektiv per Hochdruckstrahl löst. Wer dennoch selbst Hand anlegen will oder muss, sollte folgende Tipps beachten:

► Nur ein weiches Tuch und reichlich handwarmes Wasser verwenden.
► Als Reinigungsmittel für die Kunststoff-Streuscheiben eignen sich das Auto-Shampoo oder der Autoglasreiniger aus dem Pflegesortiment von Mercedes-Benz.
► Keine aggressiven Reinigungsmittel oder Lösungsmittel verwenden – sie können die Spezialbeschichtung des Kunststoffs zerstören.
► Den Kunststoff-Streuscheiben auf keinen Fall mit Papiertüchern, Insektenschwamm oder aggressiven Reinigungsmitteln zu Leibe rücken.

*D*ie neue C-Klasse geht mit einem zukunftsweisenden, ganzheitlichen Sicherheitskonzept an den Start, das von der Unfallvermeidung bis zum technisch größtmöglichen Insassenschutz bei schweren Karambolagen reicht. Zwar erfüllt die neue Limousine alle internationalen Prüfvorschriften, doch im Mittelpunkt der Sicherheitsentwicklung standen vor allem auch die aktuellen Erkenntnisse über das reale Unfallgeschehen.

Sicherheit

Stabile Flanke

Wenn die Mercedes-Ingenieure über Konzepte zur weiteren Verbesserung der Fahrzeugsicherheit nachdenken, gilt für sie nur ein Maßstab: die Realität. Stets dient die sorgfältige Analyse des Verkehrs- und Unfallgeschehens als Grundlage für Neu- oder Weiterentwicklungen, die Automobilinsassen mehr Sicherheit bieten. So war es vor genau 60 Jahren, als sich erstmals in der Pkw-Entwicklung bei Daimler-Benz das Thema „Unfallsicherheit" etablierte. So war es vor 40 Jahren, als die Stuttgarter Automobilfirma mit regelmäßigen und systematischen Crashversuchen begann. So war es auch vor 30 Jahren, als in Sindelfingen mit der konsequenten Analyse von Realunfällen begonnen wurde.

Und so war es bei der neuen C-Klasse, in der alle Erfahrungen aus mehr als sechs Jahrzehnten praxisorientierter Mercedes-Sicherheitsentwicklung stecken.

Nicht allein der Blick auf die verschiedenen Testvorschriften internationaler Prüfinstitute, sondern die Erkenntnisse der firmeneigenen Unfallforschung bestimmen zum großen Teil die sicherheitstechnische Konzeption neuer Mercedes-Personenwagen. Deshalb steht der Begriff Sicherheit künftig nicht nur für Crash-Sicherheit: Mehr denn je dominiert eine ganzheitliche Betrachtungsweise dieses Themas, die bei Fragen der Unfallvermeidung mittels elektronischer Assistenzsysteme beginnt und bei der schnellstmöglichen Rettung der Insassen nach einer Karambolage endet. Die C-Klasse entspricht diesem zukunftsweisenden Real-Life-Safety-Konzept, das im Prinzip aus sechs Phasen besteht (siehe Tabelle auf Seite 81).

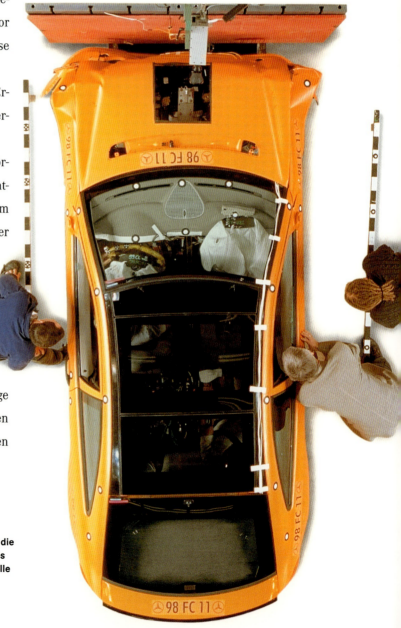

Harter Aufprall:
Beim Frontal-Crashtest bewies die Vorbaustruktur des Sportcoupés ihre Qualitäten. Die Fahrgastzelle blieb unbeschädigt.

Crash-Tests: Firmeneigene Extrembedingungen

Bei so genannten Rating-Crashtests wie dem europäischen New Car Assessment Program (NCAP) beste Bewertungen zu erreichen, ist die eine Seite der Sicherheitsentwicklung – auf der anderen Seite steht das Ziel der Mercedes-Ingenieure, den Auto-Insassen bei allen Unfallkonfigurationen maximale Sicherheit zu bieten. Das Sicherheitskonzept der C-Klasse erfüllt beide Anforderungen.

Ihre Qualitäten hat die Limousine bei verschiedenen Tests bewiesen. So bestand ein C 320 die Crashtests des nordamerikanischen Insurance Institute for Highway Safety (IIHS) mit der Top-Gesamtnote „best pick", die in den USA bisher nur wenige Automobile erhielten. Die US-Verbraucherschutzorganisation führte einen so genannten Highspeed-Offsettest mit 64,5 km/h gegen eine deformierbare Barriere durch und gab der Limousine sowohl bei den Belastungswerten der Insassen als auch bei der Beurteilung gefährlicher Intrusionen in die Fahrgastzelle das Prädikat „good".

Von der Gefahrenwarnung bis zur Unfallrettung: Fahrzeugsicherheit als ganzheitliches Konzept

1 Gefahrenwarnung

Sensoren an Achsen und Karosserie überwachen das Fahrverhalten. Bei Erreichen des fahrdynamischen Grenzbereichs leuchtet im Cockpit ein gelbes **Warnsymbol** auf.

2 Unfallvermeidung

Serienmäßige Assistenzsysteme wie **ABS, Brems-Assistent** und **ESP®** greifen in kritischen Situationen automatisch ein und helfen, sie für den Fahrer beherrschbar zu machen.

3 Bagatellunfall

Bei Unfällen bis 15 km/h absorbieren **Stoßfänger** und **Crash-Boxen** im Frontmodul die Aufprallenergie. Die Gurtautomatik wird blockiert. Sensoren überwachen die Unfallschwere, verhindern die Airbag-Auslösung, so lange deren ergänzende Schutzwirkung nicht erforderlich ist.

4 Aufprall

Bei einem schwereren Aufprall nehmen stabile **Träger** in der Front-, Seiten- und Heckstruktur Energie auf und verzweigen die Kräfte großflächig. Die **Gurtstraffer** treten in Aktion. Je nach Unfallschwere entfalten sich die **Front-Airbags** zunächst bedarfsgerecht weniger prall, sodass die optimale Schutzwirkung gewährleistet ist. **Sidebags** in den vorderen Türen und **Windowbags** schützen beim Seitenaufprall. Die automatische **Beifahrer- und Kindersitzerkennung** verhindert die Zündung des rechten Airbags und des Gurtstraffers sowie der Side- und Airbags, wenn sie nicht benötigt werden. Die Kraftstoffzufuhr des Motors wird blockiert.

5 Insassenschutz

Bei noch stärkerer Insassengefährdung erfolgt die Zündung der **Front-Airbags** in einer zusätzlichen zweiten Stufe. Gleichzeitig werden auch die **Gurtkraftbegrenzer** aktiviert.

6 Unfallrettung

Nach dem Unfall entriegeln sich die **Türen** automatisch. Das Notrufsystem **TELEAID** (Wunschausstattung) alarmiert den Rettungsdienst und führt ihn zur Unfallstelle. Die **Warnblinkanlage** schaltet sich ein.

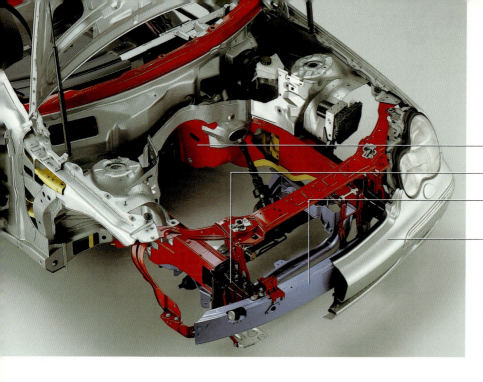

Ellipsoid-Stirnwand aus hochfestem Stahl

Crash-Boxen aus Dual-Phasen-Stahl

Querträger aus Aluminium

Stoßfänger mit integrierten Schaumelementen

Mehrstufiges System: Stoßfänger mit Schaumelementen, ein Querträger aus Aluminium, Crash-Boxen aus hochfestem Stahl und die neu entwickelte Stirnwand absorbieren beim Frontal-Crash die Aufprallenergie.

Frontalaufprall: Drei Stufen der Sicherheit

Besonderes Augenmerk widmeten die Mercedes-Ingenieure bei der Entwicklung der C-Klasse aber auch den häufigen Kollisionen im mittleren Geschwindigkeitsbereich, die nach Erkenntnis der Unfallforscher besondere Schutzmaßnahmen verlangen. Immerhin: Bei rund 80 Prozent aller Unfälle auf Europas Straßen beträgt die Aufprallgeschwindigkeit der Personenwagen „nur" höchstens 15 km/h.

Beim Frontalaufprall tritt – je nach Unfallschwere – ein dreistufiges Schutzsystem in Aktion, das sowohl den Aspekt der Kostenersparnis bei der Unfallreparatur als auch die hohen Mercedes-typischen Anforderungen hinsichtlich des Insassenschutzes berücksichtigt: Bis zu einer Crash-Geschwindigkeit von vier km/h absorbieren die Schaumelemente im Stoßfänger die Aufprallenergie, sodass nachgeordnete Blechteile unbeschädigt bleiben. Bei einer höheren Crash-Geschwindigkeit von bis zu 15 km/h erfolgt die Energieabsorption innerhalb des neu entwickelten Frontmoduls der C-Klasse. Es ist mit der übrigen Karosserie verschraubt, lässt sich also nach einem Unfall schnell und kostengünstig auswechseln. Die wichtigsten Elemente des Frontmoduls sind ein Aluminium-Querträger hinter dem Stoßfänger und zwei Crash-Boxen aus neuartigem, hochbelastbarem Dual-Phasen-Stahl, der den Großteil der Stoßenergie aufnimmt und dadurch Beschädigungen der nachfolgenden Trägerstruktur verhindert.

Bei einer Aufprallgeschwindigkeit von mehr als 15 km/h bewähren sich die stabilen Längsträger in der Vorbaustruktur und bauen Crash-Energie ab. Die Lastverteilung erfolgt in vier voneinander unabhängigen Zonen: über den Aluminium-Querträger des Frontmoduls, der die Aufprallkräfte beim Offset-Crash auch auf die stoßabgewandte Seite umleitet; über die bis weit nach vorne verlängerten Längsträger (hinter den Crash-Boxen); über die stabilen Profilbleche oberhalb der Radkästen sowie über die Vorderräder, die sich an speziellen Prallelementen vor den seitlichen Längsträgern (Schwellern) abstützen und somit Aufprallkräfte auch in die Seitenstruktur der Karosserie übertragen. Eine wichtige Rolle spielen auch die neu entwickelte Ellipsoid-Stirnwand (siehe auch Technik-Info auf dieser Seite) und der Aluminium-Integralträger für Motor, Vorderachse und Lenkung, die ebenfalls gezielt Crash-Energie aufnehmen. Die neu entwickelte Dreilenker-Vorderachse sowie die Zahnstangenlenkung bieten beim Frontalaufprall auch ein höheres Schutzpotenzial als die starren unteren Dreiecks-Querlenker und das massive Lenkgetriebe des Vorgängermodells.

Fahrgastzelle: „Harte Nuss" als Überlebensraum

Während die verschiedenen Trägerstrukturen und die Ellipsoid-Stirnwand so konzipiert sind, dass sie sich beim Aufprall gezielt verformen und dabei Energie absorbieren, erweist sich die Struktur der Fahrgastzelle als extrem „harte Nuss", die sich nur wenig verformt und den

Technik-Info

Ellipsoid-Stirnwand: Hochbelastbarer Schutzwall vor den Insassen

Wie die S-Klasse und das Top-Coupé CL haben die Mercedes-Ingenieure auch für die C-Klasse ein neues Stirnwandkonzept entwickelt, das den Insassen noch mehr Sicherheit bietet: die so genannte Ellipsoid-Stirnwand. Den Namen verdankt dieses großflächige Bauteil seiner nach vorne gerichteten Wölbung. Es setzt sich aus sechs verschiedenen Einzelkomponenten mit unterschiedlicher Blechstärke zusammen. Auf diese Weise passen die Ingenieure das Material der jeweiligen Belastung an und erzielen einen idealen Kompromiss aus Leichtbau und Crash-Sicherheit. Die Dicke des hochfesten Stahls variiert um bis zu 150 Prozent – im mittleren Bereich der Stirnwand misst sie 2,0 Millimeter und in den unteren Zonen 1,25 Millimeter, während das obere Abschlussblech „nur" 0,8 Millimeter stark ist.

Eine solche Stirnwandkonstruktion ist nicht nur extrem belastbar, sie kann die Aufprallkräfte auch gleichmäßig und großflächig verteilen, um gefährliche Intrusionen in die Fahrgastzelle zu vermeiden. Diese Aufgabe übernahmen bei der bisherigen C-Klasse die Gabelträger, deren Einsatz jetzt nicht mehr erforderlich ist.

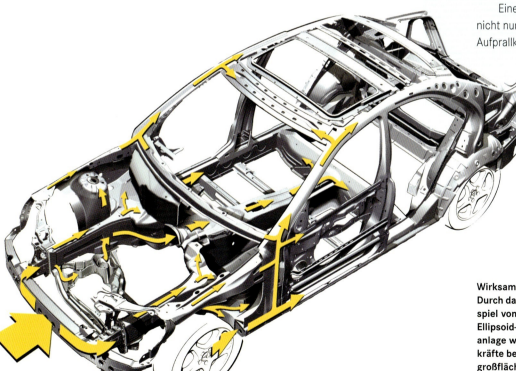

Wirksame Umleitung:
Durch das perfekte Zusammenspiel von Trägerstruktur, Ellipsoid-Stirnwand und Bodenanlage werden die Aufprallkräfte beim Frontal-Crash großflächig verteilt und an der Fahrgastzelle vorbeigeführt.

Insassen selbst bei hohen Aufprallgeschwindigkeiten einen intakten Überlebensraum bietet. Dies erreichen die Mercedes-Ingenieure unter anderem durch

- ... den Einbau zusätzlicher Träger im Bereich des Bodens;
- ... die gezielte Verstärkung des Mitteltunnels und der seitlichen Längsträger;
- ... den vermehrten Einsatz hochfester Stahlsorten, deren Anteil an der Karosseriestruktur gegenüber der bisherigen C-Klasse insgesamt mehr als verdoppelt wurde;
- ... die Konstruktion einer umlaufenden dritten Verstärkungsschale für die einteiligen Seitenwände;
- ... die Auswahl stärkerer Bleche für die besonders beanspruchten Stellen der Längsträger, der A-Säulen und der Stirnwand, deren Blechdicke beispielsweise in kritischen Bereichen von 0,8 auf 2,0 Millimeter erhöht wurde.

Front-Airbags: Zündung je nach Unfallschwere

Auch die Front-Airbags an Bord der C-Klasse passen sich der jeweiligen Unfallsituation an und bieten damit einen noch wirkungsvolleren Insassenschutz. Die Ingenieure sprechen in diesem Zusammenhang von „adaptiven" Rückhaltesystemen. Ihre Ära begann 1998 in der S-Klasse von Mercedes-Benz – jetzt hat die Stuttgarter Automobilmarke diese Technik weiterentwickelt und bietet in der C-Klasse erstmals zwei Airbags an, die sich je nach Unfallschwere stufenweise entfalten. Mit anderen Worten: Ebenso wie die Karosseriestruktur des neuen Modells ist auch das Rückhaltesystem nicht einzig und allein auf Unfälle mit hoher Aufprallgeschwindigkeit abgestimmt, sondern berücksichtigt auch die besonderen Schutzfunktionen bei niedriger und mittlerer Aufprallbelastung. Hier ist die C-Klasse anderen Automobilen in diesem Marktsegment meilenweit voraus.

Großflächige Polster:
Die Airbags für Fahrer und Beifahrer haben ein Volumen von 64 und 125 Litern.

Die technischen Kernstücke der adaptiven Airbags sind neuartige, zweistufige Gas-Generatoren. Erkennt die Sensorik einen leichten Frontalaufprall, zündet sie jeweils nur eine Kammer der Generatoren und die Airbags füllen sich nur teilweise. Dadurch fängt das Luftpolster die Insassen „weich" auf, was laut Unfallforschung vor allem bei Karambolagen im Geschwindigkeitsbereich zwischen 20 und 35 km/h vorteilhaft ist. Registrieren die Airbag-Sensoren dagegen eine größere Unfallbelastung, aktiviert die Elektronik zusätzlich auch jeweils die zweite Kammer der Gas-Generatoren und die Luftpolster füllen sich vollständig. Je nach Unfallschwere erfolgt die Zündung der zweiten Airbag-Stufe innerhalb von nur 5 bis 15 Millisekunden nach der ersten. Kurze Zeit später reduzieren die serienmäßigen

Gurtkraftbegrenzer die Rückhaltekraft des Gurtbandes, sodass sich die Frontpassagiere auf die Airbags zubewegen und sicher von ihnen aufgefangen werden.

„Airbag Off": Antennen im Beifahrersitz

Zum adaptiven Airbag-System der C-Klasse gehört auch eine Sensorik, die über den Einsatz der Schutztechnik entscheidet. So werden Airbag, Gurtstraffer und Sidebag auf der Beifahrerseite abgeschaltet, wenn der rechte Vordersitz nicht besetzt ist. Eine Sensormatte im Sitzpolster liefert der Airbag-Elektronik die entsprechenden Informationen. Installiert der Autobesitzer einen so genannten Reboard-Kindersitz aus dem Mercedes-Zubehörprogramm, tauschen spezielle Antennen im Beifahrersitz Daten mit einem Transponder im Sockel des Kindersitzes aus. So erkennt die Airbag-Elektronik, dass ein Reboard-Kindersitz eingebaut wurde und schaltet daraufhin den Airbag auf der Beifahrerseite ab, weil er in solchen Fällen nicht erforderlich ist. In der Instrumententafel leuchtet dann der Hinweis „Airbag Off" auf. Gurtstraffer, Side- und Windowbag bleiben jedoch auch weiterhin aktiviert, um dem kleinen Passagier in seinem Kindersitz zusätzlichen Schutz zu bieten.

Praxis-Tipp

So schützt der Gurt am besten

Richtigen Schutz bietet der Sicherheitsgurt nur, wenn er richtig angelegt ist. Fachleute raten deshalb:

▶ Das Gurtband darf keinesfalls verdreht sein und muss eng am Körper anliegen.
▶ Der Beckengurt darf nicht über den Bauch, sondern muss möglichst tief übers Becken verlaufen. Sitzt der Beckengurt zu locker, rutscht der Körper bei einem Aufprall unter dem Gurt durch.
▶ Der Schultergurt muss diagonal über den Brustkorb verlaufen und darf nicht am Hals scheuern. Den Schultergurt nach dem Anlegen straff ziehen, sodass er eng anliegt.
▶ Während der Fahrt keine dicken Mäntel und Jacken anziehen, denn Sie können die Schutzwirkung des Gurtes vermindern.

Wichtige Information: Sobald ein Reboard-Kindersitz mit Transponder installiert wird, schalten sich die Rückhaltesysteme auf der Beifahrerseite ab. Dann leuchtet in der Mittelkonsole der Hinweis „Airbag Off" auf.

Seitenaufprall: Insassenschutz auf drei Ebenen

Die Bedeutung des Seitenaufprallschutzes für die Sicherheitskonzeption moderner Personenwagen nimmt weiter zu. Laut Unfallforschung hat sich der Anteil der Seitenkollisionen an den Verkehrsunfällen mit verletzten Pkw-Insassen seit 1985 mehr als verdoppelt – knapp 44 Prozent aller Pkw-Unfälle mit Todesfolge zählen zur Kategorie der Seitenkollisionen.

Auf diese Praxis-Erkenntnisse reagieren die Mercedes-Ingenieure mit einem umfangreichen Maßnahmenpaket, das ebenso wie der frontale Insassenschutz vorrangig auf reale Unfallsituationen abgestimmt ist. Beim Seitenaufprall bewährt sich in der C-Klasse ein Sicherheitssystem, das auf drei Ebenen wirksam ist:

1. Im Bereich des Bodens übertragen verstärkte seitliche Schweller die Aufprallkräfte auf jeweils zwei stabile Querträger unter den Vordersitzen sowie auf einen durchgehenden Fondsitz-Querträger. Auch die Verstärkungen des Mitteltunnels verbessern die Kraftübertragung zwischen den vorderen Sitzen, sodass auch die jeweils stoßabgewandte Seite an der Energieabsorption beteiligt wird.
2. Auf mittlerer Höhe schützen mehrschalige Türen mit mehreren innenliegenden Verstärkungsprofilen die Insassen. Zusätzlich kommt im unteren Bereich jeder Tür ein rohrförmiger Biegeträger zum Einsatz, der die Ver-

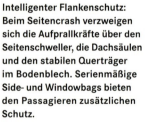

Intelligenter Flankenschutz: Beim Seitencrash verzweigen sich die Aufprallkräfte über den Seitenschweller, die Dachsäulen und den stabilen Querträger im Bodenblech. Serienmäßige Side- und Windowbags bieten den Passagieren zusätzlichen Schutz.

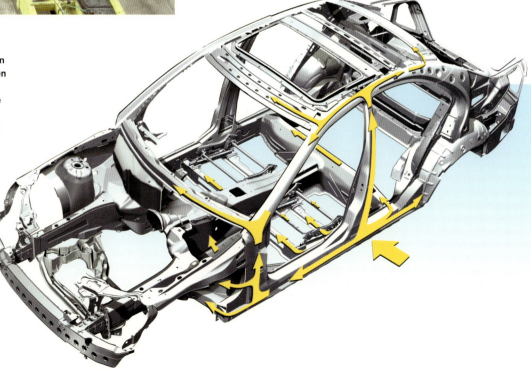

Sicherheit

formungen beim Seitenaufprall reduziert. Für die Befestigung der Türscharniere entwickelten die Fachleute separate Blechteile mit höherer Materialgüte, um die Belastbarkeit dieser Bereiche noch weiter zu erhöhen. Die besonders stabilen Kissen- und Lehnenrahmen der Sitze leisten einen weiteren Beitrag zum Seitenaufprallschutz.

3. Im Dachbereich sorgen die durchgehend dreischalig konstruierten A-, B- und C-Säulen sowie ein verstärkter, ebenfalls dreischaliger Dachrahmen dafür, dass die Intrusionen in die Fahrgastzelle gering bleiben.

Außerdem tragen spezielle Innenraumpolsterungen zum Seitenaufprallschutz bei. Sie bestehen aus energieabsorbierenden Prallelementen, die sich hinter den Verkleidungsteilen der Türen und der B-Säulen verbergen.

Windowbag: Bis zu 1,50 Meter Sicherheit

Ein weiteres wichtiges Beispiel für das Real-Life-Safety-Konzept der C-Klasse sind auch die serienmäßigen Windowbags, die sich bereits in den Mercedes-Personenwagen der S- und E-Klasse sowie im Top-Coupé CL bewähren. Ihre Entwicklung basiert auf den Ergebnissen aktueller Unfallanalysen über die Verletzungsrisiken bei seitlichen Kollisionen. Dabei stellten Wissenschaftler eine große Bandbreite der Aufprallwinkel fest, sodass auch das Bewegungsverhalten der Auto-Insassen sehr stark differiert und damit einfachere Lösungen nur begrenzten Sicherheitswert haben.

Deshalb ist nach Meinung der Fachleute ein möglichst großflächiges Luftpolster für den Seitenwandbereich erforderlich, das vor allem den Köpfen der Insassen bei der Vielzahl denkbarer Anstoß-Konstellationen bestmöglichen Schutz bietet – und zwar sowohl den Front- als auch den Fondpassagieren. Das Ergebnis heißt Windowbag. Er ent-

Technik-Info

Windowbag: Kopfschutz für Front- und Fondpassagiere

Die serienmäßigen Windowbags an Bord der C-Klasse bestehen aus jeweils neun Kammern mit einem Gesamtvolumen von zwölf Litern. Beim Crash spannen sie sich binnen 25 Millisekunden wie ein Vorhang von der vorderen bis zur hinteren Dachsäule des Innenraums. Dank seiner großen Dimensionen bietet der Windowbag einen flächigen Kopfschutz, von dem sowohl

Großer Vorhang:
Die serienmäßigen Windowbags schützen Front- und Fondpassagiere vor Verletzungen.

die vorderen als auch die hinteren Passagiere profitieren – egal, ob sie von großer oder kleiner Statur sind und in welcher Sitzposition sie sich befinden. Im Normalfall verbergen sich die Windowbags hinter den Innenverkleidungen der Dachrahmen und der C-Säulen, die sie im Falle eines Unfalls nach innen drücken, um sich entfalten zu können.

spricht den Anforderungen der Unfallforscher und bietet sehr gute Resultate auch bei solchen Seitenunfällen, die von den meisten rechtwinkligen Aufpralltests der internationalen Prüfinstitute abweichen.

Während die Sidebags vor allem den Thorax-Bereich schützen, verhindert der Windowbag den Aufprall des Kopfes gegen Seitenscheibe, Dachsäulen oder Dachrahmen. Überdies kann das Luftpolster Glassplitter oder andere Gegenstände zurückhalten, die beim Aufprall oder bei einem nachfolgenden Überschlag der Limousine in den Innenraum eindringen und ein zusätzliches Verletzungsrisiko darstellen können. Aus diesem Grund bleibt der Windowbag auch noch nach dem Crash einige Sekunden lang gefüllt.

Sidebags und Windowbags gehören zusammen – deshalb rüstet Mercedes-Benz die vorderen Türen der C-Klasse serienmäßig mit Sidebags aus und bietet diese Luftpolster auf Wunsch auch für die Fondtüren an. Sie haben ein Volumen von rund 13 Litern und schieben sich beim Crash blitzschnell zwischen Insassen und Türinnenverkleidung. Die Aktivierung der seitlichen Airbags übernimmt das zentrale Steuergerät, das von zusätzlichen „Satelliten-Sensoren" an den Querträgern unter den Fondsitzen unterstützt wird. Für die Side- und Windowbags hat Mercedes-Benz einen neuen Hybrid-Generator mit verkleinertem Treibsatz entwickelt. Er enthält eine Argon-Gaspatrone und azidfreien Treibstoff.

Heckaufprall: Rückendeckung mit System

Die hochstabile Fahrgastzelle, die beim Frontal- und Seitenaufprall bestmöglichen Schutz bietet, bewährt sich auch bei einer Heck-Kollision mit hoher Aufprallgeschwindigkeit und Offset-Charakter. Die nachgeordnete Trägerstruktur und das neu entwickelte Heckmodul übernehmen

Guter Flug:
Die kräftig dimensionierten, dreischaligen Dachsäulen geben dem Dachaufbau die erforderliche Stabilität, um die Insassen beim Überschlag zu schützen.

ähnliche Aufgaben wie die vergleichbaren Bauteile im Frontbereich und sind auf das reale Unfallgeschehen abgestimmt. Beim Heckaufprall wird – je nach Unfallschwere – ein mehrstufiges Schutzsystem aktiviert, das ebenso stabil wie reparaturfreundlich ist.

Bis zu einer Aufprallgeschwindigkeit von vier km/h absorbiert das Schaumelement im Heckstoßfänger die Aufprallenergie, während bei höherer Crashgeschwindigkeit von bis zu 15 km/h ein massiver stählerner Querträger in Aktion tritt und die Energieabsorption gewährleistet. Er stützt den Stoßfänger ab und zeichnet sich in den Außenbereichen durch zusätzliche Prallelemente aus. Die Deformations-Charakteristik dieses Biegeträgers ist exakt auf die der nachgeordneten Längsträgerstruktur abgestimmt.

Sicherheit

Technik-Info

Ladegutsicherung:
Im T-Modell niemals ohne Netz

Bei der Entwicklung des T-Modells der C-Klasse stand vor allem auch das Thema Ladegutsicherung im Vordergrund. Aus gutem Grund: Bei einem Aufprall rutschen ungesicherte Gepäckstücke mit einem Vielfachen ihres Eigengewichts nach vorne und gefährden die Insassen. Um dies zu verhindern, ist der Laderaum der Kombi-Limousine mit vier verchromten Verzurrösen ausgestattet, an denen Autofahrer das Ladegut mit Hilfe von Spannseilen oder einem Gepäcknetz befestigen können. Außerdem gehört ein neu entwickeltes Sicherheitsnetz zur Serienausstattung. Zusammengerollt findet es seinen Platz im Gehäuse der Gepäckraumabdeckung hinter den Fondsitzlehnen. Hier lässt sich das Netz mit geringem Kraftaufwand herausziehen und in spezielle Ösen am Dachhimmel einhängen. Um den Laderaum zu vergrößern, werden die Fondsitzkissen einzeln oder gemeinsam vorgeklappt und senkrecht hinter den Lehnen von Fahrer- und Beifahrersitz aufgestellt. In dieser Position bilden die Sitzkissen eine stabile Barriere, die bei einem Unfall zusätzlichen Schutz vor dem Ladegut in Kofferraum bietet (siehe auch Praxis-Tipp auf Seite 108).

Doppelter Schutz:
Zur Serienausstattung des T-Modells gehört das praktische Doppelrollo, das aus Gepäckraumabdeckung und Sicherheitsnetz besteht.

Kompakt-Gurtstraffer: Stahlkugeln in Rotation

Die serienmäßigen Kompakt-Gurtstraffer kompensieren beim Crash den Leerweg des Gurtbandes und sorgen dafür, dass Fahrer und Beifahrer durch eng anliegende Gurte noch besser mit der Fahrgastzelle verbunden sind. Die Straffung des Gurtbandes übernehmen kleine Stahlkugeln im Aufrollautomaten, die sich nach der Aktivierung des Gurtstraffers in Bewegung setzen und gegenläufig zur Gurtbandwelle rotieren. Auf diese Weise stoppen sie zuerst das Gurtband und wickeln es anschließend blitzschnell wieder auf. Dieses Antriebssystem zeichnet sich vor allem durch zwei Vorzüge aus: hohe Strafferleistung und kompakte Bauweise des Aufrollautomaten. Die Auslösung des neuen Gurtstraffers erfolgt durch eine pyrotechnische Zündung.

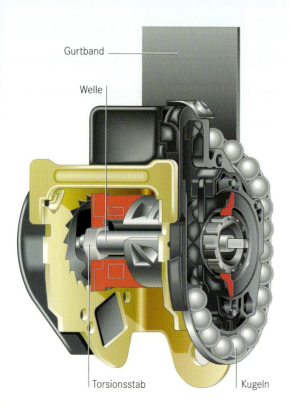

Gurtband · Welle · Torsionsstab · Kugeln

Technik-Info

Diese stabilen kastenförmigen Träger leisten bei Crash-Geschwindigkeiten über 15 km/h den Großteil der Verformungsarbeit.

Ein Novum im Heckbereich der C-Klasse ist auch die Reserveradmulde aus glasmattenverstärktem Kunststoff, mit der die Mercedes-Ingenieure einen weiteren Beitrag zum Leichtbau leisten. Aus Kunststoff besteht auch der Kraftstoffbehälter der Limousine. Der 62-Liter-Tank befindet sich dort, wo er aus Sicherheitsgründen hingehört: in einer geschützten Position vor der Hinterachse.

Rückhaltesystem: Gurtstraffer auch im Fond

Die adaptiven Front-Airbags für Fahrer und Beifahrer, die Sidebags in den Türen sowie die serienmäßigen Windowbags sind Teil eines leistungsfähigen Rückhaltesystems, das Insassensicherheit auf höchstem Niveau garantiert. Seine weiteren Komponenten:

▶ **Automatik-Sicherheitsgurte** an allen Sitzplätzen der C-Klasse bilden die Basis des umfangreichen Rückhaltesystems. Die Gurte für Fahrer und Beifahrer lassen sich manuell mittels fünf Rasterstellungen in der Höhe variieren, die Gurte an den äußeren Sitzplätzen im Fond verfügen über eine automatische Höhenanpassung.

▶ **Kompakt-Gurtstraffer** an Fahrer- und Beifahrersitz ziehen beim Frontal- und Heckaufprall blitzschnell ein bis zu elf Zentimeter loses Gurtband zurück, sodass die Insassen optimal mit der Fahrgastzelle verbunden sind und frühzeitig an der Verzögerung der Fahrzeugstruktur teilnehmen können. Dadurch verringern sich die aufprallbedingten Belastungen. Die C-Klasse ist serienmäßig mit solchen Gurtstraffern an den Vordersitzen ausgestattet (siehe auch Technik-Info auf dieser Seite).

Sicherheit

- **Gurtschlossstraffer** an den äußeren Sitzplätzen im Fond bieten den hinteren Passagieren zusätzliche Sicherheit. Mercedes-Benz ist die erste Automobilmarke, die solche Gurtschlossstraffer im Fond einsetzt.
- **Gurtkraftbegrenzer** an den Vordersitzen und an den äußeren Sitzplätzen im Fond begrenzen die Rückhaltekräfte des Gurtbandes und damit auch die Brustbelastungen der Insassen durch den Gurt.
- **Kopfstützen** an allen Sitzplätzen gehören ebenfalls zur Serienausstattung. Dank einer Schwenkachse sind die Prallflächen beweglich und lassen sich im Winkel von bis zu 30 Grad vorklappen. Diese Technik erlaubt eine individuelle Neigungseinstellung und stellt gleichzeitig sicher, dass der Kopf möglichst eng anliegen kann. Die vorderen Kopfstützen sind in der Höhe um insgesamt 85 Millimeter verstellbar, die hinteren um 50 Millimeter (T-Modell: 81 Millimeter). Die mittlere Kopfstütze im Fond von Limousine und T-Modell ist nicht höhen- und neigungseinstellbar. Werden die Fondkopfstützen nicht benötigt, lassen sie sich in der Limousine manuell oder pneumatisch – per Knopfdruck an der Instrumententafel – wegklappen.

Praxis-Tipp

Auch Gurte brauchen Pflege

Verschmutzte Gurtbänder sind mehr als nur ein Schönheitsfehler, sie können auch die Aufrollautomatik beeinträchtigen. Dagegen hilft eine regelmäßige Reinigung mit Schwamm und milder Seifenlauge oder Spülmittel. Wichtig: Den feuchten Gurt nicht sofort wieder aufrollen, sondern soweit wie nötig herausziehen und zum völligen Austrocknen lose auslegen. Eingerissene, ausgefranste oder stark aufgerauhte Gurtbänder sofort ersetzen. Gurte, die sich bereits bei einem Unfall bewährt und die Insassen geschützt haben, in einer Mercedes-Werkstatt austauschen lassen, weil sich das Dehnungsverhalten solcher Gurtbänder verschlechtert hat.

Nützliche Details:
Kopfstützen mit neuartiger Neigungseinstellung und Gurtschlossstraffer im Fond (rechts) zählen zu den weiteren Innovationen des Rückhaltesystems.

Sorgfältige Prüfung:
Das Gurtband darf nicht eingerissen oder ausgefranst sein.

Neuartige Konstruktionen: Crash-Boxen vor den Längsträgern (ganz oben), spezielle Halterungen für die Scheinwerfer (Mitte) und Schaumelemente als Stoßfänger (oben) helfen, die Kosten einer Unfallreparatur zu verringern.

Reparaturfreundlichkeit: Technik, die Geld spart

Energieabsorbierende Stoßfänger, Schraubverbindungen an Front- und Heckmodul sowie Crash-Boxen in der Vorbaustruktur sind die wichtigsten Komponenten eines intelligenten Konzepts, das im Falle von Unfallreparaturen die Geldbeutel der Autobesitzer schont. Die Bauteile sind so konstruiert, dass sie bei einem Crash im niedrigen Tempobereich gezielt Energie aufnehmen und die eigentliche Karosseriestruktur vor Beschädigungen schützen. Mercedes-Ingenieure haben dies bei Aufprallversuchen mit 15 km/h gegen ein starres Hindernis getestet. So leistet die moderne Karosserietechnik wichtige Beiträge zur Kostensenkung.

Das innovative Reparatur-Konzept beginnt bei den Stoßfängern. Sie tragen Schutzleisten, die nach einer Mini-Karambolage mit wenigen Handgriffen von außen ersetzt werden können. Die Demontage des Stoßfängers ist dafür nicht mehr erforderlich. Die vordere Stoßfängerverkleidung ist an beiden Seiten mit solchen auswechselbaren Schutzleisten ausgestattet, beim Heckstoßfänger erstrecken sie sich über die gesamte Breite und sind dreiteilig gestaltet, sodass sie je nach Beschädigung auch abschnittsweise ersetzt werden können. Hinter den Stoßfängerverkleidungen verbergen sich Schaumelemente, die bei Unfällen bis vier km/h Aufprallenergie absorbieren. Das nachgiebige Material bildet sich nach dem Crash selbsttätig wieder zurück.

Das durch Schrauben mit der Karosserie verbundene Frontmodul besteht im Wesentlichen aus einem stranggepressten Aluminium-Querträger mit zwei stählernen Crash-Boxen. Ihr Kraftniveau und ihre Energieaufnahme sind so berechnet, dass sich die Verformungen bei einem Aufprall mit bis zu 15 km/h gegen eine starre Barriere ausschließlich auf geschraubte Frontteile beschränken. Alle Bauteile des Moduls sind miteinander verschraubt und können deshalb ohne aufwendige Schweißarbeiten ausgewechselt werden. Im Vergleich zum Vorgängermodell verkürzt sich dadurch die Reparaturzeit um rund 25 Prozent. Kühlerbrücke, Scheinwerferrahmen, Querträger und Crash-Boxen liefert Mercedes-Benz den Werkstätten als separate Ersatzteile. Die vorderen Teile der Radhäuser bestehen aus Kunststoff, der mit der Karosserie verschraubt wird. Vorteil: Bei der Reparatur eines mittelschweren Unfallschadens können die Bauteile schnell und kostengünstig erneuert werden – bisher waren dafür umfangreiche Blecharbeiten notwendig. Für die Frontscheinwerfer haben Mercedes-Ingenieure spezielle Halterungen entwickelt, die beim Frontalaufprall gezielt brechen. Musste bisher das komplette Scheinwerfergehäuse ausgewechselt werden, brauchen Werkstatt-Mechaniker jetzt nur die neuen Reparaturhalter zu ersetzen.

Sichere Plätze:
Für kleine Passagiere hat Mercedes-Benz Kindersitze entwickelt, die per Knopfdruck aus dem Sitzpolster herausklappen.

Praxis-Tipp

Integrierte Sicherheit für Kinder

Für verantwortungsbewusste Eltern ist es längst selbstverständlich: Kinder unter zwölf Jahren gehören während der Fahrt in einen speziellen Kindersitz, der sie beim Unfall bestmöglich schützt. So will es auch das Gesetz. Mercedes-Benz hat ein besonders innovatives System entwickelt, das auf Wunsch für die Fondsitzanlage von Limousine und T-Modell der C-Klasse lieferbar ist: Integrierte Kindersitze, die per Knopfdruck aus dem Sitzpolster herausklappen und Kindern zwischen zwei und zwölf Jahren eine erhöhte Sitzfläche bieten. Vorteil: Dadurch können Eltern die kleinen Fondpassagiere mit dem normalen Dreipunkt-Automatikgurt anschnallen, der sich dank automatischer Höheneinstellung optimal anpasst. Ein zusätzliches Tischpolster, das für Knirpse zwischen zwei und vier Jahren vorgesehen ist, verbessert die Rückhaltewirkung und stützt den Oberkörper des Kindes beim Unfall ab. Die integrierten Kindersitze entsprechen der Norm ECE-R 44 und sind somit für Kinder mit einem Körpergewicht von neun bis 36 Kilogramm zugelassen.

Für die Fondsitze von Limousine und T-Modell ist wahlweise auch das genormte Befestigungssystem ISOFIX lieferbar. Es ermöglicht die Installation verschiedener Kindersitze mittels stabiler Steckhalterungen, die fest mit dem Karosserierohbau verbunden sind. ISOFIX ersetzt somit künftig die herkömmliche Kindersitzbefestigung per Sicherheitsgurt. Die Halterungen des Systems lassen sich auch nachrüsten.

Innenraum

Angenehmer Aufenthalt

Man spürt es bereits beim ersten Kennenlernen: Die Mercedes-Benz C-Klasse ist noch reifer und noch komfortabler geworden. Die Gestaltung des Innenraums, seine Materialien, seine Ausstattung und seine Wertanmutung betonen den Premium-Charakter der Limousine.

Es ist mehr als nur ein angenehmer Eindruck, mehr als nur ein schöner Anblick. Es ist das Gefühl großer Zufriedenheit – eine Art Rundum-Wohlbehagen –, das sich schon kurz nach dem Einsteigen in die Mercedes-Benz C-Klasse einstellt.

Die Sinne sind sofort hellwach: Die Augen erfreuen sich an weichen, rundlichen Formen und angenehmen Farben; die Hände gleiten über weichen, hochwertigen Kunststoff, teures Aluminium mit fein strukturierter Oberfläche oder edle Holz-Accessoires; die Ohren nehmen nichts außer dem leisen, kraftvoll-sonoren Sound des Triebwerks auf. Kurzum: Ein Innenraum wie ein Maßanzug – sportlich geschnitten, aber absolut passgenau und topfit fürs Erlebnis auf Rädern.

Design, Haptik und Ergonomie vom Feinsten. Alle Anzeigeinstrumente liegen im Blickfeld des Fahrers und bieten ihm ebenso unmissverständliche wie präzise Informationen. Alle wichtigen Bedienelemente sind dort, wo sie mit einer Hand sofort erreichbar sind: am Lenkrad, in der Mittelkonsole oder auf der Verkleidung des Mitteltunnels. So hat der Autofahrer alles buchstäblich gut im Griff – eine der wichtigsten Voraussetzungen für dynamischen Fahrspaß.

„Sinnvolle Automatisierung" lautete eines der Hauptziele bei der ergonomischen Konzeption der C-Klasse. Der Autofahrer soll sich aufs Wesentliche konzentrieren: auf die Verkehrslage und das Fahr-Erlebnis. Deshalb werden bestimmte Funktionen selbsttätig gesteuert und überwacht – Funktionen, die sich an den alltäglichen Aufgaben der Autofahrer orientieren und sie deshalb gezielt entlasten. Einige Beispiele für solche Assistenz-Funktionen, die teilweise zur Serienausstattung gehören oder auf Wunsch lieferbar sind:

► Einmal programmiert und am Lichtschalter (Position „Auto") eingestellt, schaltet sich die Außenbeleuchtung bei Dunkelheit stets automatisch ein.

► Einmal am Kombischalter eingestellt, steuert die Elektronik den Scheibenwischer mittels Regensensors automatisch je nach Regenintensität.

► Mit einem einzigen Knopfdruck schließen sich bei Einfahrt in einen Tunnel oder in eine Tiefgarage alle geöffneten Fenster und das Schiebedach.

► Einmal programmiert, fahren Sitze, Lenkrad und Spiegel stets nach dem Einstecken des Zündschlüssels in die gewünschte Position. Auch die Einstelldaten der Klimatisierungsautomatik werden im Schlüssel gespeichert.

► Einmal programmiert, verändert sich die Einstellung des rechten Außenspiegels, sobald der Autofahrer den Rückwärtsgang eingelegt hat. So kann er die Bordsteinkante im Außenspiegel sehen und sich beim Rückwärtsfahren in eine Parklücke besser orientieren.

► Einmal programmiert, fährt der Fahrersitz stets nach dem Abziehen des Zündschlüssels automatisch zurück und die Lenksäule bewegt sich nach oben, um das Aussteigen komfortabler zu machen.

► Einmal eingeschaltet, aktiviert die auf Wunsch lieferbare Komfort-Klimatisierungsautomatik bei schadstoffhaltiger Außenluft die Umluftschaltung.

► Ein Tastendruck am Lenkrad genügt und Autoradio, CD- oder Cassettenspieler und Autotelefon gehorchen aufs Wort, führen die Befehle des Autofahrers mittels Sprachbediensystems LINGUATRONIC aus.

► Je nach Lichteinfall blenden Innenrückspiegel und linker Außenspiegel dank integrierter Lichtsensoren automatisch ab.

Wahlprogramm: Über 50 individuelle Einstellungen

Bei der Suche nach technischem Fortschritt in puncto Bedienkomfort spielt zunehmend das Thema Individualität eine wichtige Rolle. Auch hier ist die C-Klasse Trendsetter:

Innenraum

Auf einen Blick:
Das Zentral-Display ermöglicht individuelle Einstellungen, zeigt die exakte Geschwindigkeit an und informiert über etwaige Störungen.

Technik-Info

Zentral-Display: Alles auf einen Blick

Das Zentral-Display im Tachometer der C-Klasse ist Hauptbestandteil eines modernen Bedien- und Anzeigekonzepts, das dem Autofahrer noch mehr Möglichkeiten bietet. Das Display ist mit dem Multifunktions-Lenkrad gekoppelt, an dem mit vier beleuchteten Tasten verschiedene Systeme bedient und Informationen abgerufen werden können.

Wechsel der Anzeige innerhalb des Hauptmenüs

Bedienung des Autotelefons

Wechsel des Hauptmenüs im Zentral-Display

Lautstärke-Regelung

Zentral-Display: Tacho, Reiserechner und Info-Zentrale im Cockpit

Menü	Anzeigen und Funktionen
Tages- und Gesamtwegstreckenzähler	▶ Motorölstand ▶ Nächster Service-Termin ▶ Digitale Geschwindigkeitsanzeige ▶ Kühlmitteltemperatur
Audiosysteme*	▶ Radiobetrieb: Sendersuchlauf, Senderspeicher ▶ Cassettenbetrieb: Titelsuchlauf ▶ CD-Betrieb: Titelauswahl
Navigation*	▶ Anzeige der empfohlenen Fahrtrichtung mittels Pfeilen
Störungen	▶ Anzeige etwaiger Störungsmeldungen
Reiserechner	▶ Anzeige des Tankinhalts und der Reichweite ▶ Anzeige der zurückgelegten Fahrtstrecke, der Fahrtzeit, der Durchschnittsgeschwindigkeit und des durchschnittlichen Kraftstoffverbrauchs ab Start ▶ Anzeige der zurückgelegten Fahrtstrecke, der Fahrtzeit, der Durchschnittsgeschwindigkeit und des durchschnittlichen Kraftstoffverbrauchs ab Reset
Telefon*	▶ Anzeige des Netz-Providers oder der gewählten Telefonnummer ▶ Anzeige der gespeicherten Namen und Telefonnummern ▶ Anzeige eines ankommenden Telefonanrufs

* Je nach Wunschausstattung

Praxis-Tipp

Großputz im Auto

▶ Die Stoffpolster häufig abbürsten und absaugen. Als Reinigungsmittel MB-Autoshampoo, Polsterreiniger und – bei Bedarf – Fleckenentferner verwenden. Bei starker Verschmutzung im Trockenschaumverfahren reinigen – keine aggressiven Mittel verwenden. Das gilt auch für Dachhimmel und Hutablage.

▶ Für Lederpolster gibt es ebenfalls spezielle Pflegemittel. Wichtig: Ledersitze nur mit einem feuchten Tuch abwischen und nachtrocknen. Perforiertes Leder darf rückseitig nicht nass werden, deshalb besonders vorsichtig vorgehen.

▶ Das Kombi-Instrument mit lauwarmer Lösung (MB-Autoshampoo, neutrales Geschirrspülmittel oder Feinwaschmittel) und fusselfreiem Tuch abwischen. Keine Scheuermittel verwenden.

▶ Kunststoff- und Gummiteile nicht einölen oder einwachsen. Nur MB-Autoshampoo oder Kunststoffreiniger verwenden.

Alles unter Kontrolle:
Drei bogenförmige Instrumente zeigen Motordrehzahl, Geschwindigkeit und Tankinhalt an.

Reinigen und pflegen:
Für die Kunststoffteile empfiehlt Mercedes-Benz Autoshampoo oder einen speziellen Reiniger.

Autofahrer haben die Möglichkeit, zahlreiche individuelle Einstellungen zu programmieren, um Komfort- und Anzeigefunktionen auf ihre persönlichen Bedürfnisse abzustimmen. Einmal gespeichert, sind diese Eingaben stets präsent und erfordern deshalb keinen weiteren Handgriff oder Knopfdruck mehr. Das serienmäßige Multifunktions-Lenkrad mit seinen vier beleuchteten Tasten erleichtert die Einstellungen. Es ist mit dem Zentral-Display im Kombi-Instrument, dem Autoradio und dem Autotelefon gekoppelt. Ein kurzes Antippen der linken unteren Taste im Lenkrad genügt und auf dem Display erscheint das Hauptmenü „Einstellungen". Hier lassen sich unter fünf verschiedenen Menü-Punkten über 50 individuelle Funktionen programmieren – von der digitalen km/h-Anzeige bis zur automatischen Tempobegrenzung für Winterreifen. Neben diesen individuellen Einstellmöglichkeiten erscheinen in sechs Anzeigemenüs auf dem Zentral-Display eine Reihe von Hinweisen und Daten – von der Ölstandskontrolle bis zum

Namen des UKW-Senders, von der Information über den durchschnittlichen Kraftstoffverbrauch bis zur Telefonnummer eines Anrufers.

Instrumententafel: Schöne Formen, angenehme Haptik

An die Stelle der bisherigen Rundinstrumente im Kombi-Instrument treten drei bogenförmige Anzeigen für Motordrehzahl (links), Geschwindigkeit (Mitte) und Tankinhalt (rechts). Die Kontroll- und Warnleuchten sind unter dem Drehzahlmesser, innerhalb des mittleren Tacho-Segments und unter der Tankanzeige angeordnet. Sie treten nur beim Einschalten der Zündung oder bei Störungen in Erscheinung – im Normalfall bleibt das Instrument an diesen Stellen dunkel.

Formal fügt sich das Kombi-Instrument harmonisch in die zweiteilige, modular aufgebaute Instrumententafel ein. Als Werkstoffe für das Oberteil dienen Polyurethan-Kunststoff und ein Trägerelement aus Fibropress-Glasfaser. Für angenehme Haptik und hohe Wertanmutung sorgt eine Polyurethan-Oberfläche, die als Haut im Sprühverfahren hergestellt wird. Diese Technik ermöglicht es, prägnante Kanten und Radien zu formen und gleichzeitig auch weiche Oberflächen zu schaffen. Auch die Reißnaht des Beifahrer-Airbags trübt den schönen Anblick nicht – sie ist unsichtbar. Der Trick: Bei der Herstellung trägt ein Laserstrahl an der Rückseite der Instrumententafel auf Trägerteil, Folie und Haut genau so viel Material ab, wie für das sichere Entfalten des Airbags notwendig ist. Die Reißnaht versteckt sich also an der Innenseite. Zum Oberteil der Instrumententafel gehören die Abdeckung des Kombi-Instruments sowie die seitlichen und mittleren Belüftungsdüsen, die dank ihres modernen, walzenförmigen Designs perfekt in die abgerundete Vorderkante integriert sind.

Mittelkonsole: Schaltzentrale für Fahrer und Beifahrer

Als Schalt- und Bedienzentrale ist die Mittelkonsole der C-Klasse für Fahrer und Beifahrer gleichermaßen gut erreichbar. Im oberen Bereich finden zwei separate Felder mit Tastern für Zusatzfunktionen und Wunschausstattungen wie Sitzheizung, Heckscheibenrollo und „ESP® OFF"

Knopfdruck genügt:
Die Mittelkonsole des Sportcoupés passt sich formal dem dynamischen Charakter des Zweitürers an. Schalter und Bedienelemente sind ergonomisch günstig angeordnet, sodass sie auch der Beifahrer erreichen kann.

Technik-Info

Ablagen:
Praxis-Tests mit Autofahrern

Die Fächer und Ablagen im Innenraum von Limousine und T-Modell sind das Ergebnis von 46 Testfahrten mit Autofahrerinnen und Autofahrern. Ihre Aufgabe war es, vom Auto-Atlas bis zum Regenschirm und vom Brillen-Etui bis zur Taschenlampe alle Utensilien im Innenraum zu verstauen, die sie normalerweise mit auf Tour nehmen. Auf dieser Basis gestalteten die Mercedes-Ingenieure die Ablagefächer so, dass ein Großteil dieser Gegenstände ihren sicheren Platz finden. Beispiel Handschuhfach: Mit einem Volumen von 8,2 Litern ist die 400 Millimeter breite und 162 Millimeter tiefe Box fast dreimal so groß wie im Vorgängermodell (3,0 Liter). Deshalb lässt sich jetzt auf Wunsch ein CD-Wechsler im oberen Teil des Handschuhfachs installieren. Eine Box für Sonnen- oder Ersatzbrille ist ebenfalls im Handschuhkasten integriert. Die Ablagefächer in den Innenverkleidungen von Fahrer- und Beifahrertür haben ein Fassungsvermögen von jeweils rund drei Litern und sind damit doppelt so groß wie im Vorgängermodell. Das zweigeteilte Fach zwischen den Vordersitzen (Volumen: rund 4,4 Liter) gehört zur Serienausstattung aller Modellvarianten und kann mit Hilfe der Klimaanlage temperiert werden.

Platz. Zwischen diesen Tasterfeldern macht der rote Warnblinkschalter auf sich aufmerksam. Unter dem Autoradio enthält die Mittelkonsole ein weiteres Ablagefach, das allerdings entfällt, wenn die C-Klasse mit dem „Cockpit and Management Data System" (COMAND) ausgestattet wird (siehe auch Seite 121). Das übersichtliche Bediengerät für Heizung, Klimatisierungsautomatik oder Komfort-Klimatisierungsautomatik schließt den unteren Bereich der Mittelkonsole ab. Nahtlos fügt sich die Tunnelverkleidung an, zu der ein Aschenbecher, der Schalt- oder Automatikwählhebel, weitere Taster (je nach Wunschausstattung) sowie ein zusätzliches Ablagefach gehören. Dieses Fach, das auch den Zigarettenanzünder enthält, lässt sich mit einem praktischen Rollo aus Holz oder Kunststoff (je nach Line) verschließen und bietet dank speziell geformter Gummieinlage einer Getränkedose sicheren Halt. Auf Wunsch lässt sich hier ein doppelter „Cupholder" installieren, der auf Knopf-

Viel Platz:
Das Handschuhfach ist fast dreimal so groß wie im Vorgängermodell. Auch die Türfächer und die Box zwischen den Vordersitzen bieten geräumige Ablagemöglichkeiten. Die Armauflage ist bei den Lines ELEGANCE und AVANTGARDE in der Neigung verstellbar.

Innenraum

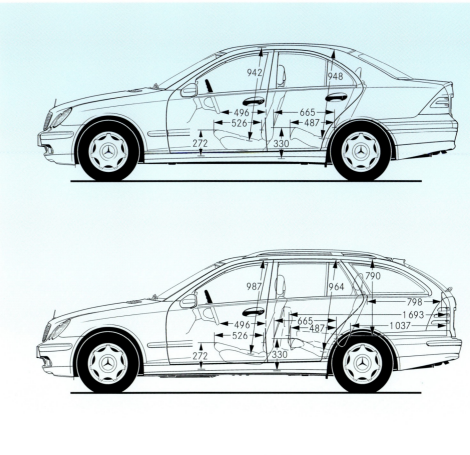

Komfort auf allen Plätzen:
Dank einer intelligenten Maßkonzeption bieten alle Karosserievarianten der C-Klasse Mercedestypischen Raumkomfort.

druck aus dem Fach herausklappt, sich entfaltet und sich dank einer aufwendigen Mechanik etwas zur Seite dreht, sodass Platz für zwei Dosen entsteht. Der Aschenbecher ist herausnehmbar, sodass Nichtraucher diesen Platz in der Tunnelverkleidung als zusätzliches Ablagefach nutzen können.

Technik-Info

Easy-Entry-System: Mehr Komfort beim Ein- und Aussteigen

Zur Serienausstattung des Sportcoupés der C-Klasse gehört eine mechanische Ein- und Ausstiegshilfe für die Fondpassagiere. Die Bedienung ist leicht und einfach:

► Mittels eines Griffs lässt sich die **Rückenlehne** nach vorne klappen. Bei gleichzeitigem Druck auf die Entriegelungstaste der **Kopfstütze** kann die Kopfstütze um bis zu 110 Millimeter mit Unterstützung einer Feder abgesenkt werden, damit sie bei der Lehnenbewegung nicht am Dachhimmel anstößt.
► Beträgt der **Schwenkwinkel** der Rückenlehne mehr als 30 Grad, entkoppelt das System per Bowdenzug die Mechanik der **Höheneinstellung** und der Sitz lässt sich nach vorne schieben.
► Das **Zurückklappen** der Lehne ist ohne Betätigung des Entriegelungshebels möglich. Wurde die Kopfstütze beim Vorklappen ganz abgesenkt, fährt sie automatisch auf die unterste Komfortstellung aus und sollte danach manuell wieder auf die optimale Höhe eingestellt werden.

Der Deckel der zweigeteilten Ablage-Box zwischen den Vordersitzen dient gleichzeitig als gepolsterte Armauflage, die bei den Lines ELEGANCE und AVANTGARDE von Limousine und T-Modell in zwei Neigungswinkeln einstellbar ist. In der oberen Kunststoffschale des Ablagefachs finden auf Wunsch Autotelefon oder Handy Platz.

Auch die Türinnenverkleidungen sind in das Bedienkonzept integriert. Hier haben die Mercedes-Ingenieure die Schalter der serienmäßigen elektrischen Fensterheber untergebracht. Die Einstellung der Außenspiegel erfolgt über ein spezielles Bedienfeld links neben der Lenksäule, wo auch der Lichtschalter, der Regler für die Leuchtweiteregulierung und der Taster der Scheinwerferreinigung (Wunschausstattung) zu finden sind.

Sitze: Einstelldaten im Schlüssel gespeichert

Fahrer und Beifahrer der C-Klasse machen es sich auf neu entwickelten Sitzen bequem, die neben modernem Design vor allem in puncto Ergonomie und Bedienung große Fortschritte bieten. Mussten die Passagiere Sitzhöhe und Lehnenneigung bisher manuell einstellen, übernehmen jetzt in der Limousine und im T-Modell jeweils zwei Elek-

Bequemer Einstieg: Dank des so genannten Easy-Entry-Systems lässt sich der Sitz beim Umklappen der Rückenlehne gleichzeitig auch nach vorne schieben.

Innenraum

Auf stabiler Basis:
Kernstück des neuen Schwingsitzes ist eine Aluminiumschale, die das Schaumpolster aufnimmt. Die Einstellung der Sitzhöhe und der Rückenlehne wird in Limousine und T-Modell durch Elektromotoren erleichtert.

Stahlrahmen als Rückenlehne

Schwingschale aus Aluminium

Handrad zur Einstellung der Kissenneigung

Schalter für die elektrische Einstellung der Sitzhöhe und der Lehnenneigung

tromotoren diese Aufgaben. Es genügt, einen zweiteiligen Schalter an der äußeren Sitzverkleidung zu betätigen, und schon fahren Sitzkissen und Rückenlehne in die gewünschte Position. Noch mehr Bedienungskomfort bietet die vollelektrische Einstellung des Fahrer- und Beifahrersitzes, die Mercedes-Benz auf Wunsch liefert. In diesem Fall lassen sich nicht nur Sitzhöhe und Lehnenneigung, sondern auch Längseinstellung, Sitzkissenneigung, Kopfstütze, Lenksäule und Außenspiegel per Elektromotoren variieren.

Ein Mikro-Chip speichert die individuellen Einstelldaten des Fahrersitzes und überträgt sie in den elektronischen Zündschlüssel. Dadurch fahren Sitz, Kopfstütze, Lenkrad und Außenspiegel automatisch in Position, sobald der Autofahrer seinen Schlüssel in den Zündstartschalter steckt. Die gleiche komfortable Memory-Funktion ist auch für den zweiten elektronischen Schlüssel möglich, der zum Lieferumfang der C-Klasse gehört. Ein dritter Memory-Speicherplatz ohne Daten-Transfer zum Schlüssel lässt sich mittels Schalters an der Türinnenverkleidung programmieren.

Hinsichtlich der Einstellmöglichkeiten für die Vordersitze orientieren sich die Mercedes-Ingenieure zum einen am Gardemaß des so genannten „95-Prozent-Mannes", der laut Statistik im Jahre 2005 eine Körperhöhe von 1,94 Meter erreichen wird, und zum anderen an der „Fünf-Prozent-Frau", die mit 1,51 Meter die untere Grenze bei der Maßkonzeption von Personenwagen markiert. Das bedeutet: Sowohl sehr große als auch sehr kleine Autofahrerinnen und Autofahrer können sich den Sitz der C-Klasse so einstellen, dass sie alle Funktionen der Limousine bequem im Griff haben. Die Einstellwege und -winkel der Vordersitze betragen in Längsrichtung 290 Millimeter, in der Höhe 54 Millimeter, in der Neigung 8,4 Grad und in der Kopfstützenhöhe 85 Millimeter.

Noch individuelleren Komfort bietet der für Limousine und T-Modell auf Wunsch lieferbare Multikontursitz, dessen Längs- und Querkontur der Autofahrer mittels vier einzeln aufblasbarer Luftpolster exakt auf seine Anatomie abstimmen kann. So ermöglicht dieses Extra zum Beispiel eine stufenlos dosierbare Lordosenabstützung und eine exakte Anpassung der Sitztiefe.

Die vorderen Sitze des Sportcoupés unterscheiden sich durch sportlichere Konturen von ihren Pendants in der Limousine und im T-Modell der C-Klasse. So bieten Sitzfläche und Rückenlehne noch mehr Seitenhalt, während die für Federung und Dämpfung zuständige Technik identisch ist. Das bedeutet: In einer mittels kleiner Schraubenfedern abgestützten Schwingschale aus Aluminium lagern ein Schaumkissen mit speziellen Lüftungsbohrungen und eine acht Millimeter starke Auflage aus Gummihaar. Darüber spannt sich der Stoffbezug, der dank seines hohen Wollanteils ebenfalls sehr atmungsaktiv ist. Auch in den Stahlrahmen der Rückenlehnen liegen großflächige Gummihaarmatten, die zusammen mit Schaumpolstern hohen Sitzkomfort und gutes Sitzklima bieten.

Fondsitze: Bequem und variabel

Die mit Schaumkissen gepolsterte Sitzanlage im Fond ist in der Limousine serienmäßig einteilig konstruiert. Drei umklappbare Kopfstützen und drei Automatik-Sicherheitsgurte mit integrierten Gurtschlossstraffern sorgen für die Sicherheit der Passagiere, denen auf den äußeren Sitzplätzen auch Gurtkraftbegrenzer sowie in Höhe und Neigung einstellbare Kopfstützen zur Verfügung stehen.

Für Autofahrer, die den Kofferraum variabel gestalten möchten, hat Mercedes-Benz für alle drei Karosserievarianten der C-Klasse eine asymmetrisch geteilte Rücksitzbank entwickelt, die sich mit wenigen Handgriffen im Verhältnis 1:2 umklappen lässt: Zuerst werden die Sitzkissen einzeln oder gemeinsam nach vorne geschwenkt und nehmen eine senkrechte Position hinter den Vordersitzen ein. Dann klappen die Rückenlehnen vor und zwischen Kofferraum und Fondabteil entsteht eine nahezu ebene Ladefläche. Praktisch: Die Kopfstützen schwenken zusammen mit den Lehnen nach vorn, tauchen in den speziell geformten Boden des Sitzkissens ein und stützen sich dort ab.

**Coupé mit Kombiqualitäten:
Sind die Fondsitze vollständig
umgeklappt, entsteht auch
im Sportcoupé eine große und
nahezu ebene Ladefläche.**

T-Modell: Vielen Transportaufgaben gewachsen

Der Bezeichnung „Kombi" macht das T-Modell der C-Klasse alle Ehre: Es „kombiniert" die vorbildlichen Tugenden der Limousine wie Sicherheit, Komfort und Dynamik mit jenen Eigenschaften, die vor allem junge und jung gebliebene Menschen mit freizeitorientiertem Lebensstil zu schätzen wissen: Raumangebot, Funktionalität und Variabilität. Damit empfiehlt sich das T-Modell als idealer Partner für Freizeitsport, Reise oder Shopping-Tour.

Der Blick in den Innenraum macht diese zusätzlichen Vorzüge deutlich. Er bietet nicht nur ein Ladevolumen von bis zu 1384 Litern (VDA-Messmethode), sondern passt sich dank neu entwickelter Fondsitzanlage auch den verschiedensten Transportaufgaben an. So können Autofahrerinnen und Autofahrer den Innenraum des T-Modells variabel gestalten und die Kombilimousine durch Vorklappen der asymmetrisch geteilten Rücksitzbank mit wenigen Handgriffen vom Fünfsitzer zum Vier-, Drei- oder Zweisitzer verwandeln – ganz nach individuellem Platz- und Raumbedarf. Da sich auch die Sitzkissen vollständig vorklappen lassen, entsteht im Fond eine fast ebene Ladefläche von immerhin 1693 Millimetern Länge.

Klappen beide Teile der Fondsitzbank vor, bietet das Gepäckabteil ein beachtliches Fassungsvermögen, das gemäß VDA-Messmethode je nach Beladung 885 Liter (bis zur Oberkante des Fahrersitzes) oder 1384 Liter (bei dachhoher Beladung) beträgt. Damit ist das T-Modell dem Großteil aller Transportaufgaben gewachsen, die Autofahrerinnen und Autofahrer im Alltag an ihr Fahrzeug stellen.

Das gilt aber auch, wenn die Rücksitzbank in Normalstellung bleibt und drei Passagieren Platz bietet. In diesem Fall lassen sich im Gepäckabteil der Kombilimousine zum

Variabilität im Fond:
Die Fondsitzanlage des T-Modells ist asymmetrisch geteilt. Rückenlehnen und Sitzkissen lassen sich vorklappen, wobei die Kopfstützen nicht demontiert werden müssen.

Viel Platz:
Bei vollständig vorgeklappten Fondsitzen misst die Ladefläche rund 1,5 Quadratmeter.

Raumangebot: Fast 1,5 Quadratmeter Ladefläche im T-Modell

	Position der Fondsitzbank	**Laderaummaße (Länge x Breite)***
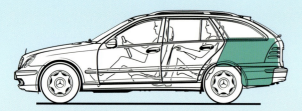	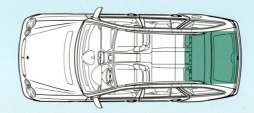 Drei Sitzplätze im Fond	1037 x 884
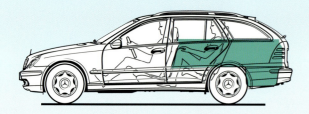	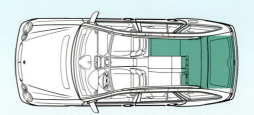 Zwei Sitzplätze im Fond, Rücksitzlehne und -kissen zu 1/3 vorgeklappt	1693 x 309 im Gepäckraum: 1037 x 884
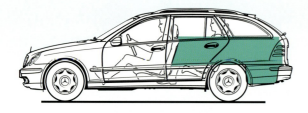	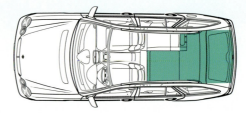 Ein Sitzplatz im Fond, Rücksitzlehne und -kissen zu 2/3 vorgeklappt	1693 x 575 im Gepäckraum: 1037 x 884
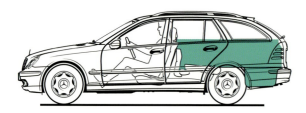	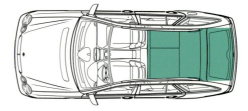 Kein Sitzplatz im Fond, Fondsitze vollständig vorgeklappt	1693 x 884

* Angaben in Millimeter

Beispiel zehn Standard-Getränkekisten für Mineralwasserflaschen oder vier große Umzugskartons in der Größe von jeweils 540 x 370 x 350 Millimetern unterbringen. Nach der VDA-Messmethode beträgt das Ladevolumen in dieser Fondsitzposition 470 Liter – bei Beladung bis zur Oberkante der Fondlehne, eingebautem Doppelrollo und inklusive des zusätzlichen Ablagefachs in der Reserveradmulde (bei serienmäßiger Ausstattung mit TIREFIT). Das sind 17 Liter mehr als beim Vorgängermodell (mit eingebautem Doppelrollo).

Der größte Quader, der im Laderaum des kompakten Mercedes-Kombis Platz findet, hat ein Volumen von 783 Litern und misst 1337 x 900 x 651 Millimeter. Damit bietet das neue T-Modell ein größeres Raumvolumen als das Vorgängermodell – hier fasste der größte Quader „nur" 772 Liter. Die maximale Laderaumlänge beträgt bei vollständiger nach hinten geneigter Beifahrersitzlehne 2 650 Millimeter.

Serienausstattung: Einkaufsbox und Steckdose im Fond

Unter dem hinteren Teil des Laderaumbodens, der sich mit einem Handgriff hochklappen lässt, findet in der Reserveradmulde eine praktische, herausnehmbare Einkaufsbox Platz – vorausgesetzt, das T-Modell fährt anstelle eines Ersatzrads (kostenlose Wunschausstattung) mit dem Reifendichtmittel TIREFIT (serienmäßig, siehe auch Seite 143) von der Montagelinie. Die Einkaufsbox gehört ebenso zur Serienausstattung der neuen Kombilimousine wie die Zwölf-Volt-Steckdose im Gepäckraum und die Ablagebereiche in den seitlichen Kofferraumverkleidungen, die durch praktische Netze vom übrigen Gepäckraum abgetrennt sind. Eine Edelstahlblende ziert die hintere Ladekante, deren Höhe 571 Millimeter beträgt und somit ein bequemes Beladen des Gepäckabteils ermöglicht.

Technik-Info

Gepäckraumabdeckung: Neue Technik für leichte Bedienung

Um den Gepäckraum des T-Modells vor neugierigen Blicken und die Insassen der Kombilimousine vor rutschendem Ladegut zu schützen, entwickelten die Mercedes-Ingenieure ein neuartiges Doppelrollo, das aus dem Sicherheitsnetz (siehe auch Seite 89) und der Laderaumabdeckung besteht. Beide Komponenten lassen sich besonders leicht bedienen: Die Gepäckraumabdeckung wird durch seitlich in die Innenverkleidung integrierte Schienen geführt und rollt sich nach Druck auf einen Griff am Ende des Rollos selbsttätig zusammen. Ebenso erleichtert diese Längsführung das Ausziehen der Laderaumabdeckung.

Praktische Details:
Die Gepäckraumabdeckung (rechts) zeichnet sich durch komfortable Einhandbedienung aus. In der Reserveradmulde findet serienmäßig eine Einkaufsbox Platz. Die seitlichen Ablagefächer im Gepäckraum lassen sich durch Netze abtrennen (unten).

Sicherheit im Kofferraum

Durch schlecht verstaute Gepäckstücke drohen Autoinsassen im Falle eines Unfalls zusätzliche Gefahren. Deshalb gilt es, beim Beladen des Kofferraums folgende Sicherheitshinweise zu beachten:

► Die Gepäckstücke vor dem Einladen ins Auto auf einer Personenwaage wiegen und die maximale Zuladungskapazität der C-Klasse beachten. Sie beträgt je nach Karosserievariante 425 bis 525 Kilogramm. Wichtig: Dieser Wert gilt für Personen und Gepäck. Wer also mit vier Erwachsenen à 75 Kilogramm auf die Reise geht, hat für Gepäckstücke je nach Modell noch eine Reserve von 125 bis 225 Kilogramm.
► Koffer, Taschen und andere Gepäckstücke im Kofferraum so verstauen, dass nichts hin und her rutschen kann. Besonders schwere und sperrige Gegenstände sollten möglichst weit nach vorne geschoben und zusätzlich mit Spannnetzen oder -gurten verzurrt werden.
► Den Reifenluftdruck sollte man bei beladenem Auto erhöhen. Es gelten die Volllastwerte in der Tabelle auf Seite 147.
► Bei beladenem Kofferraum die Einstellung der Scheinwerfer-Leuchtweite regulieren – siehe Seite 75.
► Bei Dachtransporten unbedingt auf die maximale zulässige Dachlast von 100 Kilogramm achten. Das Trägersystem ist ein Teil der Ladung und muss deshalb mit in die Gewichtsbilanz einbezogen werden. Außerdem: Die Dachlast gehört zur so genannten Nutzlast des Wagens.

Alles an Bord:
Der Kofferraum der Limousine bietet genügend Platz fürs Reisegepäck einer Familie. Das Fassungsvolumen beträgt 455 Liter.

Praxis-Tipp

Heizung: Komfort durch Elektronik

HEIZMATIK nennt Mercedes-Benz das Heizungs- und Lüftungssystem an Bord seiner Personenwagen und deutet bereits durch diese Bezeichnung an, dass hier eine nicht alltägliche Technik im Einsatz ist: Die HEIZMATIK ist ein elektronisch gesteuertes System, das mittels Sensorik die Innenraumtemperatur misst und gemäß den Wünschen von Fahrer und Beifahrer konstant hält. Diese innovative Technik ist bei Mercedes-Benz seit langem im Serieneinsatz – für die C-Klasse haben die Sindelfinger Ingenieure die Heizmatik weiter entwickelt und verbessert.

Dieser Fortschritt ist bereits auf den ersten Blick sichtbar: Das Bediengerät für Heizung und Belüftung zeichnet sich durch ein neues Design aus, das alle relevanten Funktionen übersichtlich zusammenfasst: Gebläsegeschwindigkeit in sechs Stufen (bisher vier), Luftverteilung, Temperaturregelung für Fahrer- und Beifahrerseite getrennt, Umluftschaltung, Defrost-Schaltung und heizbare Heckscheibe.

Durch aufwendige Strömungs- und Klima-Simulation entwickelten die Mercedes-Ingenieure optimale Leitungsquerschnitte im Bereich der Luftansaugung und der Hei-

Innenraum

**Winter in der Halle:
Auf dem Prüfstand simulieren Mercedes-Ingenieure arktische Klimabedingungen, um die Leistungsfähigkeit der Heizung zu testen.**

zung. Das Ergebnis ist hörbar: Die Belüftung arbeitet deutlich leiser als im Vorgängermodell. Auch Anzahl und Fläche der verschiedenen Öffnungen in Instrumententafel und Fondfußraum wurde vergrößert, vor allem im Interesse einer komfortablen – sprich: zugfreien – Belüftung.

Unter diesem wichtigen Aspekt stand auch die Entwicklung einer neuartigen indirekten Belüftung, die Premiere bei Mercedes-Benz feiert. Eine zur Frontscheibe gerichtete Düse in der Mitte der Instrumententafel verteilt kalte Luft großflächig und damit zugfrei. Wie kalt oder wie warm die Luft sein soll, die über die indirekte Belüftungsebene und die vier anderen schwenkbaren Düsen in den Innenraum strömt, können Fahrer oder Beifahrer an einem zentralen Wählrad in der Mitte der Instrumententafel einstellen und dabei zum Beispiel einen angenehmen Temperaturunterschied zwischen Kopf- und Fußraum wählen –

getreu dem Prinzip „kühler Kopf und warme Füße". Überdies ist jede der Düsen mit einem separaten Einstellrad ausgestattet, das die jeweilige Luftmenge drosselt oder ganz unterbricht (siehe Grafik auf Seite 110).

Neu sind auch die fest stehenden „Defrost"-Düsen, aus denen warme Luft in Richtung Seitenscheiben strömt. Sie treten vor allem dann in Aktion, wenn am Bediengerät der Heizmatik die Funktion „Defrost" gewählt wird: Mit diesem Knopfdruck schaltet die Anlage automatisch auf Heizbetrieb, regelt die Heizleistung je nach Außentemperatur und die sechs Elektromotoren im Inneren des Heizgeräts steuern den Luftstrom so, dass gezielt nur die Front- und Seitenscheiben erwärmt werden. Auf Wunsch rüstet Mercedes-Benz die Heizmatik mit einer Restwärmeschaltung aus, die auch bei abgeschaltetem Motor für angenehme Innenraumtemperaturen sorgt. Auf Knopfdruck lässt sich die Anlage für maximal 30 Minuten aktivieren.

Prinzip: Erst kühlen, dann heizen

In Sachen Klimaanlage haben Mercedes-Kunden bei der C-Klasse die Wahl. Zwei Systeme sind lieferbar: die Klimatisierungsautomatik THERMATIC mit automatischer Gebläseregelung und Luftverteilung (Serie im C 240 und C 320) sowie eine Komfort-Klimatisierungsautomatik THERMOTRONIC mit Aktivkohlefilter, Sonnen- und Schadstoffsensor sowie vielen anderen Zusatzfunktionen. Beide Systeme arbeiten mit aufwendiger elektronischer Steuerung, die im Vergleich zum Vorgängermodell nochmals verbessert wurde. So messen jetzt zwei Sensoren (bisher einer) die jeweilige Innenraumtemperatur und versorgen die Klimaanlage mit noch genaueren Daten, sodass sie bei Temperaturschwankungen schneller reagieren kann. Die Messfühler befinden sich in der Dachbedieneinheit und in dem neuen Steuergerät der Klimatisierungsautomatik in der Mittelkonsole.

Grundsätzlich arbeitet auch die neu entwickelte Klimatisierungsautomatik der C-Klasse wie viele Klimaanlagen: nach dem so genannten Reheat-Prinzip. Das bedeutet im Klartext: Die Anlage ist auch bei niedrigen Außen-

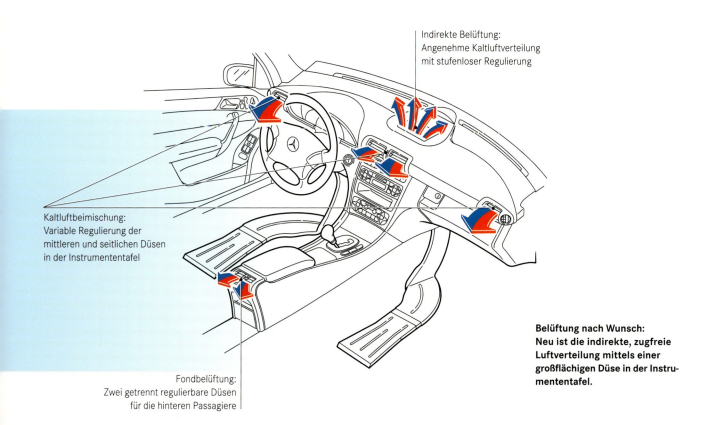

Indirekte Belüftung:
Angenehme Kaltluftverteilung mit stufenloser Regulierung

Kaltluftbeimischung:
Variable Regulierung der mittleren und seitlichen Düsen in der Instrumententafel

Belüftung nach Wunsch:
Neu ist die indirekte, zugfreie Luftverteilung mittels einer großflächigen Düse in der Instrumententafel.

Fondbelüftung:
Zwei getrennt regulierbare Düsen für die hinteren Passagiere

Innenraum

Klima-Komfort nach Bedarf: Dank Feuchtesensor (oben) und Klima-Kompressor mit Magnetventil (unten) lässt sich die Klimatisierungsautomatik variabel steuern.

temperaturen immer im Einsatz, um die einströmende Luft zuerst abzukühlen und dabei im Interesse beschlagfreier Scheiben zu trocknen. Anschließend wird sie wieder auf die gewünschte Temperatur erwärmt. Neu an dieser intelligenten Schaltung ist eine dreistufige Steuerung der Reheat-Funktion, die sich nach der jeweiligen Luftfeuchtigkeit richtet. Das funktioniert, weil die Klimatisierungsautomatik mit einem neu entwickelten Taupunktsensor ausgestattet ist, der permanent die Luftfeuchtigkeit misst. Er liefert dem Mikro-Computer der Klimaanlage die Daten für eine bedarfsgerechte Steuerung der Reheat-Funktion und sorgt dafür, dass die einströmende Luft je nach Feuchtigkeitsgehalt abgekühlt und wieder aufgeheizt wird. Dadurch arbeitet die Klimaanlage deutlich wirtschaftlicher als herkömmliche Systeme.

Neben dem Feuchtesensor ist für die flexible Klima-Regelung auch ein neu entwickelter Kältemittelverdichter notwendig, den die Elektronik stufenlos – je nach erforderlicher Kälteleistung – steuert. Wurde der Klima-Kompressor bisher mit Hilfe einer elektromagnetischen Kupplung zu- oder abgeschaltet, so ist er jetzt per Riementrieb mit dem Motor verbunden und ständig in Aktion. Die stufenlose Regelung übernimmt ein Magnetventil; es variiert das Hubvolumen des Klima-Kompressors. Variabel steuert die Klimatisierungsautomatik auch die Umluftschaltung: Bei hohen Außentemperaturen verändert der Mikro-Computer automatisch den Umluftanteil der einströmenden Luft, um den Innenraum schneller abzukühlen und den Leistungsbedarf der Klimaanlage zu begrenzen.

Memory-Funktion: Klima-Daten im Zündschlüssel

Die Bedienung der THERMATIC ist genauso einfach wie bei der Heizmatik. Die einzigen Unterschiede sind die Tasten „Auto" und „EC/REST" am Bediengerät an der Mittelkonsole. Mit ihrer Hilfe aktiviert der Autofahrer den Automatikmodus der Anlage oder schaltet auf den „Economy"-Betrieb um, bei dem das System ohne Kältemittelverdichter arbeitet. Die individuellen Einstellungen des Autofahrers speichert das System und überträgt die Daten in den elektronischen Zündschlüssel. Dadurch ist gewährleistet, dass die Klimatisierungsautomatik bei der nächsten Fahrt wie-

111

Technik-Info

**Umluftschaltung:
Auf Knopfdruck Fenster zu**

Wie viele andere Heizungsfunktionen steht auch die serienmäßige Umluftschaltung der Heizmatik unter elektronischer Regie. Damit die Scheiben nicht beschlagen, richtet sich die Dauer des Umluftbetriebs nach der Außentemperatur: Bei weniger als fünf Grad Celsius beträgt sie maximal fünf Minuten, bei Außentemperaturen über fünf Grad Celsius ist die Umluftschaltung auf maximal 30 Minuten begrenzt. Ein besonderes Komfort-Merkmal der C-Klasse ist die so genannte Tunnel-Schaltung: Ein etwa zwei Sekunden langer Druck auf die Umlufttaste genügt und gleichzeitig schließen sich auch alle geöffneten Seitenfenster sowie das Schiebedach. Drückt der Autofahrer ein zweites Mal auf die Taste, fahren Fenster und Schiebedach wieder in ihre vorherigen Positionen und die Frischluftklappe öffnet sich wieder. Der serienmäßige Innenraumfilter ist im Frischluftbetrieb aktiv. Er hält nicht nur Staub- oder Dieselpartikel bis zu einer Größe von maximal fünf Mikrometern zurück, sondern reinigt die Luft auch von tückischen Allergenen wie Blumen- oder Gräserpollen.

**Knopfdruck vor dem Tunnel:
Ein längerer Druck auf die
Umlufttaste (Pfeil) genügt, und
sofort schließen sich alle
Fenster und das Schiebedach.**

der mit der gewünschten Programmierung startet. Tunnel- und Restwärmeschaltung gehören ebenso zum Serienumfang der Klimatisierungsautomatik wie zwei zusätzliche, schwenkbare Belüftungsdüsen im hinteren Teil der Tunnelverkleidung. Hier können die Fondpassagiere Luftmenge und Strömungsrichtung einstellen. Darüber hinaus bietet auch die Klimatisierungsautomatik alle Funktionen der Heizmatik – vom sechsstufigen Gebläseregler bis zur Defrost-Schaltung, von der indirekten Belüftung bis zum Partikelfilter.

Das Nonplusultra der Klima-Regelung ist die neu entwickelte Komfort-Klimatisierungsautomatik, die ihrem Namen alle Ehre macht – sie bringt S-Klasse-Komfort in die C-Klasse. Das Bediengerät unterscheidet sich durch zwei Drehknöpfe für die Luftverteilung auf der linken und rechten Seite, einen Wippschalter für die Gebläsesteuerung sowie durch farbige (rote und blaue) Drucktasten für die Temperaturwahl von seinem Pendant bei der Klimatisierungsautomatik. Für den schnellen Informationsaustausch aller Komponenten nutzt die Komfort-Klimatisierungsautomatik einen eigenen Datenbus, der die Sensoren mit der Elektronik für die Steuerung der Luftklappen und dem eigentlichen Klima-Computer verbindet. Dieser leistungsfähige Rechner ist außerdem an den Innenraum-Datenbus angeschlossen, über den er wichtige Zusatz-Informationen wie Batteriespannung, Kühlmitteltemperatur, Motordrehzahl, Fahrgeschwindigkeit sowie Druck und Temperatur des Kältemittels empfängt.

THERMOTRONIC: Alles unter Sensor-Kontrolle

Seine volle Leistungsfähigkeit entwickelt das System im Automatik-Modus, den Fahrer und Beifahrer durch Druck auf die beiden äußeren Drehknöpfe aktivieren. Anschließend müssen sie sich um ihren Klima-Komfort

Innenraum

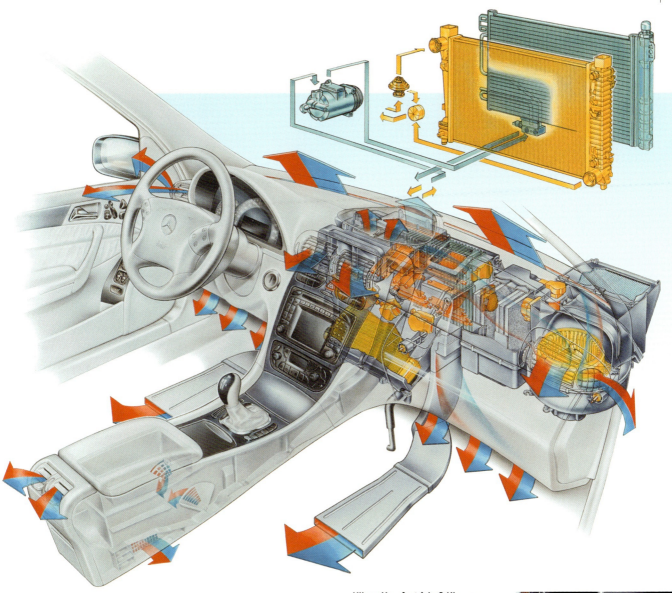

Klima-Komfort à la S-Klasse: Die THERMOTRONIC arbeitet mit Feuchte-, Sonnen- und Schadstoffsensor. Ein Mikro-Computer wertet die Daten aus und regelt das System vollautomatisch. Das übersichtliche Bediengerät in der Mittelkonsole erleichtert die individuellen Einstellungen, die auch im Zündschlüssel gespeichert werden.

keine Gedanken mehr machen, denn in diesem Fall kühlt oder heizt die Anlage auf Basis zahlreicher Sensor-Informationen:

▶ Die **Innenraum-Temperatur** wird von dem System an zwei verschiedenen Stellen gemessen: am Bediengerät der Klimatisierungsautomatik sowie an der Dachbedieneinheit und ist damit weitgehend unabhängig von den Strömungsverhältnissen im Innenraum.

Richtig klimatisieren

Praxis-Tipp

Die klimatische Behaglichkeit im Auto wird durch viele Faktoren bestimmt: Lufttemperatur, Luftbewegung, Wärmestrahlung und Luftfeuchtigkeit sind an erster Stelle zu nennen. Aber auch die Zusammensetzung der Luft (Staub, Gase, Dämpfe), Luftdruck und elektrische Ladungen spielen eine große Rolle für den Klimakomfort. Experten-Tipps für hohen Klima-Komfort:

▶ Stellen Sie die seitlichen Luftdüsen der Instrumententafel so ein, dass die Luft seitlich entlang der Scheiben strömt. Die mittleren Düsen sollten in Richtung Brust und Schoß gerichtet sein.

▶ Vermeiden Sie es, zu kalte Luft in den Fußraum zu lenken.

▶ Vermeiden Sie Luftzug im Bereich der Augen. Hier kann es zu Reizungen kommen (auch Austrocknen weicher Kontaktlinsen).

▶ Luftzug von hinten nach vorne ist besonders unangenehm: Er kann Nackensteife, Kopf- und Schulterschmerzen verursachen.

▶ Bei Stadtfahrten, im Stau und im Tunnel rechtzeitig auf Umluftbetrieb schalten.

▶ **Luftfeuchtigkeit und Temperatur** werden von einem neuen Multifunktions-Sensor gemessen, der diese Daten an den Mikro-Computer der Komfort-Klimatisierungsautomatik weitergibt. Dort sind für den Messbereich von minus 40 bis plus 85 Grad Celsius 250 Vergleichsdaten gespeichert, mit deren Hilfe der Computer die so genannte Taupunkt-Temperatur der Außenluft ermittelt; sie ist für eine wirksame Luftentfeuchtung wichtig. Bei trockenem Wetter regelt das System beispielsweise die Verdampfertemperatur höher, damit die Luft nicht so stark entfeuchtet wird und die Schleimhäute der Passagiere nicht so stark austrocknen. Umgekehrt lässt sich auf diese Weise bei feuchter Witterung das Beschlagen der Scheiben wirksam verhindern. Außerdem wird durch diese Technik die Antriebsleistung des neu entwickelten, variablen Klima-Kompressors reduziert.

▶ Die **Sonneneinstrahlung** registriert ein neuartiger Sensor am Lufteinlassgitter vor der Frontscheibe, der aus vier Foto-Dioden besteht. Sie erfassen einen Bereich von 360 Grad und liefern auf diese Weise genaue Informationen über den Einfallswinkel der Sonne. Aus diesen Da-

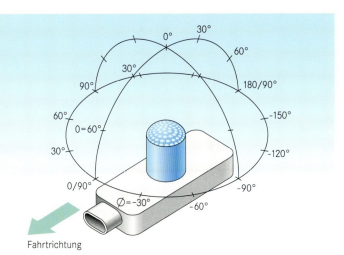

Messung nach allen Seiten:
Der Sonnensensor versteckt sich im Lufteinlassgitter vor der Frontscheibe. Foto-Dioden erfassen den Einfallswinkel und die Helligkeit des Sonnenlichts.

Für saubere Luft sorgen außerdem der serienmäßige großflächige Partikelfilter und zwei Aktivkohlefilter. Ihre vierlagige Füllung aus 420 Gramm poröser Kokus-Aktivkohle mit einer Filterfläche, die der Größe von rund 80 Fußballfeldern entspricht. Die Aktivkohle adsorbiert lästige Gerüche und Luftschadstoffe wie Stickoxide oder Kohlenwasserstoffe und sie bleibt über einen langen Zeitraum von rund vier Jahren (oder etwa 60 000 Kilometern Fahrstrecke) aktiv. Fahrer oder Beifahrer können den Aktivkohlefilter durch Knopfdruck am Bedienteil der Komfort-Klimatisierungsautomatik zuschalten. Mit dem gleichen Knopfdruck aktivieren sie auch die sensorgesteuerte Umluftautomatik und – bei längerem Tastendruck – auch die Tunnelschaltung, die automatisch alle geöffneten Fenster und das Schiebedach schließt.

ten berechnet der Computer zunächst einen Mittelwert für die jeweilige Grundhelligkeit, den er anschließend mit den Helligkeitswerten der vier einzelnen Sensor-Zonen vergleicht. Auf diese Weise erkennt das System, an welchem Sitzplatz in der neuen C-Klasse die Sonneneinstrahlung besonders intensiv ist und kann demzufolge die Temperaturregelung für diesen Bereich anpassen. Dies geschieht mit Hilfe des Gebläses und/oder durch entsprechende Klappensteuerung im Klimagerät. Die C-Klasse ist das einzige Automobil in diesem Marktsegment mit einer solchen sonnenabhängigen Klimaregelung.

▶ **Schadstoffe** in der Außenluft spürt ebenfalls der Multifunktions-Sensor am Ansaugkanal der Klimaanlage auf. Er ist auf die Abgas-Komponenten Kohlenmonoxid (Benzinmotoren) und Stickoxide (Dieselmotoren) spezialisiert und steuert bei einem plötzlichen Anstieg dieser Schadstoffe automatisch die Umluftklappe.

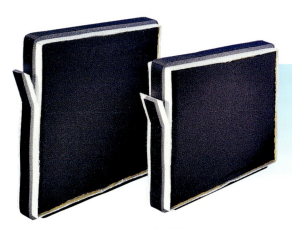

Falle für Schadstoffe:
Zur Komfort-Klimatisierungsautomatik gehören zwei Aktivkohlefilter, die Gerüche und Gase adsorbieren.

Elektronik

Gute Fahrt

Informationszentrale:
Dank integriertem dynamischen Navigationssystem lotst COMAND Autofahrer durch fremde Städte und führt sie auf staufreien Autobahnen zum Ziel. Auf Wunsch bietet das innovative System sogar TV-Empfang – allerdings nur im Stand.

Spitzentechnik aus den Mercedes-Topmodellen hält Einzug in die C-Klasse. Das moderne Bedien- und Anzeigesystem COMAND, das leistungsfähige Datenbus-Netzwerk und neue Telematik-Funktionen machen das Autofahren stressfreier.

Ein neues Kunstwort revolutioniert den Verkehrsalltag: Telematik. Es setzt sich aus den Begriffen **Tele**kommunikation und Infor**matik** zusammen und kombiniert beide Spitzentechnologien, um Autofahrern neue Dienstleistungen anzubieten. DaimlerChrysler ist einer der Vorreiter bei der Realisierung solcher zukunftsweisenden Systeme und hat 1997 in Japan mit dem weltweit ersten dynamischen Zielführungssystem Trends gesetzt. Auch die Entwicklung des ersten automatischen Notrufs TELEAID im Jahre 1997 war und ist ein Meilenstein auf diesem Gebiet.

An Bord der C-Klasse feiern Telematik-Systeme der neuesten Generation Premiere. Sie optimieren nicht nur die aktuelle Stauwarnung und führen Autofahrer auf Basis aktueller Verkehrsdaten „dynamisch" zum Ziel, sondern stellen erstmals auch eine Direktschaltung zu den Kundenberatern im Customer Assistance Center von Mercedes-Benz her, die bei technischen Fragen Rat geben oder den Pannenservice organisieren.

Verkehrsrechner-Zentrale von Tegaron: Staumeldungen per Mobilfunk-Telefon

Systemtechnik:
Für die dynamische Zielführung auf Basis aktueller Verkehrsmeldungen gibt es zwei Informationssysteme – Autotelefon oder UKW-Rundfunk.

Dynamische Zielführung: Stauhinweise via Telefon

Bei der dynamischen Zielführung stellt das Navigationssystem mit Hilfe des angeschlossenen Autotelefons Kontakt zur Bonner Firma Tegaron Telematics her. Sie wertet die Informationen der Gesellschaft für Verkehrsdaten aus, die das Verkehrsgeschehen auf den deutschen Autobahnen durch rund 3 800 Infrarot- oder Ultraschallsensoren beobachtet. Über den so genannten Short Message Service (SMS) des Mobilfunknetzes überträgt Tegaron Stauwarnungen an das dynamische Navigationssystem der C-Klasse, das die aktuellen Verkehrsinformationen bei der individuellen Zielführung berücksichtigt und bei Staus Umleitungen empfiehlt. Berechnet das System eine solche Alternativstrecke, informiert es den Autofahrer umgehend:

„Die Route wird unter Berücksichtigung von Verkehrsnachrichten berechnet", klingt es dann aus den Lautsprechern an Bord der Mercedes-Limousine und auf dem Display des Navigationssystems erscheint der Hinweis „Stau voraus".

Wie oft Navigationssystem und Verkehrsrechner via Autotelefon miteinander kommunizieren, kann der Autofahrer selbst bestimmen. Bei einer „zyklischen Abfrage" erfolgt der Datenaustausch etwa alle 15 Minuten, wobei die Auto-Passagiere auch während des Empfangs der digitalen Verkehrsmeldungen telefonieren können. Durch Tastendruck ist jederzeit auch ein sofortiger Abruf der aktuellen Verkehrsinformationen des „Traffic Center Service" (TCS) möglich.

Eine zweite Möglichkeit, digitale Verkehrsdaten zu empfangen und für die individuelle Zielführung zu nutzen, bietet das Radio Data System (RDS) über den so genannten Traffic Message Channel (TMC). Hier strahlen die Rundfunkanstalten nicht hörbare Signale aus, die das Navigationssystem decodiert und auswertet; sie enthalten Staumeldungen, die mit Hilfe von Induktionsschleifen im Fahrbahnbelag der Autobahnen oder von der Polizei ermittelt werden. Diese Informationen entsprechen den Verkehrsnachrichten des normalen (hörbaren) Rundfunkprogramms und sind gebührenfrei.

Atlas:
Auf der CD-ROM sind das gesamte Straßennetz, Stadtpläne und wichtige Sonderziele gespeichert.

Präzise Navigation: Peilung aus dem Orbit

Voraussetzung für die dynamische Zielführung ist das von Mercedes-Benz entwickelte Navigationssystem APS (Auto Pilot System), das Autofahrer mit Hilfe von Satelliten, Radsensoren und digitalen Straßenkarten automatisch zum gewünschten Ziel führt. Die geografische Standortbestimmung der C-Klasse übernimmt das GPS (Global Positioning System), das auch Schiffs- und Flugzeugführern bei der Navigation hilft. Der Computer vergleicht diese Daten mit den Informationen einer digitalen Landkarte, die auf einer CD-ROM gespeichert sind, und berechnet die exakte Position des Fahrzeugs. Nach der Zieleingabe bestimmt das System – je nach Wunsch des Autofahrers – die kürzeste, die schnellste oder eine Strecke nach eigener Wahl zum gewünschten Ziel.

Unterwegs erfasst die Anlage mit Hilfe der ABS-Sensoren an den Vorderrädern und einem so genannten Gyro-Sensor den zurückgelegten Weg, die Kurvenradien sowie die GPS-Position und vergleicht diese Daten mit dem auf der CD-ROM gespeicherten Straßennetz. Solche Datenträger sind für verschiedene europäische Länder erhältlich. Dank ihrer hohen Speicherkapazität von rund 650 Megabyte enthalten sie nicht nur das komplette Straßennetz eines Landes, sondern verfügen auch über Stadt- und Ortspläne mit Straßennamen. Die Lage von Bahnhöfen, Parkhäusern, Autobahn-Raststätten, Grenzübergängen, Tankstellen, Einkaufszentren und Flughäfen sowie die Standorte der Mercedes-Niederlassungen und -Vertragspartner sind ebenfalls gespeichert.

Kurze Zeit nach Zieleingabe und Positionsbestimmung erscheint der jeweilige Straßenname auf dem Display des Navigationssystem. Der Autofahrer kann die ausgewählte Route vor Fahrtbeginn überprüfen und bei Bedarf beeinflussen. Unterwegs erfährt er, auf verschiedene Weise, wohin er fahren soll und wie weit es noch bis zum Ziel ist: per Display in der Mittelkonsole, per Zentral-Display im Kombi-Instrument und per Sprachinformation. Die akustischen Hinweise ertönen rechtzeitig vor jeder Kreuzung oder Abbiegemöglichkeit und enthalten aufeinander abgestimmte Empfehlungen: „Demnächst rechts abbiegen"; „Nach 300 Metern rechts abbiegen"; „Jetzt rechts". Den Zeitpunkt der jeweiligen Ansage berechnet APS stets in Relation zur aktuellen Geschwindigkeit. Kann der Autofahrer einem oder mehreren Streckentipps nicht folgen, sucht das System automatisch eine andere Route zum Ziel.

Je nach Kundenwunsch stehen zwei Geräte zur Auswahl, deren Navigationssysteme auch für den modernen Telematik-Service „Dynamische Zielführung" vorbereitet sind: Das Audio 30 APS kombiniert UKW-MW-LW-Empfangsteil, CD-Laufwerk und Navigationssystem in einem Gehäuse, das der Größe eines herkömmlichen Autoradios entspricht. Ebenso integriert sind Vier-Kanal-Verstärker (4 x 20 Watt), LCD-Display, GPS-Empfänger und Antennen-Diversitysystem, das die Signale von vier serienmäßigen

Radioantennen auswertet. Das Empfangsteil arbeitet nach dem Zwei-Tuner-Prinzip: Während ein Empfangsteil das vom Autofahrer gewünschte Radioprogramm einstellt, überwacht ein zweiter Tuner im Hintergrund ständig die Qualität aller empfangbaren Sender. Auf diese Weise kann das Radio bei Störungen sofort auf eine andere Frequenz des gewünschten Programms umschalten oder Verkehrsfunk-Nachrichten anderer Stationen einblenden.

Um mit Hilfe des Auto-Pilot-Systems ans Ziel zu kommen, schiebt der Autofahrer bei der Zieleingabe die CD-ROM mit der digitalen Landkarte in das Gerät. Daraufhin speichert das Autoradio die erforderlichen Daten von der CD-ROM und beginnt mit der Routenberechnung. Das CD-Laufwerk kann anschließend Musik-CDs abspielen – sollte unterwegs ein Nachladen der Navigationsdaten erforderlich sein, meldet sich das System automatisch. Bei Anschluss eines CD-Wechslers, der im Handschuhfach der C-Klasse Platz findet, kann die Navigations-CD ständig im Autoradio bleiben.

Empfangsstationen:
Das Autoradio Audio 10 ist mit Cassettenlaufwerk (ganz oben) oder CD-Spieler (Mitte) lieferbar. Das Audio 30 APS (oben) arbeitet auch als Navigationssystem mit dynamischer Zielführung.

Leistungsfähige Zentrale: COMAND für alle Funktionen

Mit dem Cockpit Management and Data System – kurz COMAND – hält die moderne Kommunikationstechnik der Mercedes-Topmodelle Einzug in die C-Klasse. Das System feierte erstmals Ende 1998 in der S-Klasse Premiere und hat sich mittlerweile zehntausendfach auch in der E-Klasse, in den CLK-Modellen sowie im CL bewährt. COMAND ist mehr als „nur" Navigationssystem und Autoradio. Das Gerät in der Größe zweier Autoradios dient als Kommandozentrale für Audio, Telematik und Telekommunikation: Autoradio (UKW, MW,

Kommandopult:
COMAND ist Autoradio, Navigationssystem und CD-Spieler in einem. Außerdem lassen sich Autotelefon, Soundsystem und CD-Wechsler anschließen.

Kommandos für COMAND

Technik-Info

Die verschiedenen COMAND-Funktionen wählen Fahrer oder Beifahrer durch Tastendruck links neben dem Farb-Display. Anschließend erfolgt die weitere Bedienung im Wesentlichen über einen kombinierten Dreh-/Druckknopf an der rechten Seite des Bedienteils. Mit seiner Hilfe lassen sich durch Drehen auf dem Display verschiedene Menüfelder markieren und Druck auf den Regler aktivieren. Per „Return"-Taste springt das Anzeigesystem jeweils um eine Menü-Ebene zurück. Ein Drehregler für die Lautstärke, eine Schalterwippe für die Sender- oder Titelwahl und ein Tastenfeld für numerische Eingaben wie Telefonnummern oder Senderfrequenzen sowie Taster für den Landkarten-Maßstab, dynamische Zielführung, Ziel- und Routeninformationen, Stummschaltung und Display-Anzeige zählen zu den weiteren Bedienelementen. Das CD-Laufwerk ist oberhalb des Farb-Displays untergebracht.

Grundmenüs		Funktionen*
Autoradio		
	Anzeige des Sendernamens (UKW) oder der Senderfrequenz	▶ UKW/MW/LW ▶ Sendersuchlauf manuell/automatisch ▶ Scan-Suchlauf ▶ Senderspeicher manuell/automatisch ▶ FM-Senderliste ▶ Direkte Frequenzeingabe ▶ FM-Einstellungen (RDS/Regional/Programm-Typ)
CD-Betrieb		
	Anzeige der Titelnummer und der Spieldauer	▶ CD-Auswahl 1 – 6 (bei CD-Wechsler) ▶ Titelauswahl ▶ Vorlauf/Rücklauf ▶ Scan-Suchlauf ▶ CD-Benennung ▶ Wiedergabe (Magazin-/Titel-Mix, Titel-/CD-Wiederholung)
Klangeinstellungen		
	Anzeige der Audio-Quelle mit Untermenü „Klang"	▶ Höhen/Tiefen/Fader/Balance für Audio-Quellen ▶ Höhen/Tiefen/Fader/Balance für Service-Quellen ▶ Klangbilder (Pop/Klassik/Sprache/Manuell oder Standard/Sprache/Fahrerorientiert/Raumgrößen**)
Telefon		
	Anzeige des Netz-Providers und des Alphabets zur Namenseingabe	▶ Gewählte Rufnummern (Namen/Nummern) ▶ Telefonbuch (Namen/Nummern) ▶ Kurzwahl für zehn Speicherplätze ▶ Liste der zuletzt gewählten Rufnummern ▶ Service-Nummern
Navigation		
	Anzeige für Zieleingabe	▶ Zieleingabe (Ort/Straße/Zentrum) ▶ Zielspeicher ▶ Zielführung mittels Karte ▶ Sonderziele ▶ Routenmodus (schnell/kurz/dynamisch/eigene Auswahl) ▶ Einstellungen (Quellen/Kalibrierung)
Systemeinstellungen		
	Anzeige von Land, Datum und der Uhrzeit	▶ Display-Helligkeit ▶ Einstellungen (Sprache/Datum/Uhrzeit/Systemtöne/Display-Umschaltung) ▶ Externe Audio-Quelle

*Auszüge; **bei Anschluss des Bose-Soundsystems

Elektronik

LW), CD-Laufwerk, Navigation mit dynamischer Zielführung, CD-Wechsler, Soundsystem, Autotelefon, Sprachbedienung und TV-Empfang. Der Autofahrer kann diese Funktionen entweder direkt am COMAND-Gerät in der Mittelkonsole bedienen und die notwendigen Bedienhinweise auf dem großflächigen Farb-Display ablesen oder er gibt seine Wünsche mit Hilfe der Tasten des serienmäßigen Multifunktions-Lenkrads (siehe auch Seite 97) ein. Hier lassen sich auch Lautstärke, Autoradio, CD-Spieler, Telefon und die Anzeige des Navigationssystems steuern. Das Zentral-Display im Kombi-Instrument und die Anzeige auf dem COMAND-Display in der Mittelkonsole sind gekoppelt, können aber auch einzeln bedient werden. So lassen sich auf das Cockpit-Display beispielsweise die grafischen Fahrhinweise (Pfeile) des Navigationssystems einblenden, während der Beifahrer auf dem COMAND-Bildschirm im elektronischen Telefonbuch blättert.

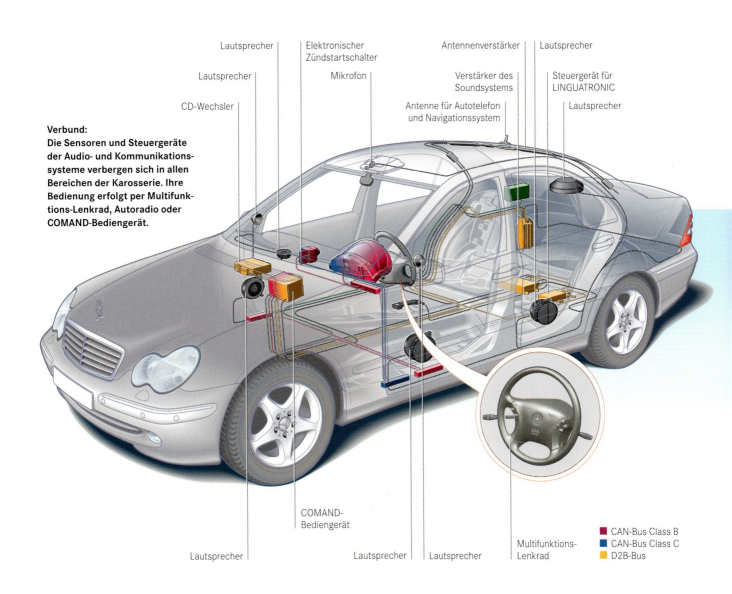

Verbund:
Die Sensoren und Steuergeräte der Audio- und Kommunikationssysteme verbergen sich in allen Bereichen der Karosserie. Ihre Bedienung erfolgt per Multifunktions-Lenkrad, Autoradio oder COMAND-Bediengerät.

Streckenführung:
Der Kartenmaßstab auf dem Farbbildschirm des COMAND-Systems lässt sich zwischen 1 : 10 000 und 1 : 50 000 000 variieren.

Bunte Bilder: Straßenkarte und TV-Empfang in Farbe

Die Technik des im COMAND-Gerät integrierten Navigationssystems ist prinzipiell gleich wie beim Gerät Audio 30 APS. Das CD-Laufwerk dient auch hier sowohl für Datenspeicherung von der CD ROM-Landkarte als auch für das Abspielen von Audio-CDs. COMAND bietet allerdings noch mehr Funktionen und unterscheidet sich vor allem durch das farbige LCD-Display. Hier erscheint per Tastendruck eine zusätzliche übersichtliche Landkarte, die über das jeweilige Gebiet und die Fahrstrecke informiert. Mit ihrer Hilfe und einem Fadenkreuz kann der Autofahrer auch sein Ziel anpeilen und programmieren.

Auf Wunsch ist auch ein TV-Tuner lieferbar, der seinen Platz im Kofferraum findet. Er liefert die Fernsehbilder terrestrischer Sender auf das Farb-Display des COMAND-Systems, das für den TV-Empfang bis zu einer Geschwindigkeit von etwa acht km/h eingeschaltet bleibt.

Lebensrettender Service: Bei Unfall Notruf

Das automatische Notrufsystem TELEAID gehört zu den weiteren Telematik-Dienstleistungen für Mercedes-Kunden. „Automatisch" bedeutet, dass die Anlage nach einem Unfall selbsttätig einen Hilferuf aussendet, der die Rettungsdienste alarmiert und zur Unglücksstelle führt. Das SOS-Signal aus dem Auto empfängt die Notrufzentrale der Firma Tegaron per Mobilfunk. Sein Inhalt: Uhrzeit, Autokennzeichen, Fahrzeugtyp und dessen genauer Standort. Auf Basis dieser Informationen ermitteln die Fachleute sofort die zuständige Einsatzleitstelle und leiten den Notruf weiter.

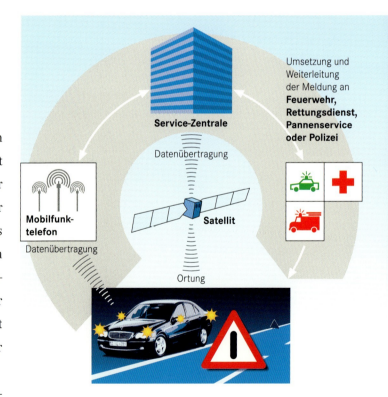

Elektronik

SOS-Signal:
Durch Druck auf die Notruftaste in der Dachbedieneinheit können Auto-Insassen Hilfe rufen.

Hinweis:
Das Display im Kombi-Instrument informiert, wenn das TELEAID-Signal gesendet wird.

TELEAID arbeitet ebenso wie das Navigationssystem mit GPS (Global Positioning System), dessen Satelliten aus der Erdumlaufbahn digitale Peilsignale an den GPS-Empfänger im Auto senden. Dort berechnet ein Mikro-Prozessor die jeweiligen Standort-Koordinaten nach Längen- und Breitengraden bis auf mindestens 100 Meter genau. Die automatische Aktivierung des Notrufmelders erfolgt je nach Unfalltyp mit Hilfe des serienmäßigen Crash-Sensors in der C-Klasse, der auch für die zuverlässige Aktivierung der Airbags und Gurtstraffer zuständig ist, oder per Überschlagsensor. Bekommt der Computer ein entsprechendes Signal vom Crash-Sensor, schickt er sofort ein codiertes Notruf-Telegramm über die bordeigene Mobilfunkanlage (D-Netz) ab.

Technik-Info

Antennen: Immer auf Empfang

Für die zahlreichen Funk- und Datenkontakte, die Passagiere der C-Klasse zur Außenwelt herstellen können, sind leistungsfähige Antennensysteme erforderlich. Sie befinden sich im Glas der Heckscheibe und stehen durch spezielle Silikon-Kontakte mit den dazugehörigen Verstärkermodulen in direkter Verbindung.

Art und Anzahl der Antennen richten sich nach der Ausstattung der Limousine. Sind alle Funk-, Telematik- und Navigationssysteme an Bord, gehen in der C-Klasse bis zu 13 Antennen auf Empfang oder Sendung: eine Antenne für Langwellen-, Mittelwellen- und Kurzwellen-Empfang; vier Antennen für den UKW-Empfang; vier Antennen für TV-Empfang; eine Antenne fürs Autotelefon, eine Antenne für das Zugangs- und Fahrberechtigungssystem ELCODE und eine Antenne für den GPS-Empfang. Eine weitere Antenne im Heckstoßfänger dient dem automatischen Notrufsystem TELEAID.

Die vier Diversity-Antennen (UKW) in der Heckscheibe wechseln sich ständig bei ihrer Aufgabe ab, Stereo-Programme möglichst störungsfrei zu empfangen. Sie sind unterschiedlich ausgerichtet, sodass sich meist eine von ihnen im optimalen Bereich befindet und Reflexionsstörungen vermieden werden. Ein Mikro-Chip überwacht regelmäßig die Empfangsqualität und schaltet stets nur das beste Signal ans Autoradio weiter. Nach diesem Prinzip arbeiten auch die vier Antennen für den TV-Empfang.

Funkkontakt:
Je nach Ausstattung gehen in der C-Klasse bis zu 13 Antennen auf Empfang oder Sendung. Die meisten sind in das Glas der Heckscheibe integriert.

Mit Hilfe einer Taste im Innenraum der C-Klasse können die Insassen das Notruf-Telegramm aber auch jederzeit manuell absenden. Nach dem Notruf ermöglicht TELEAID automatisch eine Sprechverbindung mit der regional zuständigen Einsatzleitzentrale der Polizei. Insassen oder andere Unfallbeteiligte können auf diese Weise Fragen der Beamten beantworten, die für die Rettungsmaßnahmen notwendig sind. Wie wichtig ein System wie TELEAID für die schnelle Rettung von Unfallopfern ist, zeigt eine Studie der Technischen Universität München: Wenn durch präzise und vor allem schnelle Unfallmeldungen die gesamte Rettungszeit nach einem Crash auf unter zwölf Minuten sinkt, fallen die gesundheitlichen Folgen bei einem Fünftel aller Schwerverletzten deutlich geringer aus. Weit mehr als die Hälfte der Zeit, die zwischen einem Verkehrsunfall und dem Beginn der ärztlichen Erstversorgung vergeht, entfällt allein auf die Entdeckung des Notfalls, die Meldung an die Polizei und die anschließende Suche der Unfallstelle durch die Profi-Retter.

Gezielte Pannenhilfe: TELEDIAGNOSE per Mobilfunk

Mit diesem Vertrag können Autofahrer auch den neuesten Telematik-Service von Mercedes-Benz nutzen, der in der C-Klasse Premiere feiert: TELEDIAGNOSE. Technische Voraussetzung ist, dass die Limousine mit TELEAID ausgestattet ist. Bei einer Panne stellt das neue System TELEDIAGNOSE mittels Knopfdrucks den Kontakt zum zentralen Customer Assistance Center (CAC) her, dessen Kundenberater dann via Funktelefon mit dem Autofahrer sprechen und ihm mit Rat und Tat zur Seite stehen kann. Dazu sendet die Anlage gleichzeitig alle erforderlichen Daten an das Center: Fahrzeug- und Motortyp, Baujahr, Motortemperatur, Batteriespannung, Kilometerstand sowie gespeicherte Stör- und Warnmeldungen. Außerdem überträgt das Telefon automatisch die genaue Position, damit Service-Techniker der nächstgelegenen Mercedes-Niederlassung oder -Werkstatt schnell und zielsicher zum Pannenort geführt werden. Um die Sprech- und Datenverbindung zum CAC herzustellen, genügt ein Druck auf die blaue Taste mit dem Schraubenschlüssel-Symbol am fest eingebauten Telefonhörer des TELEAID-Systems.

Per Mobiltelefon und mit Hilfe der TELEAID-Technik können Mercedes-Kunden auch allgemeine Fragen an die Kundenberater des Customer Assistance Center stellen und sich von den Fachleuten zu allen Fragen rund ums Auto beraten und informieren lassen. Dieser neue Service heißt „MB Info". Die Telefonnummer ist bei Ausstattung mit TELEAID im elektronischen Telefonbuch des Autotelefons gespeichert und erscheint nach kurzem Einstieg in

Pannenruf:
Der Druck auf die blaue Taste im Telefonhörer (Pfeil) stellt automatisch den Kontakt zum Mercedes-Kundenberater her. Gleichzeitig sendet ihm das System TELEDIAGNOSE wichtige Fahrzeugdaten.

das Bedien-Menü mit dem Hinweis „Info" auf dem Display. Danach genügt ein einziger Druck auf die Anruftaste, um die gebührenfreie Sprechverbindung herzustellen.

Toller Sound: Klangeinstellung je nach Fahrgeräusch

Für das Musikerlebnis auf Rädern sorgen an Bord der C-Klasse je nach Modell bis zu sieben Lautsprecher: bei der Limousine zwei Hochtöner im vorderen Spiegeldreieck, zwei Mittel-Tieftöner in den vorderen Türen, zwei Mittel-Hochtöner in den hinteren Türen sowie ein Bass-Lautspre-

Technik-Info

ELCODE:
Schlüssel mit Gedächtnis

Das serienmäßige Zugangs- und Fahrberechtigungssystem ELCODE (Electronic Code System) ersetzt den mechanischen Tür- und Zündschlüssel samt Zündschloss durch ein elektronisches System, mit dessen Hilfe sich per Funk- und Infrarotsignal verschiedene Komfort-Funktionen fernsteuern lassen. Eine technische Besonderheit des elektronischen Schlüssels ist die Fähigkeit, auf seinem Mikro-Chip auch die Positionen von Sitz, Kopfstütze, Lenkrad und Außenspiegel sowie die individuellen Einstellungen der Klimatisierungsautomatik zu speichern, damit sie beim nächsten Motor-Start sofort wieder abrufbereit sind (siehe auch Seiten 102 und 111). Darüber hinaus dient ELCODE als elektronische Wegfahrsperre, denn vor jedem Start des Motors erfolgt zwischen dem elektronischen Schlüssel und dem Zündstartschalter in der Instrumententafel ein blitzschneller doppelter Datenaustausch. Neu ist die Technik der serienmäßigen Zentralverriegelung: An die Stelle der bisherigen Elektro-Pneumatik tritt ein System mit Elektromotoren, das schneller auf die Schaltbefehle des Autobesitzers reagiert.

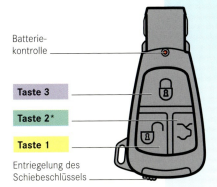

Batteriekontrolle

Taste 3

Taste 2*

Taste 1

Entriegelung des Schiebeschlüssels

Taste 1

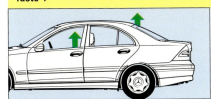

Einmal drücken:
Fahrertür und Tankklappe werden entriegelt.

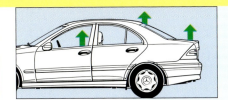

Zweimal drücken:
Alle Türen, Kofferraumdeckel und Tankklappe werden entriegelt.

Einmal drücken und Taste halten:
Alle Türen und der Kofferraumdeckel werden entriegelt; die Seitenscheiben und das elektrische Schiebe-/Hebedach öffnen sich.

Taste 2*

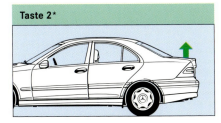

Einmal drücken und Taste halten:
Der Kofferraumdeckel öffnet sich und schwingt automatisch nach oben.

Taste 3

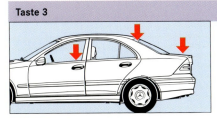

Einmal drücken:
Alle Türen, Kofferraumdeckel und Tankklappe werden verriegelt.

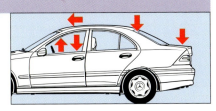

Einmal drücken und Taste halten:
Alle Türen, Kofferraumdeckel und Tankklappe werden verriegelt; die Seitenscheiben und das elektrische Schiebe-/Hebedach schließen sich.

* nur bei der Limousine

Technik-Info

**Assistenz-Systeme:
Einparken mit Ultraschall,
Tempolimit per Knopfdruck**

Zwei elektronische Assistenten machen das Autofahren komfortabler, stressfreier und somit auch sicherer:

▶ Die Einparkhilfe **PARKTRONIC** (Wunschausstattung) arbeitet nach dem Prinzip des Echolots: Je nach Fahrtrichtung senden sechs Sensoren im vorderen oder vier im hinteren Stoßfänger Ultraschallsignale aus, die von anderen Fahrzeugen oder Hindernissen reflektiert werden. Aufgrund der Zeitdifferenz zwischen Sendung und Empfang der Signale berechnet die Elektronik den Abstand zu dem Hindernis. Wie viel Platz er beim Einparken oder Rangieren hat, erfährt der Autofahrer durch Anzeigedisplays auf der Instrumententafel und am hinteren Teil des Dachhimmels. Bei kritischer Distanz von weniger als 35 Zentimetern, ertönt ein akustisches Warnsignal.

▶ Der weiterentwickelte TEMPOMAT **SPEEDTRONIC** gehört zur Serienausstattung aller Motorvarianten der C-Klasse. Das System sorgt dafür, dass die Limousine jederzeit die vom Autofahrer gewünschte Höchstgeschwindigkeit einhält. Dazu betätigt er den „Limit"-Schalter am TEMPOMAT-Hebel und speichert den gewünschten maximalen km/h-Wert, der anschließend im Zentral-Display erscheint. Wird der SPEEDTRONIC-Hebel nach dem Start des Motors nur einmal kurz angetippt, stellt die Elektronik zunächst automatisch ein Tempolimit von 30 km/h ein.

**Einparkhilfe:
Die Ultraschallsensoren an den Stoßfängern haben eine Reichweite von bis zu 1,20 Meter.**

cher auf der Hutablage im Fond. Rollt die C-Klasse mit dem Soundsystem der Firma Bose vom Montageband (Wunschausstattung), kommt ein achter Lautsprecher dazu. Er steckt in der Mitte der Instrumententafel und optimiert als so genannter „Center Fill" das Stereo-Erlebnis. Überdies sind die Bose-Lautsprecher auf die höhere Ausgangsleistung des Verstärkers von insgesamt über 200 Watt abgestimmt. Auch die Verstärkerkanäle haben die Bose-Fachleute exakt auf die akustischen Verhältnisse im Innenraum der C-Klasse angepasst und eine automatische Fahrgeräusch-Kompensation entwickelt. Die Technik: Ein Mikrofon überwacht einerseits die Signale des Soundsystems und andererseits die Fahrgeräusche. Das Messergebnis wertet ein Signalprozessor aus und trennt dabei die unerwünschten Wind- oder Abrollgeräusche von den Klängen des Soundsystems. Das Ergebnis ist eine geräuschabhängige Anpassung des Frequenzgangs, der Klang-Dynamik und der Lautstärke. Das subjektive Klangerlebnis der Auto-Insassen bleibt somit in jeder Fahrsituation gleich – egal ob rauer Asphalt, Regen, Wind oder ein offenes Schiebedach für Störgeräusche sorgen.

Die maßgeschneiderte Klangabstimmung wird durch programmierte Einstellungen optimiert, die auf den unterschiedlichen Musikgeschmack abgestimmt sind und den Raumeindruck bei der Stereo-Wiedergabe beeinflussen.

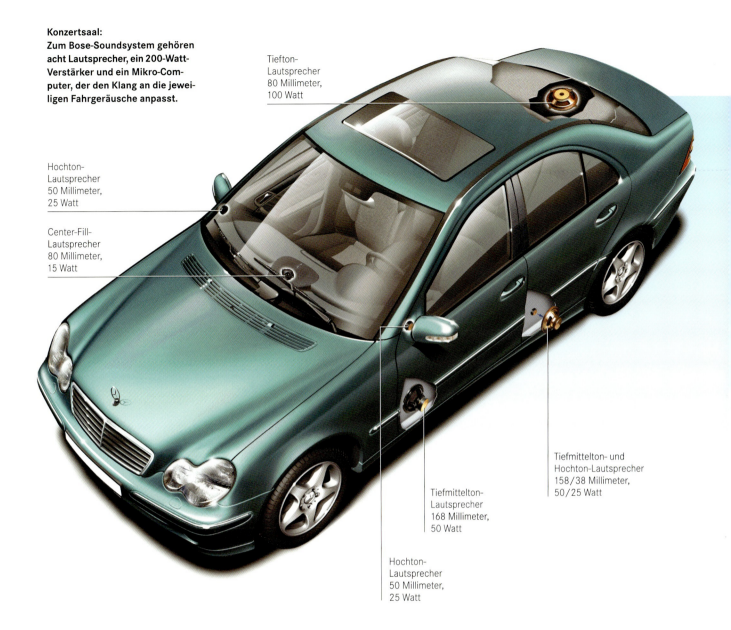

Konzertsaal:
Zum Bose-Soundsystem gehören acht Lautsprecher, ein 200-Watt-Verstärker und ein Mikro-Computer, der den Klang an die jeweiligen Fahrgeräusche anpasst.

Tiefton-Lautsprecher
80 Millimeter,
100 Watt

Hochton-Lautsprecher
50 Millimeter,
25 Watt

Center-Fill-Lautsprecher
80 Millimeter,
15 Watt

Tiefmittelton- und
Hochton-Lautsprecher
158/38 Millimeter,
50/25 Watt

Tiefmittelton-Lautsprecher
168 Millimeter,
50 Watt

Hochton-Lautsprecher
50 Millimeter,
25 Watt

Angenehmer Dialog: Sendersuche per Sprachbefehl

Das innovative Sprachbedienungssystem LINGUATRONIC, das Mercedes-Benz als weltweit erster Automobilhersteller für die Bedienung des Autotelefons entwickelte, leistet an Bord der C-Klasse noch mehr. Es steuert auf Wunsch nicht nur die wichtigsten Telefonfunktionen, sondern ist erstmals auch mit den Audio-Systemen verbunden.

Das bedeutet: Ein paar Worte des Autofahrers genügen, und das Autoradio sucht automatisch einen anderen Sender, wechselt zum nächsten Musiktitel der CD oder schaltet auf Navigationsbetrieb um.

Mit dieser Technik leistet Mercedes-Benz einen weiteren wichtigen Beitrag zur Verkehrssicherheit, denn Autofahrer müssen die Hände nicht mehr vom Lenkrad nehmen, um Autotelefon oder Audiogeräte zu bedienen. So entlastet die LINGUATRONIC den Fahrer, der sich ganz auf das Verkehrsgeschehen konzentrieren kann, und bietet ihm obendrein deutlich mehr Komfort. Nur die Einstellung von Klang und Lautstärke ist nicht mittels Sprachbefehls möglich.

Das System erfasst die Wünsche des Autofahrers per Mikrofon und beginnt anschließend mit einem kurzen interaktiven Dialog. So antwortet eine sympathische Frauenstimme auf den Befehl „Nummer wählen" mit dem Hinweis „Bitte sprechen Sie die Nummer" und beginnt nach Eingabe der Telefonnummer und dem Befehl „Wählen" automatisch den Wählvorgang. Und auf das Kommando „CD-Spieler" oder „CD-Wechsler" ertönt kurze Zeit später Musik aus den Lautsprechern. Außerdem können Namen, Rufnummern und Sender aus den jeweiligen Speichern aufgerufen werden. In diesem Fall beginnt der Dialog zum Beispiel mit dem Befehl „Senderliste anhören", auf den das System mit der Aufzählung der gespeicherten Sendernamen antwortet. Hat der Computer einen Wunsch des Autofahrers nicht richtig verstanden, lässt er höflich nachfragen: „Wie bitte?"

Netzwerk:
Drei Datenbus-Systeme sorgen für blitzschnellen Informationsaustausch. Die Audio-Geräte, die Telematik-Systeme und das Telefon sind per Lichtwellenleiter miteinander verbunden.

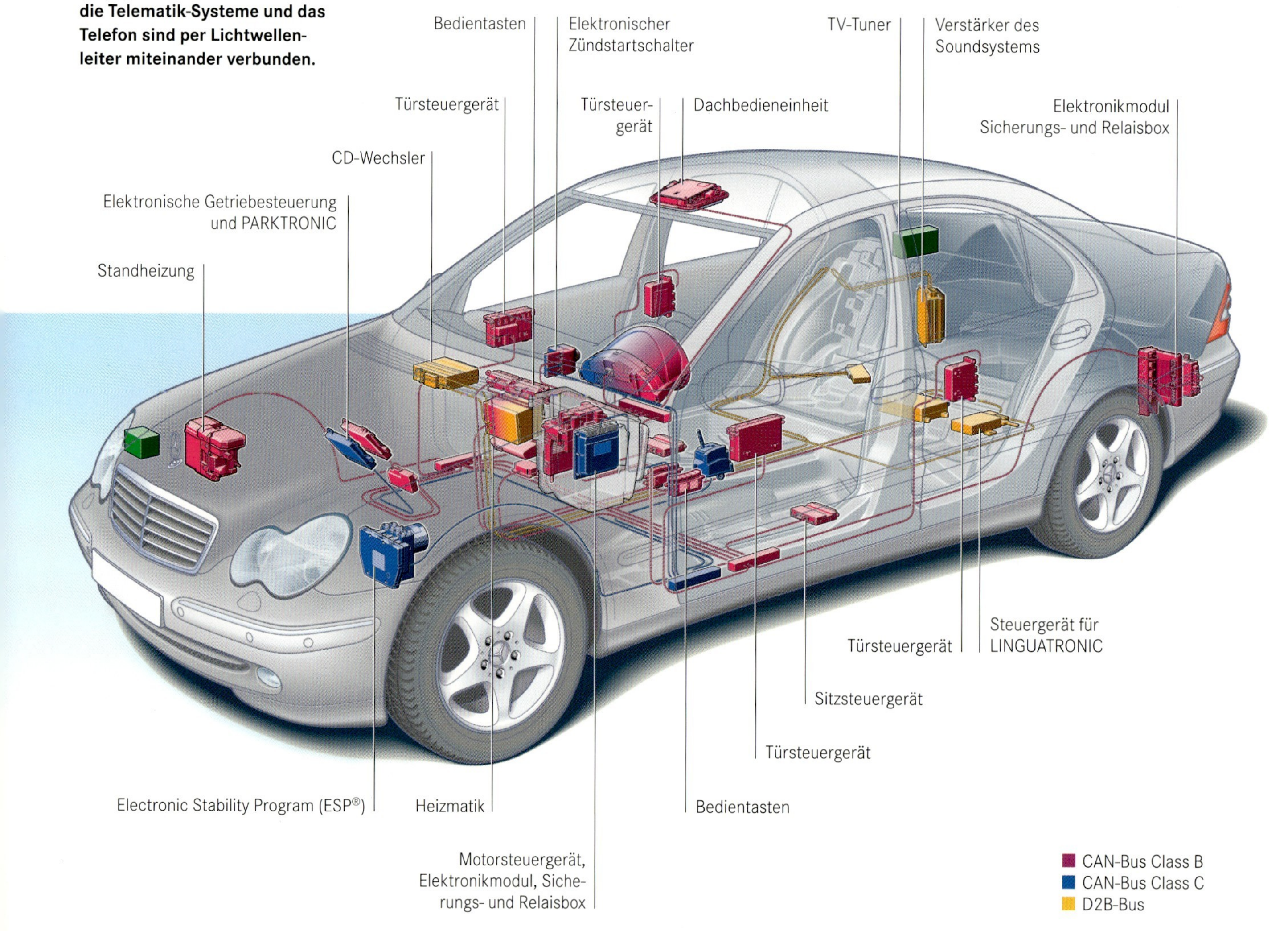

Bedientasten
Elektronischer Zündstartschalter
TV-Tuner
Verstärker des Soundsystems
Türsteuergerät
Türsteuergerät
Dachbedieneinheit
Elektronikmodul Sicherungs- und Relaisbox
CD-Wechsler
Elektronische Getriebesteuerung und PARKTRONIC
Standheizung
Steuergerät für LINGUATRONIC
Türsteuergerät
Sitzsteuergerät
Türsteuergerät
Electronic Stability Program (ESP®)
Heizmatik
Bedientasten
Motorsteuergerät, Elektronikmodul, Sicherungs- und Relaisbox

■ CAN-Bus Class B
■ CAN-Bus Class C
■ D2B-Bus

130

Schnelle Kommunikation: Daten-Transfer per Licht

Die blitzschnelle Übertragung von Sensorsignalen, Messdaten, Informationen, Musik und TV-Bildern stellen an Bord der C-Klasse drei leistungsfähige Datenbus-Systeme sicher. Sie teilen sich die Aufgaben in den Bereichen Innenraum, Antrieb/Fahrwerk und Audio/Kommunikation/Navigation und sind durch Schnittstellen („Gateways") miteinander verbunden. Diese Vernetzung ist der Schlüssel für zahlreiche Komfort- und Sicherheitsfunktionen – von der Tunnelschaltung, die mit einem Knopfdruck alle Fenster, das Schiebedach und die Lüftungsklappen schließt, bis zum Electronic Stability Program ESP®, das in kritischen Situationen blitzschnell einzelne Räder abbremst und das Motordrehmoment verringert.

Nahezu alle Funktionen werden per Datenbus gesteuert. In diesem System, dem Controller Area Network (CAN), sendet jeder angeschlossene Mikro-Computer seine Signale aus. So sind stets alle Teilnehmer der digitalen „Konferenzschaltung" über alles Wichtige informiert und können selbst entscheiden, ob die einzelnen Daten für ihre Aufgaben wichtig sind. In das CAN-Netz „Class C" für den Bereich Antrieb/Fahrwerk sind sieben Steuergeräte integriert, im „Class-B"-Netz tauschen bis zu 20 Stationen ihre Daten aus. Insgesamt steuert die Bordelektronik der neuen C-Klasse via Datenbus über 130 Funktionen und verarbeitet dafür 850 verschiedene Informationen.

Neben den bewährten CAN-Systemen kommt auch in der C-Klasse ein optisches System zum Einsatz, das Lichtimpulse für den Signal-Transfer nutzt. Sein Name: „Domestic Digital Bus" – kurz „D2B". Anstelle von Kupferkabeln arbeiten Lichtwellenleiter aus Kunststoff, durch die Messdaten und Schaltsignale mit Lichtgeschwindigkeit rasen. Dadurch können die Teilnehmer an der „D2B"-Ringleitung in kürzerer Zeit weitaus größere Datenmengen übermitteln als im CAN-Bus: Bis zu 5,6 Millionen Bits übertragen die Lichtwellenleiter pro Sekunde und sind damit rund 60-mal schneller als die CAN-Übertragung im Innenraum mittels Kupferleitung. Der Lichtwellenleiter schafft also in vergleichbarer Zeit wesentlich mehr Informationseinheiten, sodass er sogar die Daten einer Musik-CD in perfekter Tonqualität übertragen kann. Deshalb nutzen die Mercedes-Ingenieure die optische Ringleitung für die Komponenten der Audio-, Telefon- und Navigationssysteme: Autoradio oder COMAND mit Auto Pilot System, CD-Wechsler, Soundsystem, Festeinbau-Telefon, Handy, Notrufsystem TELEAID und die Sprachbedienung LINGUATRONIC. Bei Musik oder Sprache beträgt die Übertragungsrate 4,23 Megabaud – das sind 4,23 Millionen Bits in jeder Sekunde.

Als Schnittstellen für die drei Datenbus-Systeme fungieren der elektronische Zündstartschalter und das Autoradio. Sie ermöglichen den blitzschnellen Daten-Transfer von einem Teilnetz zum anderen, sodass beispielsweise auch der optische Datenbus „D2B" Informationen aus den beiden CAN-Netzen erhält.

Lichtblitz:
Hauchdünne Kunststoffleitungen übertragen Messdaten und Schaltsignale als Lichtimpulse.

Fahrwerk

Voller Einsatz

Dynamik, Sicherheit, Komfort – in den wichtigsten Disziplinen der Fahrwerksentwicklung erreicht die neue C-Klasse Spitzenwerte. Mit großem Aufwand haben die Mercedes-Ingenieure Achsen, Lenkung und Bremsen neu oder weiterentwickelt, um die hohen Standards des Vorgängermodells zu übertreffen.

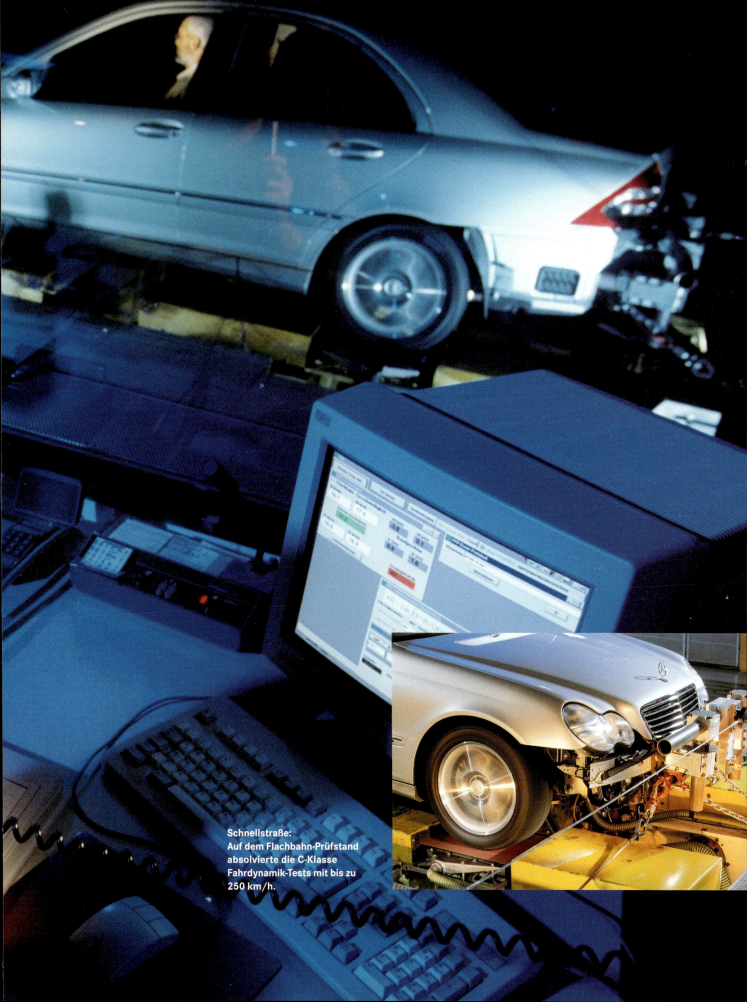

Schnellstraße:
Auf dem Flachbahn-Prüfstand absolvierte die C-Klasse Fahrdynamik-Tests mit bis zu 250 km/h.

Man sieht es auf den ersten Blick und man „erfährt" es auf den ersten Kilometern: Die C-Klasse von Mercedes-Benz ist ein überaus dynamischer Typ. Sportliche Agilität, präziser Geradeauslauf, hohe Lenkpräzision, ausgezeichneter Abrollkomfort, gute Bremswirkung und sicheres Fahrverhalten bis in den Grenzbereich – das sind die Qualitäten des neu entwickelten Fahrwerks, die den dynamischen Charakter der drei Modellvarianten maßgeblich prägen und somit viel Fahrspaß garantieren.

An der Vorderachse setzen die Mercedes-Ingenieure auf eine neue Technik, die vor allem hinsichtlich Radführung, Komfort und Lenkpräzision deutliche Fortschritte bietet: Eine Dreilenker-Achse mit McPherson-Federbeinen und Zahnstangenlenkung, die an die Stelle der Doppelquerlenker-Achse mit Kugelumlauflenkung tritt. Im Interesse einer günstigeren Achskinematik ersetzen die Ingenieure die unteren Dreieckslenker der bisherigen Achse durch jeweils zwei einzelne Lenkerelemente, die als Zug- und Querstreben arbeiten. Neben der präziseren Radführung bietet diese Konstruktion vor allem den Vorteil, Schwingungen durch Reifenunwucht oder Bremskraftschwankungen besser zu kompensieren als die starren Dreieckslenker. Auch das Thema Sicherheit spielte eine wichtige Rolle bei der Entscheidung für die neue Achstechnik, denn beim Frontal-Crash stehen im Bereich der unteren Lenkerebene jetzt größere Verformungswege zur Verfügung, sodass der Vorbau mehr Aufprallenergie abbauen kann als bisher.

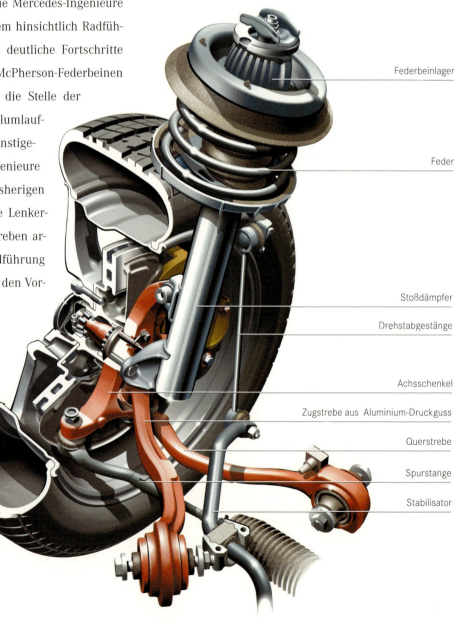

Vorderachse:
Die neu entwickelte Dreilenker-Konstruktion mit McPherson-Federbeinen zeichnet sich durch perfekte Radführung und hohe Lenkpräzision aus.

- Federbeinlager
- Feder
- Stoßdämpfer
- Drehstabgestänge
- Achsschenkel
- Zugstrebe aus Aluminium-Druckguss
- Querstrebe
- Spurstange
- Stabilisator

Fahrwerk

Der Dritte im Bunde der Vorderachslenker ist die Spurstange, die das quer liegende Lenkgetriebe mit den Rädern verbindet. Eine Mehrfachfunktion übernehmen auch die Federbeine, denn sie federn und dämpfen die Achse nicht nur, sondern beteiligen sich ebenfalls aktiv an der Führung der Vorderräder. Die Federbeine bestehen aus zylindrischen Schraubenfedern, Zweirohr-Stoßdämpfern und groß dimensionierten Kopflagern. Der serienmäßige Drehstab-Stabilisator ist per Gestänge mit den Federbeinen verbunden. Bei schneller Kurvenfahrt unterstützen spezielle Zuganschlagfedern an den vorderen Stoßdämpfern die Wirkung des Stabilisators und ermöglichen ein besonders dynamisches Handling, das aber nicht zu Lasten des Fahrkomforts geht.

Die schräg nach vorne gerichteten Zugstreben der Vorderachse bestehen aus Aluminium-Druckguss, den Mercedes-Benz nach einem neuartigen Verfahren herstellen lässt.

Technik-Info

Integralträger: Aluminium-Druckguss in spezieller Legierung

An die Stelle des eingeschweißten Vorderachsträgers tritt bei der neuen C-Klasse ein so genannter Integralträger, den Mercedes-Mitarbeiter im Montagewerk abseits der Fertigungslinie mit den Aggregaten bestücken und anschließend als komplette Einheit ans Band liefern. Dort wird er mit den vorderen Längsträgern verschraubt. Diese Technik vereinfacht nicht nur die Fahrzeugmontage, sie dient auch der Sicherheit. Denn: Beim Frontal-Crash verformt sich der Integralträger, nimmt einen Teil der Aufprallenergie auf. Der neue Hilfsrahmen ist das Ergebnis einer mehr als fünfjährigen Entwicklungs- und Erprobungsarbeit. Technisches Neuland betraten die Mercedes-Ingenieure vor allem bei der Auswahl des Werkstoffs: Aluminium-Druckguss. In Zusammenarbeit mit Hochschulinstituten und Produktionsfachleuten entwickelten sie eine neuartige Materiallegierung, mit deren Hilfe sich der Zielkonflikt aus hoher mechanischer Belastbarkeit und intelligentem Leichtbau lösen ließ. So bringt der Integralträger aus Aluminium-Druckguss rund vier Kilogramm weniger auf die Waage als ein vergleichbares Bauteil aus Stahlblech und erfüllt trotzdem strengste Testbedingungen hinsichtlich Betriebsfestigkeit, Deformationsverhalten, Korrosionsschutz und thermischer Stabilität.

Einheit:
Achskomponenten, Lenkung und Motorlager sind auf einem Montageträger aus Aluminium-Druckguss befestigt.

Technik-Info

**Sportfahrwerk:
Noch mehr Fahrdynamik ab Werk**

Besonders sportlich ambitionierte Autofahrerinnen und Autofahrer können das Fahrwerk ab Werk mit einer härteren Federungs- und Dämpfungsabstimmung ordern. Dieses Sportfahrwerk, bei dem die Karosserie an Vorder- und Hinterachse um 15 Millimeter tiefer gelegt ist, liefert Mercedes-Benz auf Wunsch für alle Lines und Motorvarianten von Limousine und T-Modell. Der Gesamtfederweg ist bei der sportlichen Abstimmung an der Vorderachse um 20 Millimeter und an der Hinterachse um zehn Millimeter kürzer als bei den Modellen mit Serienfahrwerk. Die Federraten fallen um bis zu 21 Prozent höher aus (siehe Tabelle). Außerdem beinhaltet die Wunschausstattung „Sportfahrwerk" bei allen Modellversionen 16-Zoll-Leichtmetallräder und Breitreifen der Dimension 225/50 R 16.

Bei diesem so genannten „Thixocasting" wird halbflüssiges Aluminium verarbeitet, das dem Bauteil eine besonders hohe Festigkeit und Bruchdehnung verleiht. Auch die Maßgenauigkeit und Werkstoffqualität ist höher als bei herkömmlichen Gießprozessen. Aus Aluminium-Druckguss besteht auch der neue rahmenförmige Montageträger für die unteren Komponenten der Vorderachse, das Lenkgetriebe und die Motorlager, der direkt mit der Karosserie verschraubt wird. Nach den guten Erfahrungen bei der A-, E- und S-Klasse überträgt Mercedes-Benz diese Technik erstmals auf die C-Klasse, denn sie bietet neben einfacherer Montage vor allem auch Sicherheitsvorteile (siehe auch Technik-Info auf Seite 83).

Von den Qualitäten bei der Radführung und beim Abrollkomfort abgesehen, leistet die neue Dreilenker-Konstruktion auch einen wichtigen Beitrag zum Leichtbaugrundsatz. Denn: Im Vergleich zum Vorgängermodell bringt die Vorderachse der C-Klasse insgesamt knapp neun Kilogramm weniger auf die Waage – das entspricht einer

Komponenten:
Zum Sportfahrwerk gehören unter anderem modifizierte Federn und verstärkte Drehstab-Stabilisatoren.

Daten: Serien- und Sportfahrwerk im Vergleich

	Vorderachse		Hinterachse	
	Serienfahrwerk	Sportfahrwerk	Serienfahrwerk	Sportfahrwerk
Federrate gleichseitig N/mm wechselseitig N/mm	21–24 64–66	23–25 74–77	23 33	26 40
Gesamtfederweg mm	174	154	210	200
Drehstab ⌀ mm	20	21	13	15
Niveaulage mm	–10	–25	+/–0	–15

Gewichtseinsparung von immerhin rund 14 Prozent. Allein die Radführungselemente samt Stabilisator sind mit insgesamt 21,3 Kilogramm fast 29 Prozent leichter als bei der bisherigen Doppelquerlenker-Vorderachse.

Lenkung: Zahnstange statt Kugeln

Auch die neue Zahnstangenlenkung hilft beim Gewicht abspecken. Weil sie ohne zusätzliche Bauteile wie Lenkstockhebel, Lenkstange, Lenkzwischenhebel und Verstärkungsplatte auskommt, wiegt dieses System rund 4,5 Kilogramm weniger als die Kugelumlauflenkung des Vorgängermodells. Doch das war nicht der einzige Grund, der für die Zahnstangenlenkung sprach. Das wichtigste Argument war zweifellos das direktere Ansprechverhalten, das dem dynamischen Charakter der C-Klasse entspricht. Überdies bewirkt das vor der Radmitte angeordnete Lenkgetriebe in Kurven ein sicheres, untersteuerndes Eigenlenkverhalten. Aber auch Aspekte des Insassenschutzes spielten beim Wechsel auf die neue Lenkungstechnik eine Rolle. Denn während das Getriebe der Kugelumlauflenkung einen starren Block bildet, der beim Frontalaufprall keinerlei Energie aufnimmt, lässt sich die Zahnstangenlenkung in Querlage auf dem verformbaren Integralträger montieren und steht somit der Energieabsorption nicht im Wege. Zur neuen Zahnstangenlenkung gehören ein in den Ölkreislauf integrierter Lenkungsdämpfer sowie eine warm geschmiedete Zahnstange, die eine variable Verzahnung ermöglicht. Das bedeutet: Im Bereich der Mittellage ist die Lenkung etwas indirekter übersetzt als in den äußeren Positionen.

Wie bisher verringert ein serienmäßiges Servosystem die Lenkkräfte. Neu ist jedoch die komfortable Parameterlenkung, die Mercedes-Benz auf Wunsch erstmals auch in der C-Klasse anbietet. Sie macht sich vor allem unterhalb von 100 km/h bemerkbar und reduziert das Lenkmoment je nach Geschwindigkeit. Dank eines elektronisch gesteuerten Drehschieberventils, das die Servo-Unterstützung regelt, verringern sich die Lenkkräfte im Stadtverkehr gegenüber einer herkömmlichen Servolenkung bis zu 50 Prozent, sodass Parkmanöver besonders leicht von der Hand gehen. Oberhalb von 100 km/h arbeitet die Parameter-Lenkung wie die serienmäßige Servolenkung.

Komfortplus:
Die Höhen- und Längseinstellung des Lenkrads kann der Autofahrer stufenlos variieren.

Lenkrad: Komfort à la S-Klasse

Für die individuelle Einstellung des Lenkrads hat der Autofahrer an Bord der C-Klasse vielerlei Möglichkeiten. Es genügt, den Griff unter der Lenksäule herauszuziehen, und das Lenkrad lässt sich stufenlos sowohl in der Höhe als

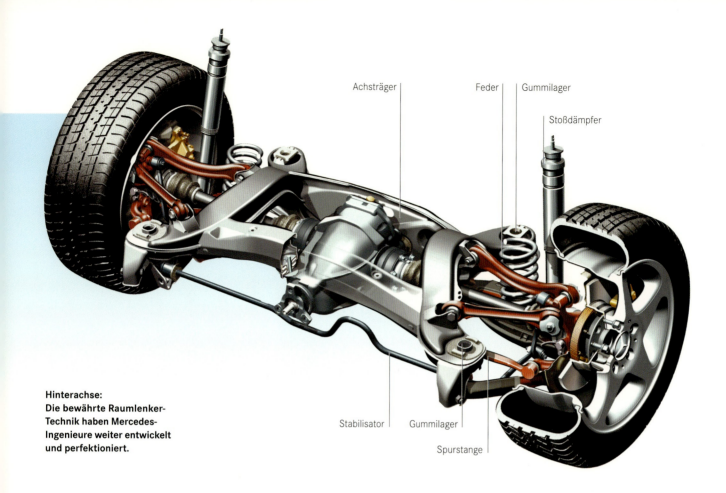

Achsträger Feder Gummilager Stoßdämpfer Stabilisator Gummilager Spurstange

Hinterachse:
Die bewährte Raumlenker-Technik haben Mercedes-Ingenieure weiter entwickelt und perfektioniert.

auch in Längsrichtung neu positionieren. Die Einstellwege betragen nach vorn 25 Millimeter, nach hinten 35 Millimeter und nach oben oder unten jeweils 25 Millimeter.

Noch komfortabler ist die elektrische Lenksäuleneinstellung, die Mercedes-Benz auf Wunsch mit dem Memory-Paket für Vordersitze und Außenspiegel anbietet. Die Technik stammt aus der S-Klasse: Nach leichtem Druck auf das Bedienelement in der Türinnenverkleidung bewegt sich das Volant in die gewünschte Position, die der Autofahrer zusammen mit der jeweiligen Sitz- und Spiegeleinstellung speichern kann. Auch die praktische Ein- und Ausstiegshilfe der Mercedes-Toplimousine ist für die C-Klasse lieferbar: Wird der elektronische Zündschlüssel abgezogen, fährt der Fahrersitz automatisch um 60 Millimeter zurück und gleichzeitig bewegt sich die Lenksäule in die höchste Einstellposition. So vergrößert sich die Beinfreiheit und das Aussteigen wird noch komfortabler. Sitz und Lenkrad nehmen ihre ursprünglichen Positionen wieder ein, wenn der Autofahrer Platz genommen und den Schlüssel in den elektronischen Zündstartschalter gesteckt hat.

Hinterachse: Fünf Lenker im Raum

Mit dem Serienstart des Mercedes-Benz 190 im Jahre 1983 begann auch die Karriere der Raumlenker-Achse, die noch heute in vielerlei Hinsicht unübertroffen ist. Deshalb bleibt dieses patentierte Achskonzept bei der C-Klasse auch weiterhin im Einsatz und ermöglicht im Zusammenspiel mit der neu entwickelten Vorderachse, dem verlängerten Radstand und dem serienmäßigen elektronischen Stabilitätsprogramm ESP® ein in dieser Fahrzeugklasse vorbildliches Maß an Fahrsicherheit, Dynamik und Komfort.

Spurstangen, Radträger und Fahrschemel der Hinterachse haben die Mercedes-Ingenieure konstruktiv deutlich überarbeitet. Eine neue Kinematik und Elastokinematik, die im Wesentlichen auf dem Einsatz optimierter Lager basiert, sorgt für ein noch besseres Schwingungsverhalten und verstärkt die untersteuernde Eigenlenk-Charakteristik der Limousine, die ebenfalls ein Garant für hohe Fahrsicherheit ist. Mit Ausnahme des C 180 verfügen alle Motorvarianten der C-Klasse über einen Drehstab-Stabilisator an der Hinterachse. Er ist direkt an der Karosserie befestigt. Die Federung und Dämpfung der Hinterachse übernehmen Schraubenfedern und Einrohr-Gasdruckstoßdämpfer mit vergrößerten Gummilagern.

Das Raumlenker-Prinzip basiert auf Praxis-Untersuchungen und Computer-Simulationen über das optimale Bewegungsverhalten der Hinterräder eines Personenwagens. Um es zu verstehen, ist ein bisschen Theorie notwendig: Betrachtet man das Rad im Raum – also losgelöst von jeglicher Achsanbindung –, so stehen ihm prinzipiell sechs Bewegungsmöglichkeiten offen: Es kann vertikal oder horizontal schieben oder ziehen und es kann sich in drei

Durchblick:
Ebenso wie Limousine und Sportcoupé ist auch das T-Modell mit der bewährten Raumlenker-Hinterachse ausgestattet. Auf Wunsch ist für den kompakten Kombi eine Niveauregulierung an der Hinterachse lieferbar.

Praxis-Tipp

Sicher durch die Kurve

Das Fahrwerk der C-Klasse ist so konzipiert, dass sich die Limousine in Kurven leicht untersteuernd verhält. Konkret: Mit steigender Querbeschleunigung muss der Autofahrer den Lenkradwinkel kontinuierlich vergrößern, um eine Kurve zu umrunden. Ein solches Eigenlenkverhalten – darin sind sich die Experten einig – entspricht einem sicheren Fahrzustand und gehört deshalb unumstößlich zum Prinzip der Fahrwerksauslegung aller Mercedes-Modelle. Bricht das Heck trotzdem bei (zu) schneller Kurvenfahrt aus – die Fachleute sprechen dann vom so genannten „Übersteuern" –, hilft nur schnelles und beherztes Handeln:

► Sofort gegenlenken und das Auto daran hindern, sich in die Kurve hineinzudrehen. Der Vorderwagen wird dadurch beschleunigt, sodass sich das Auto in Richtung Kurvenausgang bewegt.

► Den Lenkeinschlag nach dem Kurvenmittelpunkt langsam wieder zurücknehmen und den Wagen auf diese Weise stabilisieren.

Solche Fahrmanöver erfordern nicht nur Geschicklichkeit, sondern auch etwas Training. Einfacher und stressfreier ist es zweifellos, das Tempo vor unübersichtlichen und gefährlichen Kurven zu drosseln.

Sportcoupé: Sportliche Fahrwerksabstimmung und breitere Reifen

Im Vergleich zur Limousine geht das Sportcoupé der C-Klasse mit einer an der Hinterachse um zehn Millimeter tiefer gelegten Karosserie und einer etwas strafferen Stoßdämpfer-Einstellung an den Start – ganz im Sinne sportlicher Fahrdynamik. Auch der Blick auf die Reifen macht dieses Ziel der Fahrwerkstechniker deutlich: 205/55 R 16 lautet die Formel für die serienmäßige Ausstattung des Zweitürers (Limousine: 195/65 R 15), der damit auch optisch sein dynamisch-kraftvolles Image betont – beim C 230 KOMPRESSOR verstärken serienmäßige Leichtmetallfelgen (7 J x 16 ET 37) im Doppelspeichen-Design diesen Eindruck. Und für Autofahrer mit besonderer Freude am Fahren bietet Mercedes-Benz beim Sportcoupé der C-Klasse ab Werk gleich zwei Ausstattungspakete an, die sich auch in puncto Fahrwerkstechnik vom Serienmodell unterscheiden: EVOLUTION und EVOLUTION AMG (siehe auch Seite 17). Durch das noch straffer abgestimmte Sportfahrwerk dieser beiden Modellvarianten liegt die Karosserie an der Vorderachse um 15 Millimeter und an der Hinterachse um fünf Millimeter tiefer als bei der Serienversion des Sportcoupés. Außerdem zeichnen sich die Sportpakete durch noch breitere und größere Reifen sowie Leichtmetallfelgen aus – für noch mehr Fahrdynamik und noch bessere Straßenlage. Die Daten:

Sportpaket		Bereifung
EVOLUTION	Vorder- und Hinterachse	225/45 R 17 auf 7,5 J x 17 ET 37
EVOLUTION AMG	Vorderachse	225/45 R 17 auf 7,5 J x 17 ET 37
	Hinterachse	245/40 R 17 auf 8,5 J x 17 ET 30

Dynamik pur:
Mit den AMG-Leichtmetallfelgen und dem Ausstattungspaket EVOLUTION AMG macht das Sportcoupé eine besonders gute Figur.

Technik-Info

Richtungen drehen. Doch ein solches unkontrolliertes kinematisches Eigenleben wollen die Fahrwerksentwickler verhindern und die Freiheit des Rades so einschränken, dass es sich nur auf einer genau festgelegten Raumkurve bewegt. Deshalb befestigen sie das Rad an elastisch gelagerten, voneinander unabhängigen Lenkern, die es in fünf seiner räumlichen Bewegungsmöglichkeiten einschränken. Die Lenker und ihre Aufgaben:

1. Die **unteren Querlenker** aktivieren Tragfedern und Dämpfer.
2. Die **oberen Querlenker** regulieren den Sturzverlauf über den Federweg.
3. Die **Zugstreben** nehmen die Antriebs- und Bremskräfte auf und kompensieren das Einnicken beim Beschleunigen und Verzögern.
4. Die **Druckstreben** sind räumlich anders angeordnet als die Zugstreben und verhindern ebenfalls die Nickbewegungen beim Bremsen oder Beschleunigen.
5. Die **Spurstangen** begrenzen die Vorspuränderungen des Rades auf ein gewünschtes Minimalmaß.

Durch diese aufwendige Lenkerkonstruktion bleibt jedem Rad der Hinterachse im Prinzip nur eine Bewegungsfreiheit erhalten: das kontrollierte Ein- und Ausfedern.

Bremsen: Die neuen Dimensionen

Auch auf dem Gebiet der Bremsentechnik erzielten die Mercedes-Ingenieure erneut beachtliche Fortschritte – vor allem in puncto Bremsleistung und Bremskomfort. So rollen jetzt alle Motorvarianten mit innenbelüfteten Vorderrad-Scheibenbremsen von der Montagelinie, deren Durchmesser bei den Benziner- und Dieselmodellen mit Vierzylinder-Motoren 288 Millimeter misst. Bei den Modellen C 240, C 320, C 270 CDI und beim C 230 KOMPRESSOR (Sportcoupé) beträgt der Durchmesser der vorderen Scheibenbremsen 300 Millimeter.

Dank dieser großen Dimensionen und der neu entwickelten Bremszangen aus hoch belastbarem Sphäro-Guss zeichnen sich die Faustsattelbremsen an der Vorderachse der C-Klasse selbst bei starker Beanspruchung durch überdurchschnittliche Leistungsreserven aus.

Ein Novum sind auch die schmalen, noppenartigen Gusselemente im Belüftungskanal der Bremsscheiben, wo sie die bisherigen Kühlrippen ersetzen. Die spezielle Gestaltung dieser Bauteile, die beide Reibringhälften einer Bremsscheibe miteinander verbinden, sorgt für eine optimale Kühlluftströmung und steigert somit die thermische Formbeständigkeit der Grauguss-Scheiben. Konkret: Lästiges Bremsenrubbeln, das häufig auf das Konto verformter Bremsscheiben geht, wird durch diese moderne Technik wirksam vermieden. Auch die im Windkanal entwickelten Abdeckbleche verbessern die Bremsenkühlung an der Vorderachse und dienen gleichzeitig dem Nässeschutz. Sie wurden so gestaltet, dass der Fahrtwind von innen nach außen strömt und somit kein Spritzwasser auf die Bremsscheiben sprüht.

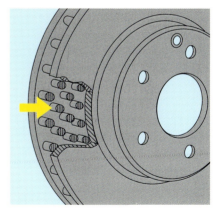

Neuentwicklungen: Gusselemente im Belüftungskanal der Bremsscheiben (Pfeil) verhindern bei hoher Beanspruchung Verformungen des Metalls.

An der Hinterachse der C-Klasse sorgen massive Scheibenbremsen mit 278 Millimeter Durchmesser (C 240, C 320, C 230 KOMPRESSOR (Sportcoupé) und T-Modelle: 290 Millimeter) für sichere Verzögerung. Hier setzen die Mercedes-Ingenieure Festsattelbremsen mit Zweikolben-Technik ein. Die Technik des Tandem-Bremskraftverstärkers stammt wiederum aus der S-Klasse. Er ist mit einem neuartigen elektronisch regelbaren Magnetventil ausgestattet, das eine besonders genaue Dosierung des Bremsdrucks ermöglicht. Überdies ist die Funktion des Brems-Assistenten integriert (siehe auch Technik-Info auf Seite 145). Die Größe des neuen Aluminium-Bremskraftverstärkers der C-Klasse beträgt bei allen Motorvarianten einheitlich 7/8 Zoll – er hat damit eine rund 15 Prozent höhere Leistungsfähigkeit als beim Vorgängermodell.

Fahrprogramme für Mercedes-Kunden

Für Autofahrerinnen und Autofahrer, die ihren Wagen auch in brenzligen Situationen sicher beherrschen wollen, veranstaltet Mercedes-Benz mehrmals jährlich an verschiedenen Orten Deutschlands spezielle Trainingskurse. Hier stehen für die Kursteilnehmer Modelle der A-, C-, E- und S-Klasse bereit. Die Teilnahmegebühren beinhalten auch die Kosten für Verpflegung und Hotel. Das Kursprogramm:

► Der halbtägige Kompaktkurs steht hauptsächlich unter dem Thema „Richtiges Bremsen". Teilnahmegebühr: 240 Mark.
► Der eintägige Grundkurs dient der Vorbereitung auf kritische Verkehrssituationen wie plötzliches Ausweichen, Bremsen bei Fahrbahnglätte oder Schleudern bei zu schneller Kurvenfahrt. Teilnahmegebühr: 580 Mark.
► Die Fortgeschrittenen-Kurse I und II dauern jeweils eineinhalb Tage und beinhalten weitere Themen wie das Beherrschen von Lastwechselreaktionen des Wagens, Ausweichmanövern bei hohem Tempo oder plötzlichen Aquaplaning-Situationen. Teilnahmegebühr: 980 Mark.
► Das zweitägige Wintertraining ist die ideale Vorbereitung auf die Gefahren der kalten Jahreszeit. Teilnahmegebühr: 1880 Mark.
► Das eintägige Eco-Training beinhaltet Tipps und praktische Hinweise für eine wirtschaftliche Fahrweise. Teilnahmegebühr: 150 Mark.

Eine Broschüre mit weiteren Angeboten, detaillierten Informationen und Anmeldeformularen gibt es per Telefon: +49 89 9506051.
Oder per Faxbestellung: +49 89 9506079.
Die Adresse: Mercedes-Benz Fahrprogramme, Münchner Straße 24, D-85774 Unterföhring.

Praxis-Tipp

Der Hauptbremszylinder ist mit einer vorgespannten Druckfeder zwischen Primär- und Sekundärkolben ausgestattet. Im Gegensatz zu herkömmlichen Systemen, bei denen sich der Sekundärkolben erst aufgrund des Drucks im Primärkreis bewegt, werden bei der C-Klasse beide Bremskreise gleichzeitig aktiviert. Das macht sich für den Autofahrer durch einen deutlich kürzeren Pedalweg bemerkbar.

Verbrauchsmessung:
Beim Eco-Training werden die Mercedes-Modelle mit einem speziellen Messgerät ausgestattet, das per Digitalanzeige über den aktuellen Kraftstoffverbrauch informiert.

Fahrwerk

Zahlenvergleich: Sportcoupé mit verringerter Spurweite
an beiden Achsen

		Limousine	T-Modell	Sportcoupé
Radstand	mm	2 715	2 715	2 715
Spurweite vorn*	mm	1 505	1 505	1 493
Spurweite hinten*	mm	1 476	1 476	1 464
Wendekreis	m	10,76	10,76	10,76

* Basismodell

Technik-Info

TIREFIT:
Ersatz für den Ersatzreifen

Über das fünfte Rad am Wagen kann der Kunde entscheiden: Mercedes-Benz liefert ihm nach Wunsch ein vollwertiges Ersatzrad auf Stahlfelge oder das praktische Reifendichtmittel TIREFIT, das sich auch bereits im Roadster SLK und in der A-Klasse bewährt. Das TIREFIT-Set bringt insgesamt nur rund 2,2 Kilogramm auf die Waage und wiegt somit rund 89 Prozent weniger als ein herkömmliches Ersatzrad. Überdies steht bei Ausrüstung der C-Klasse mit dem Reifendichtmittel die Reserveradmulde als zusätzlicher Stauraum zur Verfügung und vergrößert das Ladevolumen des Gepäckabteils um immerhin 45 Liter.

Der praktische Pannenhelfer basiert auf einer umweltverträglichen Latex-Lösung, die sich besonders sauber handhaben lässt – ohne Werkzeug und Wagenheber. Der Autofahrer füllt TIREFIT über das Reifenventil ein, pumpt den Pneu mit Hilfe einer elektrischen Luftpumpe auf und kann anschließend mit einer Geschwindigkeit von höchstens 80 km/h weiterfahren. In der Mercedes-Werkstatt muss der abgedichtete Reifen gegen einen fabrikneuen Pneu ausgetauscht werden. Bei den besonders häufigen Beschädigungen der Lauffläche, die in der Praxis den Großteil aller Reifenpannen ausmachen, funktioniert das Reifendichtmittel mit über 90-prozentiger Zuverlässigkeit. Es gibt jedoch durchaus Situationen, in denen das Dichtmittel keine Wirkung zeigt: Geplatzte Pneus, zentimetergroße Risse durch Messerstiche oder andere extreme Reifenbeschädigungen lassen sich auf diese Weise nicht abdichten. In solchen Fällen hilft der gebührenfreie Anruf beim Mercedes-Benz Customer Assistance Center, das Tag und Nacht im Einsatz ist und Pannenhilfe organisiert (siehe auch Seite 196).

Pannenhelfer:
TIREFIT dichtet beschädigte Reifen binnen weniger Minuten ab. Durch den Verzicht aufs Ersatzrad bietet der Kofferraum ein zusätzliches Ablagefach (ganz links).

Fahrsicherheitssysteme: Nur vom Besten

Wie alle modernen Mercedes-Personenwagen ist auch die C-Klasse serienmäßig mit den weltweit besten und leistungsfähigsten Fahrsicherheitssystemen ausgestattet. Sie verringern das Schleuderrisiko in der Kurve, halten die Limousine beim Bremsen sicher in der Spur, verbessern das Anfahren auf rutschigem Grund und verkürzen den Bremsweg in Notsituationen. Diese leistungsfähige Technik ist ein wichtiger Bestandteil des Sicherheitskonzepts der Marke Mercedes-Benz und hilft aktiv, Verkehrsunfälle zu verhindern. Die Systeme und ihre Funktionen:

▶ **Electronic Stability Program ESP®:** Aufgrund verschiedener Sensorsignale erkennt das elektronische Stabilitätsprogramm Gefahrenmomente weitaus früher und schneller als der routinierteste Autofahrer. Deshalb kann das System mit hoher Präzision eingreifen und das Fahrzeug stabilisieren. Während der Fahrt vergleicht der ESP®-Computer das tatsächliche Fahrzeugverhalten ständig mit den errechneten Sollwerten. Weicht das Auto von der sicheren „Ideallinie" ab, greift ESP® blitzschnell ein und bringt das Auto auf zweierlei Weise wie-

Kombination:
Bei der neuesten ESP®-Generation bilden die Hydraulikpumpe und das elektronische Steuergerät eine kompakte Einheit.

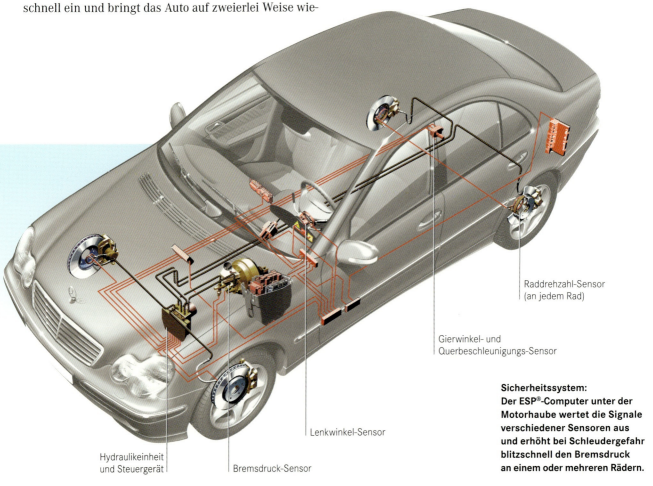

Raddrehzahl-Sensor (an jedem Rad)

Gierwinkel- und Querbeschleunigungs-Sensor

Sicherheitssystem:
Der ESP®-Computer unter der Motorhaube wertet die Signale verschiedener Sensoren aus und erhöht bei Schleudergefahr blitzschnell den Bremsdruck an einem oder mehreren Rädern.

Lenkwinkel-Sensor

Hydraulikeinheit und Steuergerät

Bremsdruck-Sensor

Fahrwerk

der auf den richtigen Kurs: durch genau dosierte Brems-Impulse an einem oder mehreren Rädern und durch Verringerung des Motor-Drehmoments. Dabei stabilisiert das System die C-Klasse auch bei Schleuderbewegungen, die durch extreme Fahrmanöver, Glätte, Nässe, Rollsplitt oder andere widrige Fahrbahnzustände verursacht werden. Dabei überzeugt vor allem die neueste ESP®-Generation: Durch ihr kaum spürbares Ansprechverhalten wirkt sie besonders harmonisch. Vor allem in dieser Feinabstimmung zeigt sich die große Erfahrung der Mercedes-Ingenieure, die das innovative System erfunden haben.

Bremsimpuls:
Durch kurzzeitigen Bremseneingriff und Verringerung des Motor-Drehmoments bringt ESP® das Auto wieder auf sicheren Kurs.

Beispiel 1:
Die Vorderräder schieben untersteuernd nach außen
Fahrzeugstabilisierung durch automatischen Bremseneingriff am linken Hinterrad

Beispiel 2:
Das Fahrzeugheck bricht übersteuernd aus
Fahrzeugstabilisierung durch automatischen Bremseneingriff am rechten Vorderrad

⇨ ESP-Bremseneingriff   ⇢ Radquerkräfte   ↻ Giermoment

Technik-Info

Brems-Assistent:
Druck in der Kammer

Um die Funktionsweise des Brems-Assistenten (BAS) besser zu verstehen, ist ein kurzer Blick in die Technik moderner Bremssysteme notwendig: Herkömmliche Bremskraftverstärker bestehen aus zwei getrennten Kammern, die durch eine bewegliche Membran unterteilt sind. Wird nicht gebremst, dann herrscht in beiden Hälften ein gleichmäßiger Unterdruck, der entweder von einem Saugrohr oder von einer Vakuumpumpe erzeugt wird. Beim Bremsen strömt Luft mit atmosphärischem Druck durch ein mechanisches Steuerventil, das mit dem Tritt aufs Bremspedal geöffnet wird. Das Maximum der Verstärkerkraft ist erreicht, wenn in der hinteren Kammer der volle Druck herrscht. Beim Bremskraftverstärker mit BAS-Funktion öffnet sich beim schnellen Tritt aufs Bremspedal ein Magnetventil und lässt Luft in die hintere Kammer strömen. Durch das größtmögliche Druckgefälle zwischen den Kammern wird automatisch die maximale Verstärkerkraft aufgebaut.

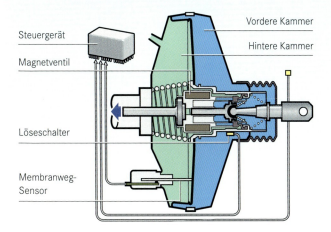

Notbremse:
Der Membranweg-Sensor überwacht die Bewegungen des Bremspedals, sodass der Mikro-Computer eine Notsituation erkennt und sofort den maximalen Bremsdruck aufbauen kann.

145

Regelmäßiger Rädertausch

Um die Lebensdauer der Reifen zu verlängern und eine gleichmäßige Abnutzung der Laufflächen zu erzielen, empfehlen Fachleute, die Vorderräder des Wagens regelmäßig gegen die Hinterräder zu tauschen. Nach rund 10 000 Kilometern sollte man eine solche Aktion erstmals einplanen. Wichtig dabei ist, auf die Laufrichtung der Reifen zu achten und den Räderaustausch nur so vorzunehmen wie es in der Grafik gezeigt ist. Bei einigen Reifentypen ist die Laufrichtung durch einen Pfeil auf der Seitenwand vorgegeben – dieser Hinweis muss unbedingt beachtet werden. Das Umsetzen der Reifen ist freilich nur möglich, wenn Vorder- und Hinterreifen die gleiche Größe haben. Nicht vergessen: Nach dem Rädertausch auch den Reifenluftdruck korrigieren (siehe Praxis-Tipp auf der gegenüberliegenden Seite).

Praxis-Tipp

▶ **Antiblockiersystem:** ABS verhindert ein Blockieren der Räder bei Vollbremsungen und arbeitet auf trockenem Asphalt ebenso zuverlässig wie bei Nässe oder Glatteis. In kritischen Situationen, wenn der Autofahrer aufs Bremspedal tritt, bleibt der Wagen trotz des Bremsmanövers jederzeit richtungsstabil und lenkbar – selbst bei jeweils maximaler Verzögerung.

▶ **Brems-Assistent:** Das von Mercedes-Benz entwickelte System zur Verkürzung des Bremswegs in Notsituationen gehört ebenfalls zum ESP®-Funktionsumfang in der C-Klasse. Der Brems-Assistent (Brake Assist) tritt in Aktion, wenn Autofahrer in kritischen Situationen zu zögerlich oder zu sanft auf das Bremspedal treten. In diesen Fällen baut das System binnen Sekundenbruchteilen automatisch die maximale Bremskraftverstärkung auf und verkürzt dadurch den Anhalteweg des Wagens erheblich (siehe auch Technik-Info auf Seite 145). Tests dokumentieren eindrucksvoll die Wirkung dieses Assistenz-Systems: Bei trockener Fahrbahn benötigten die meisten Fahrer aufgrund des zu sanften Tritts aufs Bremspedal bis zu 73 Meter für eine Vollbremsung aus Tempo 100. Mit Brake Assist standen die Räder dagegen bereits nach nur 40 Metern still. Das entspricht einer Verkürzung des Bremswegs um rund 45 Prozent.

▶ **Antriebsschlupfregelung:** Die vom Antiblockiersystem gelieferten Sensorsignale stehen auch der Antriebsschlupfregelung (ASR) zur Verfügung, die ebenfalls Bestandteil des Electronic Stability Program ESP® ist. Mit Hilfe von ASR wird das Durchdrehen der Antriebsräder beim Anfahren, Beschleunigen und während des Fahr-

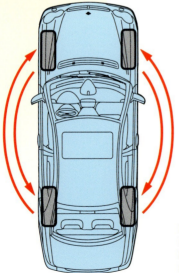

Reifenwechsel:
Durch regelmäßigen Rädertausch lässt sich die Lebensdauer der Pneus erhöhen.

Fahrwerk

betriebs – zum Beispiel bei Glätte – verhindert. Gibt der Fahrer zu viel Gas und dreht eines der angetriebenen Räder durch, wird es per ASR so lange abgebremst, bis wieder ausreichend Traktion erreicht ist. Dadurch wirkt ASR wie ein Sperrdifferenzial. Zusätzlich reduziert der ASR-Computer je nach Fahrsituation das Motor-Drehmoment.

Praxis-Tipp

Reifen- und Luftdruck-Check an der Tankstelle

Vom richtigen Reifenluftdruck hängt viel ab: Fahrsicherheit, Kraftstoffverbrauch, Komfort und Reifenlebensdauer. Deshalb ist es wichtig, Luftdruck und Pneus regelmäßig – etwa alle zwei Wochen – zu überprüfen. Experten-Tipps:

- Luftdruck nur an kalten Reifen messen.
- Die Lauffläche der Reifen kontrollieren und auf Beschädigungen überprüfen.
- Steine oder andere Gegenstände, die sich im Profil festgesetzt haben, sofort entfernen.
- Die Profiltiefe prüfen – bei weniger als vier Millimetern Profiltiefe wird's bei Nässe kritisch, weil die Haftung der Reifen stark nachlässt.
- Die Felgen auf Beschädigungen überprüfen. Verbeulte Felgen in der Mercedes-Werkstatt austauschen lassen, weil dadurch oft auch die Reifen in Mitleidenschaft gezogen werden und sich Risse im Reifengewebe bilden können.

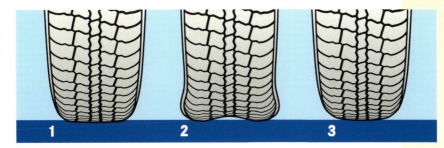

Druckkontrolle:
Nur bei richtigem Reifenluftdruck (1) können die Pneus ihr Versprechen hinsichtlich Fahrsicherheit, Fahrkomfort und Lebensdauer erfüllen. Bei zu geringem Luftdruck (2) verschleißt das Reifenprofil in den Außenzonen sehr stark, bei Überdruck (3) wölbt sich der Reifen und verliert an Fahrbahnhaftung.

Reifenluftdruck: Je nach Beladungszustand zwischen 2,1 und 3,0 bar

		Teillast vorne/hinten	Volllast vorne/hinten
C 180 C 200 KOMPRESSOR C 200 CDI C 220 CDI	Limousine T-Modell Sportcoupé	2,1 / 2,3 2,1 / 2,3 2,1 / 2,3	2,3 / 2,8 2,3 / 2,9 2,3 / 2,9
C 230 KOMPRESSOR	Sportcoupé	2,1 / 2,3	2,3 / 2,9
C 240	Limousine T-Modell	2,1 / 2,3 2,2 / 2,5	2,3 / 2,8 2,5 / 3,0
C 320	Limousine T-Modell	2,2 / 2,4 2,2 / 2,5	2,5 / 2,7 2,5 / 3,0
C 270 CDI	Limousine T-Modell	2,2 / 2,4 2,2 / 2,5	2,5 / 2,7 2,5 / 3,0

Angaben in bar. Die Teillastwerte gelten für eine geringe Belastung des Fahrzeugs. Bei größerer Zuladung, höherer Fahrgeschwindigkeit und bei sommerlichen Temperaturen werden die Volllastwerte empfohlen.

Neuer Glanz für Leichtmetallräder

Leichtmetallräder zählen zu den optischen Höhepunkten eines Automobils und prägen dessen Erscheinungsbild. Um diesen Effekt zu erhalten ist jedoch eine regelmäßige Pflege notwendig. Weil Waschanlagen es kaum schaffen, Räder vom Bremsstaub und Straßenschmutz zu befreien, sollten Autobesitzer selbst Hand anlegen und die Alu-Felgen ihres Wagens wieder auf Hochglanz bringen. Als Pflegemittel empfehlen Fachleute das Auto-Shampoo aus dem Mercedes-Sortiment oder den Spezialreiniger für Leichtmetallfelgen, den es ebenfalls beim Mercedes-Händler gibt. Andere säurehaltige Reinigungsmittel vermeiden, denn sie können Korrosion an den Radschrauben verursachen. Pflege-Tipps:

▶ Felgen mit dem Reinigungsmittel einsprühen und einige Zeit warten.
▶ Anschließend den groben Schmutz mit einem weichen Schwamm abwischen.
▶ Nicht kratzen oder scheuern.
▶ Felgen mit reichlich Wasser abspritzen.
▶ Trockenreiben oder Nachpolieren ist nicht notwendig.

Praxis-Tipp

Räder und Reifen: Ein rundes Programm

Serienmäßig fahren die Limousinen und T-Modelle C 180, C 200 KOMPRESSOR, C 200 CDI und C 220 CDI in den Lines CLASSIC und ELEGANCE auf Breitreifen des Formats 195/65 R 15, die auf 6 J x 15-Rädern montiert sind. Die Line AVANTGARDE macht serienmäßig durch 16-Zoll-Räder und Reifen der Größe 205/55 R 16 auf sich aufmerksam. Diese Kombination gehört auch bei den Fünf- und Sechszylindermodellen (C 240, C 320 und C 270 CDI) in allen Lines und beim Sportcoupé zur Serienausstattung. Zum Wahlprogramm bei den Rädern und Reifen gehören folgende Kombinationen:

▶ Leichtmetallräder im Sieben-Speichen-Design in der Größe 6 J x 15 für die Modelle C 180, C 200 KOMPRESSOR, C 200 CDI und C 220 CDI, die auf Wunsch für alle Lines lieferbar sind.
▶ Leichtmetallräder im sportlichen Fünf-Doppelspeichen-Design (7 J x 16) für alle Motorvarianten und Lines. Zu dieser Wunschausstattung gehören Reifen der Dimension 205/55 R 16.

Noch dynamischer präsentieren sich Limousine und T-Modell mit Sportfahrwerk in Verbindung mit der Wunschausstattung „Leichtmetallräder im Fünf-Doppelspeichen-Design". Die Reifen der Größe 225/50 R 16 sind dabei an der Vorderachse auf 7 J x 16-Rädern und an der Hinterachse auf noch breiteren Leichtmetallrädern der Größe 8 J x 16 montiert – ganz im Sinne sportlicher Fahrdynamik. In Verbindung mit dem Sportfahrwerk ist auch eine 17-Zoll-Mischbereifung auf attraktiven AMG-Leichtmetallfelgen möglich: vorn 225/45 R 17 und hinten 245/40 R 17.

Fahrwerk

Serienmäßige Felgen-Reifen-Kombinationen: Im 15- oder 16-Zoll-Format

Modell	Line/Variante	Reifen	Räder	Ausführung
C 180/C 200 KOM-	CLASSIC	195/65 R 15	6 J x 15	Stahl
PRESSOR/C 200 CDI/	ELEGANCE	195/65 R 15	6 J x 15	LM 7-Loch-Design
C 220 CDI	AVANTGARDE	205/55 R 16	7 J x 16	LM 5-Loch-Design
C 240/C 320/	CLASSIC	205/55 R 16	7 J x 16	Stahl
C 270 CDI	ELEGANCE	205/55 R 16	7 J x 16	LM 7-Loch-Design
	AVANTGARDE	205/55 R 16	7 J x 16	LM 5-Loch-Design
C 32 AMG		vorn: 225/45 R 17	7,5 J x 17	LM AMG-Doppel-
		hinten: 245/40 R 17	8,5 J x 17	speichen-Design
C 180	Sportcoupé	205/55 R 16	7 J x 16	Stahl
C 200 KOMPRESSOR	Sportcoupé	205/55 R 16	7 J x 16	Stahl
C 230 KOMPRESSOR	Sportcoupé	205/55 R 16	7 J x 16	LM Doppel-
				speichen-Design
C 220 CDI	Sportcoupé	205/55 R 16	7 J x 16	Stahl

Schmuckstücke:
Die CLASSIC-Modelle fahren serienmäßig mit formschönen Radzierblenden (ganz oben) von der Montagelinie. Zur AVANT-GARDE-Ausstattung gehören Leichtmetallfelgen im Fünfloch-Design (Mitte), während der C 32 AMG auf besonders exklusiven 17-Zoll-Felgen (rechts) rollt. Leichtmetallfelgen im sportlichen Doppelspeichen-Design mit Breitreifen des Formats 205/55 R 16 (unten) sind auf Wunsch für alle Modelle lieferbar.

Motoren und Getriebe

Starker Typ

Mehr Leistung, höheres Drehmoment, geringere Abgas-Emissionen – das waren die Ziele bei der Motorentwicklung für die C-Klasse. Sie wurden erreicht: Sieben Triebwerke stehen zur Auswahl, die im Vergleich zu den jeweiligen Vorgängermodellen bis zu 20 Prozent mehr Leistung und ein Drehmomentplus von bis zu 43 Prozent bieten. Und die Abgaswerte der Benziner verringerten sich um 56 Prozent.

Sechserpack:
Für Limousine und T-Modell ist erstmals der drehmomentstarke 3,2-Liter-Sechszylindermotor lieferbar.

Kraftprotz:
Für das Sportcoupé bietet Mercedes-Benz den 2,3-Liter-Kompressormotor aus dem Roadster SLK an. Er leistet 145 kW/197 PS.

Verriet das Typenschild der Mercedes-Modelle bisher stets, welches Triebwerk sich unter der Motorhaube verbirgt, so heißt es bei der neuen C-Klasse umdenken. Zwei der vier Benzinmodelle tragen zwar noch immer die bekannten Typbezeichnungen C 180 und C 240, doch diese Nomenklatur ist kein Indiz mehr für den Hubraum der Motoren. So schöpft der C 180 seine Kraft jetzt aus einem 2,0-Liter-Triebwerk und der C 240 ist in Wahrheit mit einem 2,6-Liter-V6-Motor ausgestattet.

Durch den größeren Hubraum erzielen die Mercedes-Ingenieure ein höheres Drehmoment, das die beiden Modelle im unteren Drehzahlbereich noch agiler und noch durchzugskräftiger macht als bisher. Allein beim 95 kW/129 PS starken Basismodell beträgt das Drehmoment-Plus rund neun Prozent, sodass der C 180 dem dynamischen und agilen Charakter der C-Klasse entspricht. In Zahlen: Ab 4 000/min steht ein Drehmoment von 190 Newtonmetern zur Verfügung, das den Zwischenspurt von 60 auf 120 km/h im fünften Gang auf 20,2 Sekunden verkürzt. Das sind immerhin rund sechs Sekunden weniger als beim Vorgängertyp.

Vierzylinder: Über 150 Verbesserungen im Detail

Prinzipiell blieb in Sachen Vierzylinder-Technik alles beim Alten: Für den Antrieb von C 180 und C 200 KOMPRESSOR sorgt auch weiterhin das bewährte Mercedes-Triebwerk, das mit verschiedenen Hubraumgrößen auch in der C-, CLK-, E-, M- und V-Klasse eingesetzt wird. Doch die Stuttgarter Ingenieure haben den Motor in wesentlichen Punkten weiterentwickelt und auf die Einbauverhältnisse in der C-Klasse abgestimmt. Dazu war es unter anderem notwendig, die Ölwanne an die veränderte Motorlage anzupassen, die Position der Lichtmaschine um 20 Millimeter anzuheben, den Luftfilter neu zu integrieren und das Verbindungsstück zwischen Kurbelgehäuse und Sechsgang-Schaltgetriebe neu zu konstruieren. Außerdem erhielt der 2,0-Liter-Motor des C 180 eine Sekundärlufteinblasung, die den Wirkungsgrad der Abgasreinigung während der Kaltlaufphase des Motors deutlich steigert. Beim Kompressor-Triebwerk ist diese Technik seit jeher Standard.

Doch damit nicht genug. Gleichzeitig haben die Motoren-Ingenieure die Vierzylinder auch in puncto Abgas-Emissionen, Drehmoment-Charakteristik und Geräuschkomfort fit für die Zukunft gemacht. In der Summe wurden über 150 Bauteile des Motors optimiert. So zeichnet sich der Zylinderkopf durch strömungsoptimierte Ein- und Auslasskanäle mit ovalem Querschnitt aus, die für eine bessere Zylinderfüllung sorgen. Dem gleichen Zweck dient eine neue, kompaktere Brennraumgestaltung; sie verringert zusätzlich die Wärmeverluste, was sich durch geringere Schadstoff-Emissionen und bessere spezifische Verbrauchswerte bemerkbar macht. Die Einlass-Nockenwelle wurde mit einem speziellen Hallgeber ausgestattet, der beim Kaltstart die Position des Kolbens im ersten Zylinder ermittelt und somit eine schnellere Ansteuerung der entsprechenden Einspritzventile ermöglicht. Ergebnis: Das Startverhalten des kalten Motors verbessert sich deutlich.

Um die Leistungsfähigkeit der Zündanlage zu steigern, setzen die Mercedes-Ingenieure moderne Einzelfunken-Zündspulen ein, die direkt in den Zylinderkopf integriert sind. Neu sind auch die modernen Platin-Zündkerzen, deren Lebensdauer rund 100 000 Kilometer beträgt. Für die exakten Zündbefehle sorgt eine neue elektronische Motorsteuerung, die sich durch eine so genannte Momentenschnittstelle auszeichnet und dadurch das Zusammenspiel von

Benzinmotoren: Von 95 kW/129 PS bis 260 kW/354 PS

		C 180	C 200 KOMPRESSOR	C 230 KOMPRESSOR*	C 240	C 320	C 32 AMG
Zylinder/Ventile		4/4	4/4	4/4	6/3	6/3	6/3
Hubraum	cm³	1 998	1 998	2 295	2 597	3 199	3 199
Leistung	kW/PS	95/129	120/163	145/197	125/170	160/218	260/354
Max. Drehmoment	Nm	185	230	280	240	310	450
	bei 1/min	3 500	2 500 - 4 800	2 500 - 4 800	4 500	3 000 - 4 600	4 400

* Sportcoupé

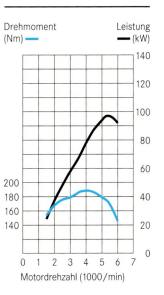

Mercedes-Benz C 180 Leistungsdiagramm

Technik-Info

**Pleuel:
Standfest dank „cracken"**

Die Pleuel der Benzinmotoren werden nach dem so genannten Crack-Verfahren hergestellt, das bestmögliche Passgenauigkeit garantiert. Das bedeutet: Während die Pleuel bisher aus Schmiedestahl bestanden, der geschnitten und anschließend geschliffen werden musste, werden die Pleuel der Vier- und Sechszylinder-Triebwerke hohlgebohrt und auf hydraulischem Wege „gebrochen". So entsteht eine Bruchstelle, deren unregelmäßige, raue Körnung bei der Pleuelmontage für optimale Passgenauigkeit und dauerhaften Halt sorgt.

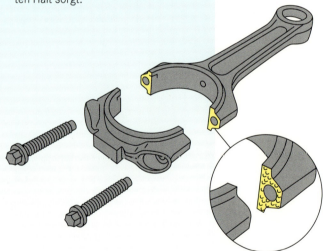

Motor, Getriebe und serienmäßigem Electronic Stability Program ESP® perfekt koordinieren kann. Elektronisch erfasst der Motor-Computer auch die Wünsche des Autofahrers: Das serienmäßige E-Gas-System der Vierzylinder-Triebwerke arbeitet mit einem Sensor, der die Stellung des Gaspedals erfasst und die Drosselklappe via Steuergerät elektrisch steuert.

Belüftung: Sauggebläse mit bedarfsgerechter Regelung

Ein neu entwickelter elektrischer Sauglüfter versorgt den Motorraum mit Kühlluft. Er arbeitet bedarfsorientiert, schaltet sich im Interesse des Kraftstoffverbrauchs und der Geräuschreduzierung nur ein, wenn er gebraucht wird. Die Motordrehzahl spielt dabei keine Rolle. Eine elektronische Steuerung macht es möglich: Auf Basis der Messdaten über Kühlmitteltemperatur, Außentemperatur und Motorlast ermittelt ein Mikro-Computer die optimale Drehzahl des Lüfters und überwacht seine Funktion ständig unter Berücksichtigung neuer Daten. Nur im Leerlauf, im Stop-and-Go-Verkehr oder bei niedriger Geschwindigkeit arbeitet der Lüfter unabhängig von der Kühlmitteltemperatur mit geringer Drehzahl, um eine ausreichende Grundbelüftung des Motors sicherzustellen. Im Vergleich zum bisherigen Visko-Lüfter, der mittels Kupplung nur jeweils nach Motordrehzahl eingeschaltet wurde und deshalb häufig ein Zusatzgebläse benötigte, reduziert sich die Antriebsleistung für die Motorbelüftung um mehr als die Hälfte – das macht sich beim Spritverbrauch bemerkbar.

Für hörbaren Fortschritt unter der Motorhaube der Vierzylinder-Modelle sorgen hingegen neu entwickelte Steuerräder mit spezieller Gummibeschichtung, die das Laufgeräusch der Triebwerke vermindert. Auch die Luftführungsteile und das Saugrohr wurden im Hinblick auf den Akustik-Komfort modifiziert. Ein neu entwickelter

Akustik:
Optimierte Luftführungsteile und spezielle Resonatoren im Ansaugtrakt senken den Geräuschpegel der Vierzylindermotoren.

Breitband-Resonator senkt die Ansauggeräusche im Frequenzbereich zwischen 600 und 1 500 Hertz und die neue Abdeckung über dem Saugrohr wirkt ebenfalls geräuschmindernd. Übrigens: Das Saugrohr der Vierzylinder-Motoren besteht aus Kunststoff.

Kompressormotor: Dynamik serienmäßig

Die Wirtschaftlichkeit eines Vierzylinders kombinieren die neuen Kompressormotoren in vorbildlicher Weise mit der Leistungscharakteristik eines Sechszylinders. Die Werte: Stolze 230 Newtonmeter Drehmoment beschleunigen zum Beispiel den C 200 KOMPRESSOR ab 2 500/min binnen 15,1 Sekunden von 60 auf 120 km/h (im fünften Gang) und für den Spurt von null auf 100 km/h benötigt die Limousine 9,3 Sekunden. Diese beachtlichen Leistungs- und Drehmomentwerte stehen nicht im Widerspruch zum Engagement der Motoren-Ingenieure, den Kraftstoffverbrauch noch weiter zu drosseln. Im Gegenteil: Beim Vergleich mit dem bisherigen C 200, der rund 20 Prozent weniger Leistung und Drehmoment entwickelte, verbraucht der neue C 200 KOMPRESSOR auf 100 Kilometer nur 0,1 Liter Kraftstoff mehr: 9,5 Liter (NEFZ-Gesamtverbrauch der Limousine).

So stellt Mercedes-Benz erneut das hohe Entwicklungspotenzial der mechanischen Aufladung unter Beweis. Denn gegenüber dem Abgasturbolader bietet diese Technik beim Ottomotor eine Reihe von Vorteilen, die sich vor allem positiv auf die Drehmomentcharakteristik des Triebwerks auswirken – und den Fahrspaß. Dafür sorgt beispielsweise das bessere Ansprechverhalten des Kompressors, der seinen Ladedruck spontan und gleichmäßig aufbaut. Das so genannte Turboloch vor dem Einsetzen eines Abgasturboladers gibt es beim mechanischen Lader nicht, denn anders als der Turbolader eines Benzinmotors ist der Kompressor auf direktem Wege – per Riemenantrieb – mit dem Motor gekoppelt und kann infolgedessen sofort auf die Gaspedalbewegungen des Fahrers reagieren. Demgegenüber wird der Turbolader erst durch den Abgasstrom auf Touren gebracht,

Praxis-Tipp

Neue Motoren richtig einfahren

Einfahrvorschriften, wie sie früher einmal üblich waren, gibt es bei Mercedes-Benz nicht mehr. Es genügt, wenn Neuwagenbesitzer die wenigen Hinweise beachten, die sie bei Übernahme ihres Wagens erhalten:

► Während der ersten 1 500 Kilometer mit wechselnder Geschwindigkeit und Drehzahl fahren.
► Hohe Belastung (Vollgas) und hohe Drehzahlen (mehr als 2/3 der Höchstgeschwindigkeit in den einzelnen Gängen) sowie ein besonders niedertouriges Fahren vermeiden.
► Nach Erreichen der 1 500-Kilometer-Marke langsam auf Höchstgeschwindigkeit steigern, wenn es die Verkehrslage erlaubt.
► Beim ersten Mal nur kurzzeitig mit Höchstgeschwindigkeit fahren, danach sollte man die Geschwindigkeit durch Zurücknahme des Fahrpedals wieder reduzieren, um kurze Zeit wieder auf Höchstgeschwindigkeit zu beschleunigen.

Kraftkur:
Der Kompressor verdichtet den Luftstrom zwischen Luftfilter und Saugrohr. Von dort strömt die Luft in den Ladeluftkühler, der sie stark abkühlt. So kann der Motor im Interesse hoher Leistungsausbeute größere Luftmassen verarbeiten.

Kompressor

was einen prinzipbedingten Zeitverzug zwischen dem Tritt aufs Pedal und dem Einsetzen der Turboaufladung zur Folge hat.

Der mechanische Lader arbeitet nach dem Prinzip des Roots-Gebläses, das die Amerikaner Francis und Philander Roots bereits 1860 erfunden haben. Gemeinsam mit Fachleuten der Firma Eaton haben die Stuttgarter Ingenieure den Kompressor weiterentwickelt und in etlichen Punkten optimiert, die für hörbaren Fortschritt sorgen. So zeichnet sich der Motor des C 200 KOMPRESSOR und des Sportcoupés C 230 KOMPRESSOR durch eine neu entwickelte Lagertechnik aus, die den Einsatz der elektromagnetischen Kupplung zwischen Triebwerk und Lader überflüssig macht. Dank dieser neuen Lagertechnik arbeitet der Kompressor weitaus leiser, sodass seine Abkopplung im Leerlauf nicht mehr erforderlich ist. Außerdem verringert sich durch den Verzicht auf die Laderkupplung das Gewicht der Kompressor-Motoren. Absorptionsdämpfer vor und hinter dem Kompressor leisten einen weiteren Beitrag zur Geräuschreduzierung.

Motoren und Getriebe

Technik-Info

Kompressor:
Gebläse vor den Zylindern

Der Kompressor des 2,0-Liter-Motors befindet sich zwischen Luftfilter und Saugrohr. Sein Antrieb erfolgt mit Hilfe eines separaten Keilrippenriemens direkt von der Kurbelwelle. Der mechanische Lader übernimmt die Funktion eines Gebläses, das bereits im Ansaugsystem Druck macht. Es komprimiert den Luftstrom vor den Zylindern. So entsteht der so genannte Ladedruck – eine der wichtigsten Voraussetzungen für die bessere Füllung der Zylinder und die wirkungsvollere Beatmung des Motors. Die dreiflügeligen, um 60 Grad verschränkten Rotoren im Inneren des Ladergehäuses, die sich berührungslos mit einer Drehzahl von bis zu 14 000/min drehen und Luft von der Saugseite zur gegenüberliegenden Druckseite schaufeln, sind mit Kunststoff beschichtet. Er ermöglicht eine Verkleinerung der Dichtspalte zwischen den Rotoren auf weniger als 0,2 Millimeter; die Luft kann deshalb nicht entweichen und der Kompressor arbeitet schon bei niedriger Drehzahl mit hoher Förderleistung.

Luftfilter

Ladeluftkühler

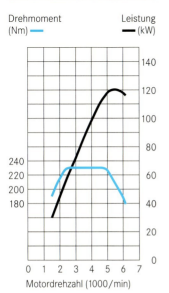

**Mercedes-Benz
C 200 KOMPRESSOR
Leistungsdiagramm**

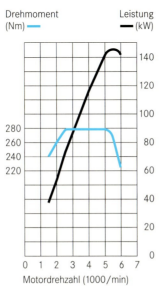

**Mercedes-Benz
C 230 KOMPRESSOR
Leistungsdiagramm**

**Gebläse:
Der Kompressor wurde in puncto Geräuschentwicklung nochmals verbessert.**

AMG-Motor:
Hightech aus dem Motorsport

Mit seinem 260 kW/354 PS starken V6-Kompressormotor stößt der C 32 AMG in neue Drehmoment-Dimensionen vor: Beachtliche 450 Newtonmeter stehen ab 4 400/min zur Verfügung – ein absoluter Spitzenwert, den kein anderes Fahrzeug in diesem Marktsegment erreicht. Noch besser: Bereits ab 2 300/min sind rund 90 Prozent des maximalen Drehmoments abrufbereit – über 400 Newtonmeter.

Kernstück des Triebwerks ist ein neu konstruierter Kompressor, der für einen ungewöhnlich hohen Luftdurchsatz sorgt. Dieser mechanische Lader arbeitet als Schraubenkompressor mit aus Alu gegossenen und teflonbeschichteten Rotoren. Bei Höchstdrehzahl erreichen sie 20 700 Umdrehungen pro Minute und pressen dabei bis zu 1 200 Kilogramm Luft pro Stunde in die Zylinder. Mit anderen Worten: Der Schraubenlader erzeugt bis zu 30 Prozent mehr Ladedruck als andere Kompressoren. Die durch das Komprimieren erhitzte Luft kühlen die AMG-Ingenieure mittels eines speziell entwickelten Ladeluftkühlers ab: Statt durch einen herkömmlichen Luft-Luftkühler führen sie die Luft durch einen aufwendigen Gegenstrom-Wasserladeluftkühler, der auch Temperaturspitzen wirksam ausgleicht. Mit dieser Hightech erreicht der C 32 AMG Sportwagen-ähnliche Fahrleistungen: Für den Spurt von null auf 100 km/h benötigt die Limousine nur 5,2 Sekunden. Und mit einem NEFZ-Gesamtverbrauch von nur 11,5 Liter Superbenzin je 100 Kilometer demonstriert die Hochleistungs-Limousine, dass auch aufregend sportliche Fahrleistungen keineswegs zu Lasten des Kraftstoffverbrauchs gehen müssen. Überdies erfüllt der C 32 AMG bereits heute die strengen Grenzwerte der EU-4-Abgasnorm, die ab 2005 gelten.

Drucksache:
Dank eines speziellen Schraubenkompressors, der einen 30 Prozent höheren Ladedruck aufbaut, entwickelt der V6-Motor des C 32 AMG stolze 450 Newtonmeter Drehmoment.

Technik-Info

Sechszylinder: 18 Ventile und ein Dutzend Zündkerzen

Den Zylinderdurchmesser des V6-Motors im C 240 haben die Mercedes-Ingenieure von bisher 83,2 auf 89,9 Millimeter vergrößert, sodass jetzt insgesamt ein Hubraum von 2 597 Kubikzentimetern zur Verfügung steht. Das macht sich bei gleicher Leistung (125 kW/170 PS) durch ein Drehmomentplus von knapp sieben Prozent bemerkbar: Bei 4500/min entwickelt der Sechszylinder jetzt 240 Newtonmeter. Beachtlich ist, wie sich diese verbesserte Motorcharakteristik in Verbindung mit der guten Aerodynamik der C-Klasse auf die Fahrleistungen auswirkt: Die Höchstgeschwindigkeit liegt mit 235 km/h um 17 km/h über dem Wert des bisherigen, gleich starken C 240.

Noch größeren Fahrspaß bietet die C-Klasse in Verbindung mit dem kraftvollen 3,2-Liter-Motor, den Mercedes-Benz auch in der CLK-, E-, S-, SLK- und M-Klasse einsetzt und der zu den drehmomentstärksten Trieb-

Motoren und Getriebe

Sechszylinder: Dreiventiltechnik, Doppelzündung und moderne Leichtbautechnik zählen zu den wichtigsten Besonderheiten der V6-Motoren für die C-Klasse.

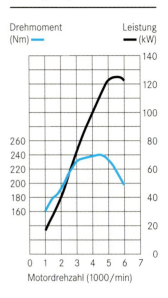

Mercedes-Benz C 240 Leistungsdiagramm

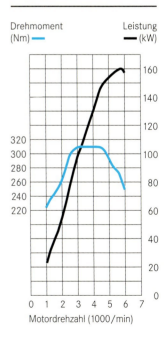

Mercedes-Benz C 320 Leistungsdiagramm

werken seiner Hubraumklasse zählt. Beide V-Triebwerke zeichnen sich durch eine Reihe technischer Innovationen aus:

▶ **Dreiventil-Technik** zur schnellen Katalysator-Erwärmung nach dem Kaltstart, denn durch den Verzicht auf einen Auslasskanal steigt die Abgastemperatur. Die Emissionen verringern sich dadurch um rund 40 Prozent.

▶ **Phasenversetzte Doppelzündung** für eine wirkungsvolle Verbrennung, denn zwei Zündkerzen, die jeweils kurz hintereinander aktiviert werden, leisten mehr als eine.

Praxis-Tipp

Ölstandskontrolle auf Knopfdruck

Die moderne Elektronik, die das **A**ktive **S**ervice **Syst**em (ASSYST) mit den notwendigen Sensordaten versorgt, macht auch dem Autofahrer das Leben leichter: Eine manuelle Ölstandskontrolle mittels Peilstabs ist in der C-Klasse nicht mehr notwendig. Stattdessen genügt ein Knopfdruck am Multifunktions-Lenkrad und die gewünschte Information erscheint auf dem Zentral-Display des Kombi-Instruments. Voraussetzung für die elektronische Ölstandskontrolle ist, dass die Limousine auf einer ebenen Fläche steht und dass nach dem Abstellen des warmen Motors etwa fünf Minuten Wartezeit vergangen sind, bis das im Motor umlaufende Öl in die Ölwanne zurückgeflossen ist. Während der Fahrt arbeitet das System automatisch und meldet sich nur, wenn der Ölstand ein kritisches Niveau erreichen sollte. Eine manuelle Kontrolle des Motorölstands ist nur noch bei den Benzinern mit vier Zylindern möglich. Die V6-Triebwerke und die CDI-Motoren haben keinen herkömmlichen Peilstab mehr – die Möglichkeit zum Ölwechsel mittels Absaugtechnik besteht auch weiterhin.

- **Zylinder-Laufbuchsen** aus neuartiger Aluminium-Silizium-Technik für günstigeren Kraftstoffverbrauch, denn die Motorreibung verringert sich dank dieser Werkstoffkombination um rund 45 Prozent.
- **Moderne Leichtbaukonstruktion** aus Aluminium und Magnesium-Druckguss, die ebenfalls zur Benzinersparnis beiträgt. Der 3,2-Liter-Motor bringt insgesamt nur rund 150 Kilogramm auf die Waage.
- **Schaltbares Saugmodul,** das die Durchzugskraft des Motors im unteren Drehzahlbereich deutlich erhöht.

Abgasreinigung: Fit für die Zukunft

Um die strengen Schadstofflimits der europäischen EU-4-Regelung und der amerikanischen ULEV-Vorschrift (Ultra Low Emission Vehicles) zu erfüllen, hat Mercedes-Benz ein aufwendiges Abgasreinigungssystem entwickelt. Damit betragen die Abgas-Emissionen gemäß der EU-4-Richtlinie für Kohlenmonoxid nur 1,0 Gramm, für Kohlenwasserstoffe 0,1 Gramm und für Stickoxide nur 0,08 Gramm – das

Einsatz:
Die Zylinder-Laufbuchsen bestehen aus einer besonders reibungsarmen Metalllegierung.

sind bis zu 56 Prozent weniger als bei der derzeit gültigen EU-3-Vorschrift. Deutsche Käufer eines Benzinmodells der Mercedes-Benz C-Klasse profitieren von den vorbildlichen Abgaswerten durch einen einmaligen Steuerbonus in Höhe von 600 Mark (bei Erstzulassung bis 31. Dezember 2004) sowie einem reduzierten Kraftfahrzeugsteuersatz von zehn Mark je 100 Kubikzentimeter Hubraum.

Die Komponenten des Motors und der Abgasanlage, deren ordnungsgemäße Funktion für die geringen Abgaswerte erforderlich ist, werden elektronisch überwacht. Diese so genannte Onboard-Diagnose, die zu den Anforderungen der künftigen EU-4-Abgasrichtlinie gehört, beinhaltet zum Beispiel die kontinuierliche Diagnose des Kat-Wirkungsgrads, die Überwachung der Zündanlage, die elektrische Überprüfung des Regenerierventils sowie die Kontrolle der Lambdasonden, die vor und hinter den Stirnwand-Katalysatoren angeordnet sind. Ist eines dieser Systeme gestört, leuchtet im Kombi-Instrument die Anzeige „Check Engine" auf.

Dieselmotoren: CDI-Technik von 116 bis 170 PS

Das Kürzel CDI steht jetzt einheitlich auf dem Kofferraumdeckel aller Diesel-Modelle der Mercedes-Benz C-Klasse. Es ist das Synonym für die fortschrittlichste Dieseltechnik: Kraftstoff-Direkteinspritzung nach dem Common-Rail-Prinzip plus Piloteinspritzung plus Vierventil-Technik plus Turbolader plus Ladeluftkühlung. Das Ergebnis dieser Diesel-Formel garantiert hohes Drehmoment, vorbildliche Agilität und geringen Kraftstoffverbrauch – beste Voraussetzungen für ungetrübten Fahrspaß. Gegenüber den Vorgängermodellen entwickeln die drei Dieselmotoren der C-Klasse bis zu 14 Prozent mehr Leistung und bis zu 43 Prozent mehr Drehmoment. Der Kraft-

Drucksache:
Der neue Turbolader mit variabler Turbinen-Geometrie steigert Drehmoment und Leistung der CDI-Motoren deutlich.

Dieselmotoren: Von 85 kW/116 PS bis 125 kW/170 PS

		C 200 CDI*	C 220 CDI	C 270 CDI*	
Zylinder/Ventile		4/4	4/4	5/4	
Hubraum	cm³	2 148	2 148	2 685	
Leistung	kW/PS	85/116	105/143	125/170	
Max. Drehmoment	Nm	250	315	370	400**
	bei 1/min	1400–2600	1800–2600	1600–2800	1800–2600

* Limousine und T-Modell; ** mit Fünfgang-Automatik

Mercedes-Benz C 200 CDI Leistungsdiagramm

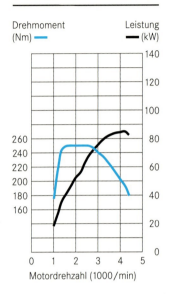

Mercedes-Benz C 220 CDI Leistungsdiagramm

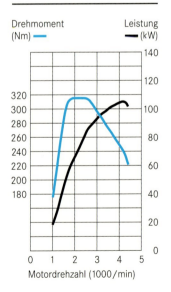

stoffverbrauch der Selbstzünder blieb jedoch auf sehr niedrigem Niveau: Er beträgt je nach Motor nur zwischen 6,1 und 7,1 Liter je 100 Kilometer (NEFZ-Gesamtverbrauch).

Das Leistungs- und Drehmomentplus ist in erster Linie dem neuartigen VNT-Abgasturbolader zu verdanken. Die drei Buchstaben stehen für die englischen Begriffe Variable Nozzle Turbine. Im Klartext: Die Leitschaufeln im Inneren des Laders, die für den Ladedruck sorgen, lassen sich je nach Motorbetrieb verstellen. So kann das System die jeweils größtmögliche Abgasmenge für die Komprimierung der Ansaugluft nutzen. Bei niedriger Motordrehzahl verringern die Leitschaufeln den Strömungsquerschnitt, und der Ladedruck steigt aufgrund des Düsen-Effekts. Bei hohen Motordrehzahlen wird der Querschnitt hingegen vergrößert und die Drehzahl des Laders nimmt ab (siehe auch Technik-Info auf Seite 164). Damit ist der VNT-Lader herkömmlichen Aufladungssystemen für Dieselmotoren überlegen, denn sie müssen je nach Betriebspunkt des Motors jeweils einen Teil der Abgasmenge ungenutzt an der Turbine vorbeiführen. Beim Turbolader der CDI-Motoren kann dagegen stets die gesamte Abgasenergie für die Erzeugung des Ladedrucks genutzt werden. Das macht sich vor allem im unteren Drehzahlbereich durch ein schnelleres „Anspringen" des Turboladers sowie durch bessere Zylinderfüllung und somit höheres Drehmoment bemerkbar.

Zum Aufladungssystem der CDI-Motoren gehört auch ein Ladeluftkühler, der die komprimierte Ansaugluft um bis zu 70 Grad Celsius abkühlt.

Common Rail: Druck in der Leitung

Auch mit der Common-Rail-Technik erzielt Mercedes-Benz gegenüber anderen Einspritzsystemen deutliche Fortschritte. Während herkömmliche Diesel-Direkteinspritzer den Kraftstoffdruck für jeden Einspritzvorgang aufs Neue erzeugen, wird er bei den CDI-Triebwerken unabhängig von der Einspritzfolge aufgebaut und steht in der Kraftstoffleitung permanent zur Verfügung. Die elektronische Motorsteuerung regelt den Einspritzdruck je nach Dreh-

Technik-Info

Zusatzheizsystem: Elektro-Heizung für die CDI-Modelle

Aufgrund ihres hohen thermischen Wirkungsgrads sind die CDI-Motoren von Mercedes-Benz in puncto Kraftstoffverbrauch zwar sparsam, sie geben deshalb aber auch nur wenig Verlustwärme an das Kühlmittel ab. Folge: Die Heizwirkung fällt geringer aus als bei einem Auto mit herkömmlichem Triebwerk. Deshalb sind die Diesel-Direkteinspritzer serienmäßig mit einem elektrischen Zusatzheizsystem ausgestattet, das 2 000 Watt leistet und sich bedarfsgerecht – je nach Außentemperatur – einschaltet. Außerdem kommt ein wassergekühlter Generator zum Einsatz, der während der Fahrt mit bis zu 18 000/min arbeitet und dabei Wärme erzeugt, die er an das Kühlwasser abgibt. So steigert er nicht nur die Leistung der Heizung, sondern sorgt nach dem Kaltstart auch für eine schnellere Erwärmung des Motors, was sich positiv auf die Abgas-Emissionen auswirkt.

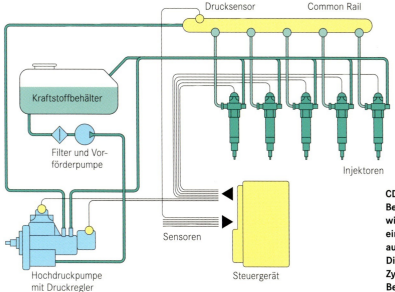

CDI-Prinzip:
Bei der Common-Rail-Technik wird der hohe Einspritzdruck in einer gemeinsamen Leitung aufgebaut und konstant gehalten. Die Kraftstoffversorgung der Zylinder erfolgt individuell je nach Bedarf.

VNT-Turbolader:
Variable Anpassung des Ladedrucks

Die Abgase des Motors werden über den Auspuffkrümmer in das Turbinengehäuse des Turboladers geleitet und versetzen dessen Turbinenrad in eine Drehbewegung. Dadurch wird auch das Verdichterrad angetrieben, das über eine Achse mit dem Turbinenrad verbunden ist. So kann das Verdichterrad Frischluft ansaugen und sie vor dem Motor komprimieren. Der Ladedruck wird durch Verstellen der Leitschaufeln geregelt: Der Führungszapfen des Steuergestänges, das zur Unterdruckdose gehört, dreht einen Verstellring im Turbinengehäuse, der jede einzelne der drehbaren Leitschaufeln bewegt. Ihr Winkel verändert sich also immer simultan und passt sich mittels Unterdrucksteuerung dem jeweiligen Motorbetrieb an: Bei niedrigen Drehzahlen wird durch Schließen der Leitschaufeln der Strömungsquerschnitt verkleinert, sodass sich die Anströmgeschwindigkeit der Abgase auf das Turbinenrad erhöht und die Drehzahl des Laders steigt. Bei hohen Motordrehzahlen werden die Leitschaufeln zunehmend geöffnet und damit der Strömungsquerschnitt vergrößert, wodurch sich die Drehzahl des Laders vermindert und der Ladedruck abnimmt. Den jeweils optimalen Öffnungswinkel der Leitschaufeln bestimmt der Motor-Computer. Dort ist ein Kennfeld gespeichert, in dem zu jedem Motorbetriebspunkt ein optimaler Ladedruck gehört.

Technik-Info

zahl und Last des Triebwerks auf Basis aktueller Sensordaten von Nocken- und Kurbelwelle. Mit anderen Worten: Druckerzeugung und Einspritzung erfolgen unabhängig voneinander.

Die wichtigste Voraussetzung für diese Arbeitsteilung ist ein spezieller Speicher, in dem der hohe Einspritzdruck von bis zu 1350 bar konstant gehalten wird. Diese Aufgabe übernimmt die gemeinsame Kraftstoffleitung (Common Rail). Sie ist mit den Einspritzdüsen (Injektoren) verbunden, an deren Enden schnell schaltende Magnetventile die

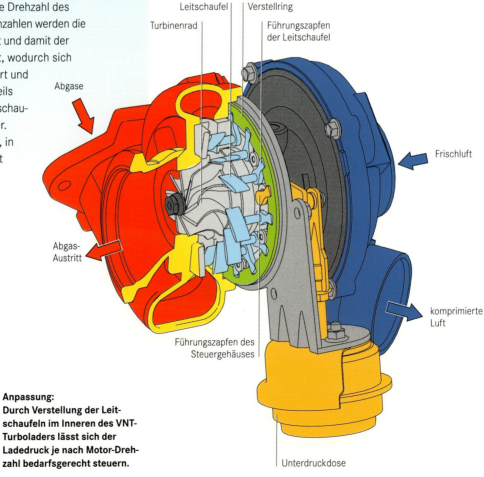

Anpassung:
Durch Verstellung der Leitschaufeln im Inneren des VNT-Turboladers lässt sich der Ladedruck je nach Motor-Drehzahl bedarfsgerecht steuern.

**Mercedes-Benz C 270 CDI
Leistungsdiagramm**

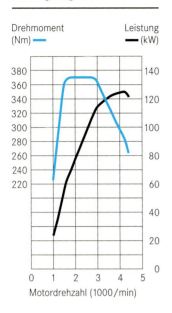

Leistungsträger:
Das Fünfzylinder-Triebwerk mit Common-Rail-Einspritzung, Turbolader und Vierventil-Technik entwickelt beachtliche 370 Newtonmeter Drehmoment. In Verbindung mit der Fünfgang-Automatik steigt dieser Wert sogar auf 400 Newtonmeter.

Regelung des Einspritz-Zeitpunkts und die Dosierung der Kraftstoffmenge übernehmen. Der Mikro-Computer steuert die Öffnungsdauer der Ventile – und damit die Menge des eingespritzten Kraftstoffs – variabel je nach Betriebszustand oder Leistungsbedarf. Schließt die Motorsteuerung die Magnetventile, ist die Kraftstoffeinspritzung sofort wieder beendet.

Zur Common-Rail-Technik à la Mercedes-Benz gehört eine so genannte Piloteinspritzung, mit deren Hilfe sich die Geräuschentwicklung der Diesel-Direkteinspritzer deutlich reduzieren lässt. Wenige Millisekunden vor der eigentlichen Kraftstoffeinspritzung strömt eine kleine Menge Diesel in die Zylinder, entzündet sich und sorgt auf diese Weise für eine gezielte Vorwärmung der Brennräume. Das schafft ideale Voraussetzungen für die anschließende Haupteinspritzung: Der Kraftstoff entzündet sich schneller, Druck und Temperatur steigen nicht mehr so sprunghaft an und die Verbrennungsgeräusche werden vermindert.

Abgasreinigung: Katalysatoren in „Racetrack"-Technik

Die modernen Diesel-Triebwerke der C-Klasse erfüllen die Abgas-Grenzwerte der EU-3-Vorschrift. Leistungsfähige Oxidations-Katalysatoren machen es möglich: Beim C 200 CDI und C 220 CDI arbeitet ein motornah angeordneter Katalysator (Volumen 2,1 Liter), der sich nach dem Kalt-

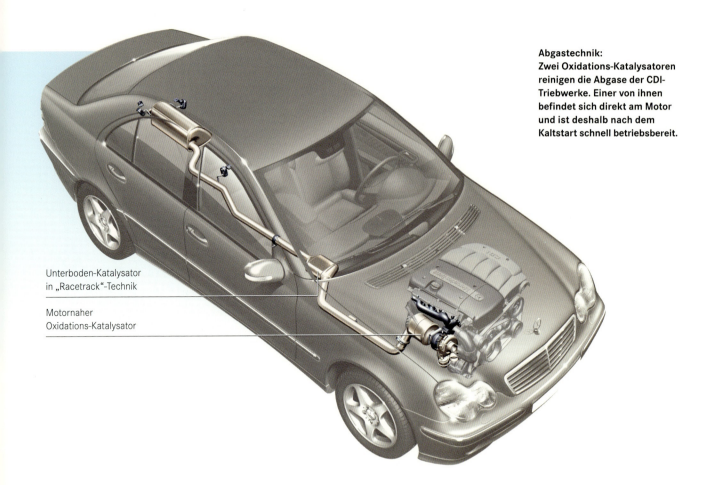

Abgastechnik:
Zwei Oxidations-Katalysatoren reinigen die Abgase der CDI-Triebwerke. Einer von ihnen befindet sich direkt am Motor und ist deshalb nach dem Kaltstart schnell betriebsbereit.

Unterboden-Katalysator in „Racetrack"-Technik

Motornaher Oxidations-Katalysator

start schnell erwärmt und deshalb schnell mit der Umwandlung der Schadstoffe beginnen kann. Von dort führt ein Edelstahlrohr zum Unterboden-Katalysator (Volumen 1,8 Liter), dessen Keramik-Monolith nach der so genannten „Racetrack"-Technologie hergestellt wird: Der Kat hat die ovale Form einer US-typischen Rennstrecke und wird dadurch schräg angeströmt. Die Auspuffgase treffen in einem genau berechneten Winkel auf den Katalysator, sodass auch die Zellen an den Randzonen durchströmt werden und der Abgasreiniger seinen vollen Wirkungsgrad erreichen kann. Überdies verringern sich dadurch die Geräusch-Emissionen.

Beim Fünfzylinder C 270 CDI setzen die Mercedes-Ingenieure einen größeren motornahen Katalysator (Volumen 2,5 Liter) als bei den Vierzylindermodellen ein und vergrößern auch den Durchmesser der Abgasleitungen von 60 auf 65 Millimeter, um auf diese Weise den Abgasgegendruck bei hohen Drehzahlen zu vermindern.

ASSYST: Ölwechsel nach 40 000 Kilometern

Das Aktive Service-System (ASSYST) gehört zur Serienausstattung aller Motoren der C-Klasse. Auf Basis von Sensordaten berechnet es die tatsächliche Belastung des Motoröls und stellt einen bedarfsgerechten Wartungsplan für das Triebwerk auf. Kernstück dieser Technik ist ein Ölstandsensor, der einerseits vor zu hohem oder zu niedrigem Ölstand warnt und andererseits auch erkennt, wenn der Autofahrer frisches Öl nachfüllt. Dafür berechnet ASSYST einen Bonus auf das Wechselintervall. Überdies

Hinweis:
Das Zentral-Display im Cockpit informiert, wann der nächste Werkstatt-Termin notwendig ist.

spürt der Sensor Veränderungen im Öl auf, wie zum Beispiel übermäßigen Metallgehalt und Verdünnungen durch Wasser oder Kraftstoff, und warnt den Autofahrer.

Durch zusätzliche Messdaten wie Öltemperatur, Kühlmitteltemperatur, Drehzahl, Geschwindigkeit und Motorlast erkennt das System die tatsächliche Beanspruchung des Motorenöls und berechnet den individuellen Wartungsplan. Der Autofahrer erfährt per Digitalanzeige im Kombi-Instrument, wie viel Kilometer er noch bis zum nächsten Motorölwechsel zurücklegen kann und wie viel Tage oder Wochen er bis dahin fahren kann. Dank dieses Service-Systems verlängern sich die Ölwechselintervalle je nach Fahrweise und Motorbelastung auf bis zu 30 000 Kilometer bei den Benzinern und bis zu 40 000 Kilometer bei den Dieselmodellen der C-Klasse.

Getriebe: Sechs Mal sportlich schalten

Mit Ausnahme des C 320 sind alle Modelle der C-Klasse serienmäßig mit dem neu entwickelten, leicht schaltbaren Sechsgang-Schaltgetriebe ausgestattet. Es wurde entwickelt, um Autofahrern noch mehr Komfort zu bieten und gleichzeitig den Kraftstoffverbrauch noch weiter zu verringern. Überdies machten auch die neuen CDI-Dieselmotoren eine solche Neuentwicklung notwendig, weil ihr hohes Drehmo-

Praxis-Tipp

Wenn die Kälte den Motor lahm legt

▶ Springt der Benzinmotor nicht an, darf man ihn niemals durch Anschieben oder Abschleppen auf Touren bringen. Dabei saugt das Triebwerk nämlich unverbrannten Sprit an, der Fehlzündungen verursacht. Solche Zündstörungen beschädigen den Katalysator. Deshalb: Liegen gebliebene Kat-Autos nur mit Hilfe eines Starthilfekabels wieder flott machen.

▶ Kommt der Diesel vor Kälte nicht auf Touren, liegt es meistens am Kraftstoff. Der wird bei niedrigen Temperaturen immer dickflüssiger und verwandelt sich schlimmstenfalls sogar in eine dicke, klumpige Masse. Fällt das Thermometer auf minus 25 Grad Celsius, dürfen dem Dieselkraftstoff ausnahmsweise besondere Fließverbesserer oder Petroleum beigemischt werden. Dabei gilt: Bei minus 25 bis minus 30 Grad höchstens 20 Prozent Petroleum und 80 Prozent Dieselkraftstoff (Winterware). Vorsicht: Niemals Benzin beimischen.

ment nicht mit den Leistungskategorien der bisherigen Fünfgang-Schaltbox harmonierte. So überträgt das Sechsgang-Getriebe Drehmomente bis 400 Newtonmeter, während das Fünfgang-Getriebe „nur" für die Kombination mit Motoren von bis zu 270 Newtonmetern dimensioniert war. Die Höchstgeschwindigkeit wird im sechsten Gang erreicht.

Das Schalten wird durch eine aufwendige Mehrfachkegel-Synchronisation wesentlich erleichtert. Besonderes Augenmerk widmeten die Ingenieure dabei vor allem der so genannten Diagonal-Schaltbarkeit, also dem Hochschalten vom zweiten in den dritten Gang. Hier verringerten sich die Schaltkräfte im Vergleich zum bisherigen Fünfgang-Getriebe um rund 25 Prozent. Zugleich verkürzt sich die Schaltzeit aufgrund der kurzen Wege um durchschnittlich 0,3 Sekunden – ganz im Sinne einer agilen und dynamischen Fahrweise, die dank der drehmomentstarken Motoren der C-Klasse möglich ist.

SEQUENTRONIC: Antippen des Schalthebels genügt

Ein noch dynamischeres Fahr-Erlebnis bietet die neu entwickelte SEQUENTRONIC, die auf Wunsch für verschiedene Motorvarianten lieferbar ist. Hier genügt ein leichtes Antippen des Schalthebels, und das Getriebe wechselt automatisch den Gang – schnell und präzise, ohne Tritt aufs Kupplungspedal. Elektrische Impulse übertragen den Schaltwunsch des Autofahrers an einen Mikro-Computer, der wiederum eine spezielle Hydraulik steuert.

Damit hält modernste, zukunftsweisende Schaltgetriebetechnik Einzug in die Mercedes-Personenwagen – Technik, die noch mehr Fahrspaß bietet und überdies beim Tankstopp den Geldbeutel schont. Denn dank der schnellen und präzisen Gangwechsel verringert sich auch der Kraft-

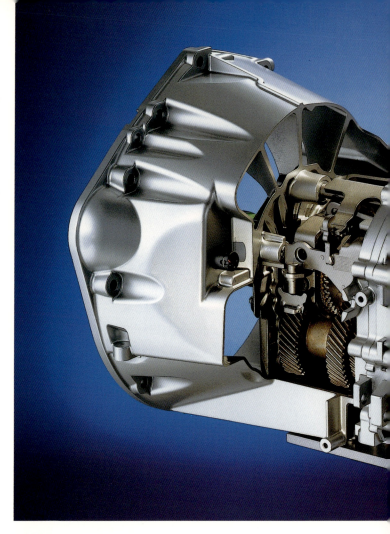

Schaltbox:
Das neu entwickelte Sechsgang-Getriebe zeichnet sich durch kurze Schaltwege und geringe Schaltkräfte aus.

Motoren und Getriebe

Technik-Info

Schaltmodul: Arbeitsteilung zwischen Wählzug und Schaltstange

Die Schaltbefehle des Autofahrers überträgt das Schaltmodul ans Getriebe. Für die Übertragung der Wählbewegung vom Schalthebel zum Innenschaltmodul setzt Mercedes-Benz einen Wählzug ein, während die eigentliche Schaltbewegung mittels Stange weitergegeben wird. Das bedeutet: Der Wählzug überträgt die Querbewegung des Schalthebels auf die Zentralschaltwelle, die dadurch um die eigene Achse verdreht wird. Für die Längsbewegung des Schalthebels ist hingegen die Schaltstange verantwortlich, die ebenfalls mit der Zentralschaltwelle verbunden ist. Diese Arbeitsteilung zwischen Seilzug und Stange steigert die Schaltpräzision, senkt den Kraftaufwand und vermeidet die Übertragung von Aggregatebewegungen auf den Schalthebel und den Mitteltunnel.

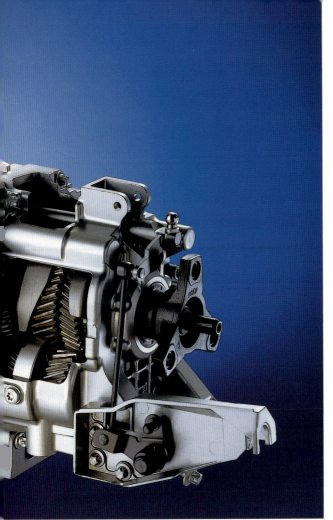

Umleitung:
Das Schaltmodul überträgt die Schaltbefehle des Autofahrers ans Getriebe.

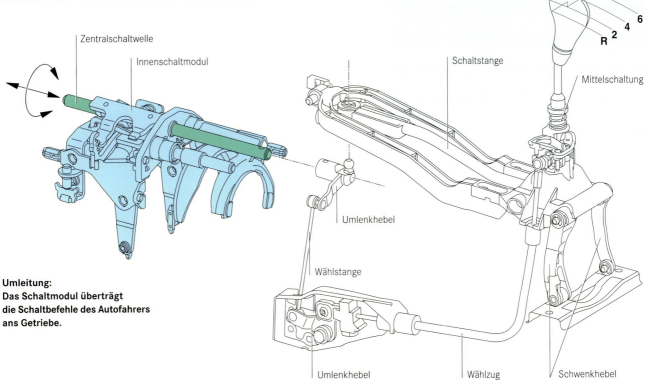

stoffverbrauch durch das „automatisierte Schalten" um zwei bis drei Prozent.

Mechanische Verbindungen zwischen dem Schalthebel und dem Sechsgang-Getriebe gibt es bei der SEQUENTRONIC nicht. Im Vergleich zum mechanischen Sechsgang-Schaltgetriebe zeichnet sich das neue System durch eine so genannte „Add-on"-Einheit am Getriebegehäuse aus, die mit Ausnahme der Steuereinheit alle notwendigen Zusatzaggregate enthält. Dazu gehören unter anderem:

▶ Die **Hydraulikeinheit** ist mit der Zentralschaltwelle gekoppelt und führt die Gangwechsel aus.
▶ Der **Zentralausrücker** betätigt die Kupplung – ein integrierter Sensor kontrolliert die Bewegungen dieses Bauteils.
▶ Die **Energieversorgung** besteht aus Elektromotor und Hydraulikpumpe. Ein spezieller **Ölbehälter** versorgt das System mit Hydrauliköl.
▶ Das **Speichermodul** hält mittels Sensors den notwendigen Druck konstant, sodass die Hydraulik auch kurzfristig einsatzbereit ist.
▶ Die **Sensorik** kontrolliert die Bewegungen der Schaltwelle und ermittelt, welcher Gang eingelegt ist. Außerdem liefert ein anderer Sensor Daten über die Drehzahl des Getriebes.

Im Mikro-Computer laufen alle Sensorsignale zusammen. Außerdem verarbeitet das Steuergerät Informationen über die aktuelle Motordrehzahl, das Motordrehmoment, die Raddrehzahl und die jeweilige Funktion der Bremsanlage.

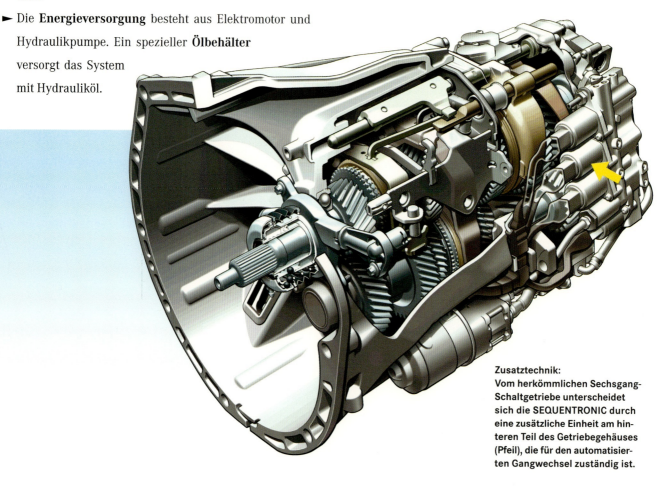

Zusatztechnik: Vom herkömmlichen Sechsgang-Schaltgetriebe unterscheidet sich die SEQUENTRONIC durch eine zusätzliche Einheit am hinteren Teil des Getriebegehäuses (Pfeil), die für den automatisierten Gangwechsel zuständig ist.

Motoren und Getriebe

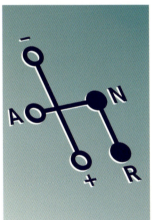

Schaltstation:
Ein leichtes Antippen des Schalthebels nach vorne oder hinten genügt, und die SEQUENTRONIC legt einen anderen Gang ein. In Position „A" arbeitet das System im „Auto-Shift"-Modus selbsttätig.

Der Autofahrer bedient die SEQUENTRONIC, indem er den Schalthebel leicht nach vorn oder hinten bewegt: Beim Antippen in Richtung des „+"-Symbols auf dem Schalthebel öffnet die Hydraulik via Zentralschaltwelle die Kupplung und legt einen höheren Gang ein. Die Elektronik berücksichtigt dabei Motordrehzahl, Motordrehmoment, Raddrehzahlen und eine Reihe anderer Parameter, die für einen präzisen Schaltvorgang notwendig sind. Sekundenschnell rückt das System anschließend den jeweils nächsthöheren Gang ein. So realisiert die SEQUENTRONIC die Schaltwünsche des Autofahrers stets in der jeweils richtigen Reihenfolge. Mit anderen Worten: Das System arbeitet sequenziell, wechselt die Gänge also nacheinander – auch beim Herunterschalten, das durch leichtes Antippen des SEQUENTRONIC-Hebels in Richtung des „–"-Symbols erfolgt.

Die Elektronik des automatisierten Schaltgetriebes ist bereits nach dem Öffnen der Fahrertür aktiv. Beim Einschalten der Zündung baut die Hydraulik den notwendigen Druck im System auf, sodass der Autofahrer den Schalthebel nach dem Anlassen des Motors sofort von Stellung „N" in die Position „+" bewegen kann. Sicherheitshalber folgt die SEQUENTRONIC diesem Befehl aber nur bei betätigter Bremse. Nimmt der Fahrer den Fuß vom Bremspedal, schließt die Kupplung, das Auto rollt langsam an und beschleunigt anschließend sofort beim Tritt aufs Gaspedal.

Unterwegs folgt das System prompt den Schaltwünschen des Autofahrers, der beim automatisierten Gangwechsel nicht mehr auf die richtigen Drehzahlen achten muss – diese Aufgabe übernimmt die SEQUENTRONIC, die bei Über- oder Unterschreiten bestimmter Drehzahlgrenzen auch selbsttätig aktiv wird. Vergisst der Fahrer beispielsweise beim Ausrollen vor einer Ampel rechtzeitig zurückzuschalten, legt das System automatisch den jeweils richtigen Gang ein und öffnet beim Ampelstopp die Kupplung, sodass der Motor nicht „abgewürgt" werden kann. Dabei lässt sich die Arbeitsweise des Getriebes jederzeit kontrollieren, denn ein Display im Kombi-Instrument informiert über den jeweils aktuellen Gang.

Das Einlegen des Rückwärtsgangs ist genauso einfach wie das Schalten während der Fahrt: Ein leichtes Antippen des Schalthebels von der „N"-Position nach hinten („R") genügt, und schon rollt das Sportcoupé der C-Klasse –

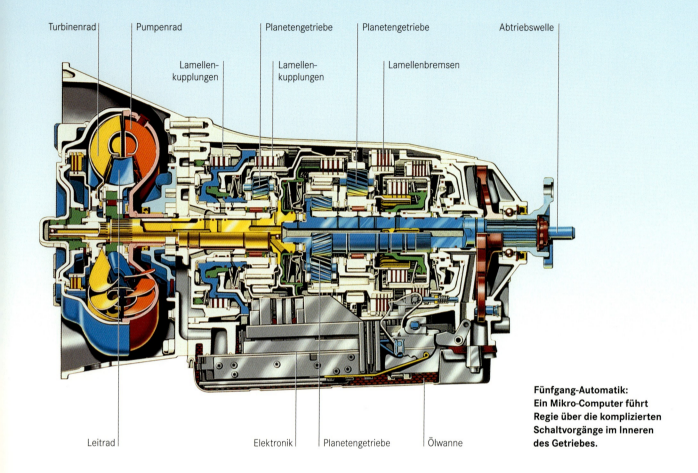

**Fünfgang-Automatik:
Ein Mikro-Computer führt
Regie über die komplizierten
Schaltvorgänge im Inneren
des Getriebes.**

nach dem Lösen der Fußbremse – rückwärts. Den „R"-Schaltwunsch akzeptiert das System im Stand oder bei einer Geschwindigkeit unterhalb fünf km/h.

In der Stadt, bei Stop-and-Go-Verkehr oder – ganz nach Wunsch – auch in jeder anderen Fahrsituation bietet das neuartige Getriebe noch einen weiteren Vorteil: den so genannten „Auto-Shift"-Modus. Drückt der Autofahrer den Schalthebel ganz nach links in Richtung des „A"-Symbols arbeitet die SEQUENTRONIC ganz in eigener Regie und nutzt die zahlreichen Sensorsignale, um die sechs Gänge automatisch zu wechseln.

Automatik: Komfortplus durch Tipp-Schaltung

Noch bequemer haben es Autofahrerinnen und Autofahrer, wenn sie sich für die moderne Fünfgang-Automatik (serienmäßig im C 320) entscheiden, zumal dieses Bauteil jetzt noch mehr Komfort bietet. Dafür sorgt die so genannte Tipp-Schaltung, die Mercedes-Benz 1998 erstmals in der S-Klasse einsetzte.

Dank dieser Technik lassen sich die einzelnen Fahrstufen in Stellung „D" durch leichtes Antippen des Wählhebels nach links oder rechts einlegen. Das Prinzip: Nach links tippen bedeutet niedriger Schaltbereich, nach rechts höherer Schaltbereich. Drückt der Autofahrer den Wählhebel länger nach links, wechselt der Schaltbereich in den momentan durch das automatische Getriebe eingelegten Gang. Fährt die C-Klasse bereits im höchstmöglichen Gang des momentan eingelegten Schaltbereichs, schaltet das Getriebe um einen Schaltbereich zurück. Das Überdrehen des Motors ist dabei jedoch ausgeschlossen, weil die Elektronik den Rückschaltewunsch nur ausführt, wenn die Motordrehzahl dadurch nicht zu hoch wird. Durch Drücken und Halten des Wählhebels nach rechts schaltet das Getriebe vom momentanen Bereich direkt in den Schaltbereich D. Den jeweils genutzten Schaltbereich zeigt ein Display im Kombi-Instrument an.

Wie gewohnt gibt es einen Programmwahltaster, mit dem der Autofahrer die Schaltprogramme „S" (Standard) oder „W" (Winter) wählen kann. Beim Winter-Programm fährt die C-Klasse grundsätzlich im zweiten Gang an und alle Gangwechsel erfolgen bei verringerten Motordrehzahlen, wobei die Automatik auch die Steuervorgänge des elektronischen Stabilitätsprogramms ESP® berücksichtigt.

Im Interesse des Kraftstoffverbrauchs setzt Mercedes-Benz bei der Fünfgang-Automatik konsequent auf Wandlerüberbrückung. Konsequent bedeutet, dass der Wandler nicht nur im größten Gang und bei hohem Tempo überbrückt wird, sondern auch im unteren Teillast- und Geschwindigkeitsbereich. Deshalb schaltet sich die Wandlerüberbrückung beim Automatikgetriebe öfter zu und bleibt erheblich länger im Einsatz als bei anderen Systemen. Die rund 20 bis 80/min Drehzahldifferenz zwischen Antrieb und Abtrieb nutzen die Fachleute zur Verminderung von Schwingungen und Vibrationen.

Ein aufwendiges elektronisches Steuerungsprogramm beschäftigt sich in der Fünfgang-Automatik allein mit der Regelung der Wandlerüberbrückungskupplung. Darüber hinaus hat der Mikro-Computer noch weitere Aufgaben: Er muss unter anderem darüber entscheiden, wann welche der fünf Gangstufen für die optimale Übersetzung des Motor-Drehmoments sorgt. Das Herz dieser modernen Getriebesteuerung ist ein Mikro-Prozessor mit integriertem CAN-Modul (Controler Area Network) zur digitalen Datenübertragung. Dieser Baustein arbeitet im Verbund mit anderen elektronischen Systemen an Bord der C-Klasse: So liefert das ABS-Steuergerät beispielsweise stets aktuell die Raddrehzahlen, die von der Getriebe-Elektronik für die Berechnung der jeweiligen Längs- und Querbeschleunigung benötigt werden. Und vom Motorsteuergerät ruft die Getriebe-Elektronik Daten über Drehzahl oder Motor-Drehmoment ab. Die Basis aller Schaltvorgänge ist ein Rechnerprogramm, das auf niedrigen Kraftstoffverbrauch und hohen Fahrkomfort ausgelegt wurde.

Tipp-Schaltung:
Ein leichtes seitliches Antippen des Wählhebels genügt, um die Fahrstufen manuell zu wechseln.

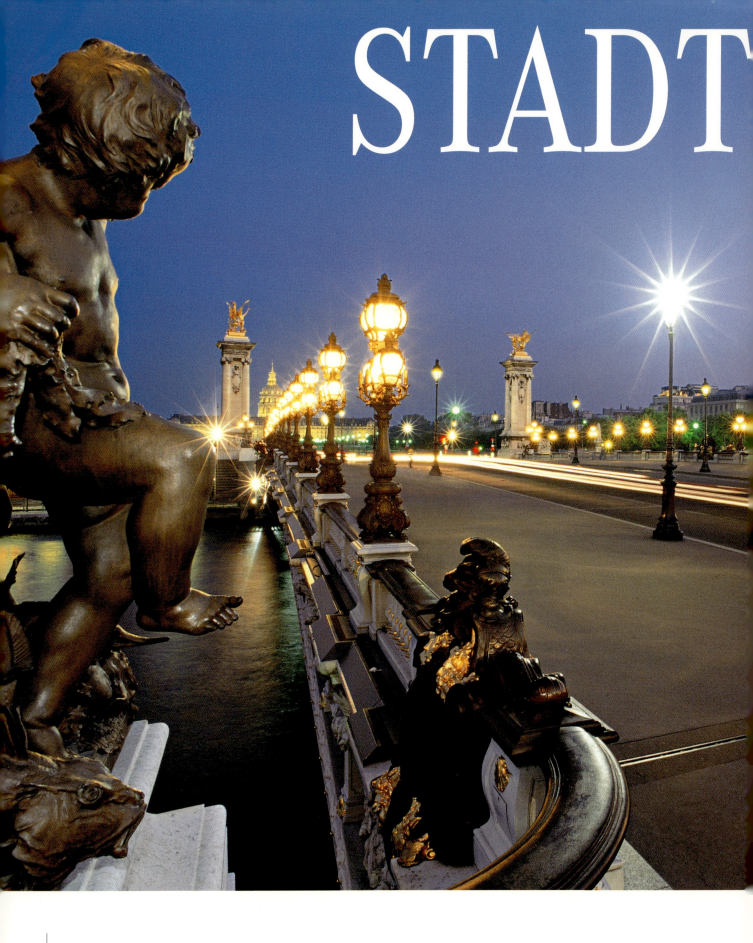
STADT

FAHRT

*P*aris – das ist eine Metropole, die alles im Überfluss bietet: schöne Plätze, einzigartige Bauwerke, berühmte Straßen, prachtvolle Gärten und erstklassige Museen. Wenn die Stadt allabendlich im Lichterglanz erstrahlt, wird Europas Kunst- und Kulturhauptstadt auch für Autofahrer zum Erlebnis.

Vor über 100 Jahren entstand im Belle-Epoque-Stil eine der schönsten Seine-Brücken: die Pont Alexandre III.

Mit dem Auto durch Paris? Ein Alptraum. Eine Horrorvision angesichts der chaotischen Verkehrsverhältnisse in Frankreichs Metropole. Allein die Zahlen sprechen für sich: Drei Millionen Autofahrer sind hier Tag für Tag auf Achse, bahnen sich ihren Weg durch das Straßenlabyrinth und kommen dabei nur auf ein Durchschnittstempo von 14 km/h. Das sagt die Statistik.

Trotzdem: Paris kann auch per Auto zu einem unvergleichlichen Erlebnis werden. Auf den richtigen Zeitpunkt kommt es an. Nicht morgens um acht, mittags um eins oder nachmittags um halb fünf – nein, erst am Abend wird Autofahren in Paris interessant. Im Bummeltempo über die breiten, hell erleuchteten Boulevards und Quais zu fahren, die großen Plätze zu umrunden und im Lichterglanz die einzigartigen Bauwerke zu bewundern – das ist ein Paris-Vergnügen der ganz besonderen Art.

Das Sportcoupé der C-Klasse macht es perfekt, denn durch das Panorama-Schiebedach eröffnen sich den Passagieren bei der Stadttour noch interessantere Perspektiven.

Paris bei Nacht. Was Ernest Hemingway „ein Fest für Leben" nannte, erleben Autofahrer ab neun Uhr abends: eine Stadt der Lichter, eine Glitzermetropole voller Leben und Lebenslust, ein Mekka der Nachtschwärmer. Mit dem Auto hat man die verschiedenen Zentren des Pariser Nachtlebens schnell erreicht – das Navigationssystem an Bord des Sportcoupés hilft dabei und lotst auf Knopfdruck von der Flaniermeile Champs-Elysées zu den Boulevards in St-Germain und Montparnasse oder zum Place de la Bastille.

Bei einer solchen Tour im Lichterglanz lässt sich auch gleich so manches Ziel auskundschaften, das man am folgenden Morgen besser zu Fuß oder mit der Métro aufsucht. Denn eines ist sicher: Tagsüber hat das eigene Auto Pause und wartet am besten in einer sicheren Hotelgarage auf den nächsten Abendausflug.

Vom Sumpfgebiet zur Flaniermeile

Paris ist unüberschaubar groß. Auf 105 Quadratkilometern drängeln sich rund elf Millionen Menschen.

Doch der Stadtkern mit den wichtigsten Sehenswürdigkeiten ist durchaus überschaubar und lässt sich an zwei bis drei Tagen bequem zu Fuß erkunden. Ein idealer Ausgangspunkt für den Stadtbummel ist der geschichtsträchtige Place de la Concorde, dessen Mittelpunkt der 3 300 Jahre alte Obelisk bildet. Er stammt aus dem Tempel des ägyptischen Pharaos Ramses und war ein Geschenk Ägyptens. In der Geschichte Frankreichs spielte der Platz lange Zeit eine wenig ruhmreiche Rolle, denn hier stand am Ende des 18. Jahrhunderts die gefürchtete Guillotine, unter der neben König Ludwig XVI. und Königin Marie Antoinette weit über 1000 Menschen starben. Damals hieß das große Viereck im Herzen von Paris noch Place de la Révolution.

Wer unterhalb des Obelisken steht, hat viele Sehenswürdigkeiten bereits im Blick: im Westen die Avenue Champs-Elysées, im Osten die Tuileriegärten mit dem Louvre, im Norden die Kirche de la Madeleine und im Süden das Palais Bourbon, wo die französische Nationalversammlung tagt.

Zwölf breite Straßen führen sternförmig zum Place Charles de Gaulle, in dessen Mitte eines der bekanntesten Wahrzeichen der Stadt thront: der Arc de Triomphe.

Im Mekka der Haute Couture laden exklusive Boutiquen und stilvolle Kaufhäuser zur Shopping-Tour ein. In einer einzigen Straße wohnen fast alle namhaften Modedesigner Tür an Tür: in der Avenue Montaigne.

Unvorstellbar, dass hier bis Mitte des 17. Jahrhunderts noch unwegsames Sumpfgebiet war. Die 100 Meter breite Avenue Champs-Elysées entstand erst ab 1667 und war zunächst auch nur als Verlängerung der Tuilerien geplant. Aus dem Reitweg für die Gäste des Königshofs entwickelte sich schließlich die „schönste Avenue der Welt", auf der Staat und Stadt seit Jahrzehnten ihre großen Feste feiern.

Fastfood statt Haute Couture

Gleichwohl hat die Prachtstraße in letzter Zeit viel von ihrem ursprünglichen Glanz verloren. Wo einst die berühmten Pariser Modeschöpfer residierten, braten heute Fastfood-Restaurants ihre Hamburger und wo sich vor Jahren Filmstars zu den Premierenfeiern trafen, locken heute bunt erleuchtete „Megastores" das junge Publikum an. Zu den traditionsreichen Adressen an den Champs-Elysées zählen aber nach wie vor das Revuetheater „Lido" und das 1899 eröffnete Restaurant „Fouquet's", wo schon Winston Churchill, Marlene Dietrich, Jean Gabin und Jean-Paul Belmondo speisten.

Von hier ist es nur ein Katzensprung und man steht vor einem der bekanntesten Wahrzeichen der Seine-Stadt: dem Arc de Triomphe. Im Jahre 1806 ließ Napoléon I. das 50 Meter hohe Bauwerk zu Ehren seiner siegreichen Armee errichten, doch die Fertigstellung des Triumphbogens erlebte der despotische Kaiser nicht mehr: 1836 lebte er bereits in der Verbannung. Die Geschichte des Arc de Triomphe und seiner eindrucksvollen Skulpturen wird in einem kleinen Museum lebendig, das auf halbem Weg

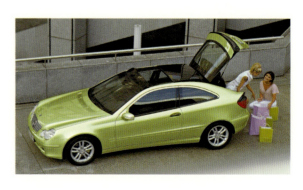

zur Dachterrasse liegt. Der Aufstieg über die schmale Treppe lohnt sich vor allem wegen der grandiosen Panorama-Aussicht.

Triumphbögen auf der „Königsachse"

Zwölf Straßen führen vom Place Charles de Gaulle sternförmig in alle Himmelsrichtungen und machen deutlich, dass Paris eine Stadt der Achsen ist. Mit großer Akribie haben die Stadtplaner und Architekten darauf geachtet, dass in Ost-West-Richtung alle wichtigen Bauwerke auf einer optischen Linie liegen: Louvre, Place de la Concorde, Champs-Elysées und Arc de Triomphe bilden seit jeher die so genannte „Königsachse", die 1989 durch die „Grande Arche" am westlichen Rand von Paris verlängert wurde.

„*P*aris ist ein guter Platz, um jung zu sein, und es ist notwendig für die Bildung eines Mannes..."

Ernest Hemingway, amerikanischer Schriftsteller und Nobelpreisträger.

Ganz im Westen von Paris entstand in der Satellitenstadt La Défense der 110 Meter hohe Triumphbogen der Neuzeit: La Grande Arche.

Der imposante Torbogen in der Form eines Würfels bildet den Mittelpunkt des neuen Viertels La Défense – einer Satellitenstadt, wo Banken, Versicherungen und Konzerne in Hochhäusern residieren. Auch die 110 Meter hohe „Grande Arche" dient im Grunde genommen nur als Bürogebäude, doch längst hat das hochmoderne Bauwerk für Paris eine weitaus größere Bedeutung erlangt. Als „Fenster zur Welt" soll es symbolisieren, dass die traditionsreiche Stadt an der Seine neben großer Vergangenheit auch eine große Zukunft hat.

Hoch hinaus mit 18 000 Eisenträgern

Für hohe, aufwendige und zugleich avantgardistische Bauten war Paris schon immer bekannt. Anlässlich der Weltausstellung im Jahre 1889 hatte man die Idee für das „höchste von Menschenhand errichtete Bauwerk". Der Ingenieur Gustave Eiffel bekam den Auftrag und ließ in nur zwei Jahren über 18 000 tonnenschwere Eisenträger zusammennieten, die bis auf eine Höhe von 300 Metern in den Himmel ragen. So entstand Frankreichs meistbesuchte Sehenswürdigkeit – noch heute steigen jährlich knapp neun Millionen Menschen in einen der Fahrstühle des Eiffelturms und schauen sich Paris aus der Vogelperspektive an.

Angesichts dieser Beliebtheit wagt heute niemand mehr darüber nachzudenken, ob der eiserne Koloss schön ist und zum übrigen Stadtbild passt. Das war vor 100 Jahren noch ganz anders. Damals gingen berühmte Literaten und Künstler auf die Straße, um gegen „das teuflische Unternehmen" zu protestieren und für den Erhalt der Schönheit von Paris zu kämpfen.

Über die Brücken von Paris

Inzwischen ist es Abend geworden und Paris erstrahlt von Neuem im hellen Lichterglanz – Zeit, die Entdeckungstour an Bord des Sportcoupés der C-Klasse fortzusetzen. Von den Champs-Elysées biegen wir nach links ab, fahren am Grand Palais vorbei, bewundern die hell beleuchtete Glaskuppel der 100 Jahre alten Konstruktion und stehen nach wenigen Metern auf einem nicht minder bemerkenswerten Bauwerk: der reich verzierten Brücke Pont Alexandre III.

Neben Türmen, Palästen und Plätzen bot Paris Architekten und Ingenieuren seit jeher auch in puncto Brückenbau ein großes Betätigungsfeld. Schon unter Ludwig XIV. (1643 bis 1715), der den Auftrag für die Pont Royal gab, begann der Wettstreit um das schönste und technisch anspruchsvollste Bauwerk zwischen beiden Ufern der Seine. Stützpfeiler waren verpönt, pompöser Zierrat dagegen unverzichtbar.

So entstand 1896 zwischen Grand Palais und Invalidendom die eindrucksvolle Pont Alexandre III, deren goldfarbene Figuren noch heute ein Blickfang sind. Bautechnisch ist die Brücke aber nicht minder meisterhaft, denn ihr Ingenieur schuf ein selbsttragendes Bauwerk, das den Fluss in einem einzigen eleganten Bogen überspannt.

In der Rekordzeit von nur zwei Jahren entstand Frankreichs beliebteste Sehenswürdigkeit: der Tour Eiffel.

Eine Insel als Herz der Stadt

Auf den vierspurigen Quais beidseits der Seine herrscht zu jeder Tages- und Nachtzeit reger Verkehr. Wir schwimmen mit, fahren am Musée d'Orsay vorbei und sehen nach ein paar Minuten die beiden hell erleuchteten Türme von Notre-Dame. Die weltberühmte Kathedrale steht auf der Ile de la Cité, jener Insel in der Seine, wo vor über 2 300 Jahren das Herz der Stadt Paris zu schlagen begann. Denn hier ließen sich im dritten Jahrhundert v. Chr. keltische Schiffer und Fischer nieder, die von den Römern den Namen Parisii bekamen. Jahrhundertelang blieb die Siedlung unbekannt, bis sie Julius Caesar im Jahre 53 v. Chr. in einem seiner Berichte erwähnte und Befehl gab, sie zu erobern. So entstand das römische Lutetia Parisiorium.

Die Ile de la Cité blieb aber auch in den folgenden Jahrhunderten stets politisches und geist-

liches Zentrum der Stadt. Notre-Dame ist der Beweis dafür. Die Kathedrale entstand 1163 auf der Seine-Insel und hielt im Laufe der Zeit nicht nur vielen Verwüstungen und Plünderungen stand, sie war stets auch ein Mittelpunkt der Weltgeschichte: Unter dem knapp 35 Meter hohen Gewölbe wurden Könige gesalbt, politisch bedeutsame Hochzeiten gefeiert und wichtige Gerichtsverhandlungen geführt. 1455 wurde hier Jeanne d'Arc der Prozess gemacht, 1804 setzte sich in dem Gotteshaus Napoléon I. die Kaiserkrone auf und 1970 nahm die Nation in Notre-Dame Abschied von seinem berühmtesten Staatspräsidenten Charles de Gaulle.

Neun Brücken verbinden die Ile de la Cité mit beiden Seine-Ufern. Wir überqueren die Insel und stehen nach kurzer Zeit an der Kreuzung der Rue de Rivoli, die Place de la Concorde und Place de la Bastille verbindet. Wir biegen nach links ab und folgen damit dem Weg, den auch Frankreichs Herrscher wählten, als es ihnen in der Conciergerie auf der Ile de la Cité zu eng wurde. In ein paar hundert Metern Entfernung – zwischen der damaligen Stadtmauer und der Seine – ließ König Philippe II. Auguste am Ende des zwölften Jahrhunderts eine neue, größere Festung bauen. Er legte damit das Fundament für einen der größten Paläste Europas: den Louvre.

„*D*ie ganze Stadt ist ein Museum, ohne es zu wissen."

Jacques Prévert, französischer Dichter und Drehbuchautor.

Durch eine gläserne Pyramide führt der Weg in das größte Museum der Welt: den Louvre.

Kunst auf 50 000 Quadratmetern

Die Rue de Rivoli führt uns an der mächtigen Fassade vorbei, doch einen richtigen Eindruck von der Pracht und Größe des Bauwerks bekommen wir erst, nachdem wir links abgebogen und durch eine schmale Passage Richtung Seine-Ufer gefahren sind. Place du Caroussel heißt die Stelle inmitten des u-förmig gestalteten Palastes.

Das heutige Gebäude ist das Ergebnis einer mehr als 800-jährigen Phase ständigen An- und Umbaus. Immer wieder beorderten Frankreichs Könige und Kaiser Architekten aus allen Teilen des Kontinents nach Paris, die ihre Ideen für die Neugestaltung und Erweiterung des Louvre verwirklichen sollten. Erst die Französische Revolution stoppte diese scheinbar unendliche Baugeschichte: Der Nationalkonvent entschied, die riesigen Kunstsammlungen der Könige und Kaiser dem Volk zu zeigen – aus dem Prunkschloss entwickelte sich peu à peu das größte Museum der Welt.

Seit dem letzten großen Umbau unter der Regie von Staatspräsident François Mitterrand gelangen die Besucher durch eine gläserne Pyramide in die rund 200 Säle des Louvre, der auf 50 000 Quadratmetern rund 350 000 Kunstwerke fast aller Epochen, Regionen und Stilrichtungen zeigt. Den Mittelpunkt bildet der so genannte Cour Carrée, wo man erst vor kurzem die Mauerreste der Burg aus dem zwölften Jahrhundert fand.

Vom Place du Caroussel führt eine breite Straße via Pont du Caroussel zum anderen Ufer der Seine. Jetzt ist es nicht weit bis Montparnasse – Zeit fürs Abendessen in einer der traditionsreichen Brasserien dieses Viertels, die in Paris ebenso wie Louvre, Notre-Dame oder Arc de Triomphe unter Denkmalschutz stehen.

Geistlicher und geografischer Mittelpunkt Frankreichs: Notre-Dame auf der Ile de la Cité.

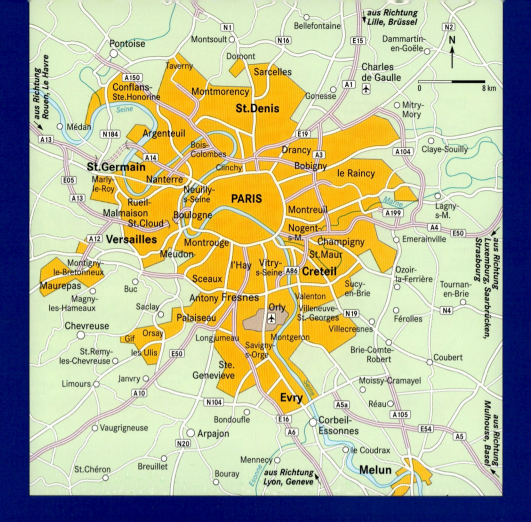

Mit dem Sportcoupé der C-Klasse durch Europas Kunst- und Kulturhauptstadt

Paris

Viele Wege führen nach Paris: Aus Nord- und Westdeutschland wählt man am besten die Route via Aachen, Lüttich, Mons und Denain (Autobahnen bzw. Europastraßen E 42 und E 19), während die Südroute über Saarbrücken, Metz und Reims (Autobahn bzw. Europastraße E 50) führt.

Noch anspruchsvollere Wünsche in Sachen Mode, Genuss und Abendunterhaltung erfüllt indes das Viertel zwischen Seine-Ufer und den Champs-Elysées. Seit Christian Dior dort sein Atelier einrichtete, sind in der vornehmen Avenue Montaigne alle namhaften Couturiers vertreten und präsentieren Mode vom Feinsten – prêt à-porter. Und mit etwas Glück trifft man

Museen und Sehenswürdigkeiten

① Musée du Louvre
Das größte Museum der Welt zeigt Kostbarkeiten wie Leonardo da Vincis „Mona Lisa". Täglich geöffnet von 9.00 bis 17.30 Uhr, mittwochs bis 21.30 Uhr. Eintritt: vor 15.00 Uhr rund 15 Mark, nach 15.00 Uhr und sonntags rund zehn Mark.
Internet: www.louvre.fr

② Jeu de Paume
In der ehemaligen Sporthalle der kaiserlichen Familie Napoleon werden heute zeitgenössische Kunstwerke präsentiert. Place de la Concorde. Geöffnet von Mittwoch bis Freitag zwischen 12.00 und 19.00 Uhr, dienstags zwischen 12.00 und 21.30 Uhr. Am Wochenende zwischen 10.00 und 19.00 Uhr. Montags geschlossen.

③ Musée de l'Orangerie
Claude Monet malte speziell für dieses Museum seine Seerosen. Außerdem sind Werke von Cézanne, Renoir, Matisse und Picasso zu sehen. Place de la Concorde. Geöffnet von 9.45 bis 17.15 Uhr. Eintritt: rund sieben Mark. Dienstags geschlossen.

④ Opera Garnier
Ein prachtvolles Bauwerk mit einer von Marc Chagall gestalteten Decke im Grand Foyer. 9e, Place de l'Opera. Täglich geöffnet von 10.00 bis 16.30 Uhr.

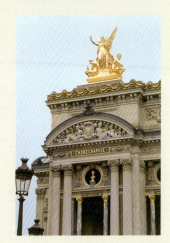

Restaurants

1 Les Ambassadeurs
Im früheren Ballsaal am Place de la Concorde verwöhnt Zweisterne-Koch Philippe Lebœuf (unten) seine Gäste. 10, Place de la Concorde. Reservierung über Relais & Châteaux.
Telefon: 0180 5333431 oder +33 1 44711616.

2 Carré des Feuillants
Mit Trüffeln verfeinerte Jakobsmuscheln oder gegrillte Filets von der Taube – das sind zwei der Spezialitäten von Zweisterne-Koch Alain Dutournier. 14, Rue de Castiglione. Reservierung über Relais & Châteaux.
Telefon: 0180 5333431 oder +33 1 42868282.
Am Samstagmittag und sonntags geschlossen.

Große Kunst hinter historischen Mauern: Musée du Louvre (ganz oben) und Musée de l'Orangerie (oben).

Hotels

4 Plaza Athénée
Das komplett renovierte Luxushotel liegt an der von Christian Dior gegründeten Modemeile. 143 Zimmer. Doppelzimmer ab ca. 1 400 Mark*. 25, Avenue Montaigne. Gebührenfreie Reservierung über „Leading Hotels of the World". Telefon: 0800 8521100. Internet: plaza-athenee-paris.com

5 Hilton Paris
Hier wohnt man in unmittelbarer Nähe des Eiffel-Turms und des Trocadero. 461 Zimmer. Doppelzimmer ab ca. 930 Mark*. 18, Avenue de Suffren. Telefon: +33 1 44385600. Internet: www.hilton.com

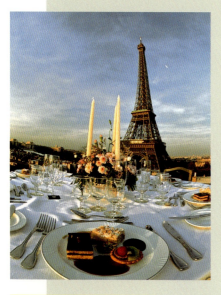

Informationen

Maisons de la France:
Westendstraße 47,
D-60325 Frankfurt am Main.
Telefon: 0190/570025.
Hilton-Center 259c,
A-1030 Wien.
Telefon: 0222/7157062.
Löwenstraße 59,
CH-8023 Zürich.
Telefon: 01/2113085.
Office du Tourisme,
127, Champs-Elysées,
F-75008 Paris.
Telefon: +33 1 49525354.
Internet: www.franceguide.com

Restaurants

3 Restaurant Faugeron
Dieser Name bürgt seit vielen Jahren für kulinarische Top-Qualität. 52, Rue de Longchamp. Reservierung über Relais & Châteaux. Telefon: 0180 5333431 oder +33 1 47042453. Samstags und sonntags geschlossen.

4 Fouquet's
Dies ist eine der bekanntesten Adressen an den Champs-Elysées – ein Prominenten-Restaurant unter Denkmalschutz. 99, Champs-Elysées. Telefon: +33 1 47237060.

5 Guy Savoy
Mit ideenreichen Kreationen verführt der Zweisterne-Koch (unten) zur Feinschmeckerei. 18, Rue Troyon. Reservierung über Relais & Châteaux. Telefon: 0180 5333431 oder +33 1 43804061. Am Samstagmittag und sonntags geschlossen.

6 Pierre Gagnaire
Ob Kabeljau oder Kaninchen – was der Dreisterne-Koch anpackt, wird zum aromatischen Hochgenuss. 6, Rue Balzac. Reservierung über Relais & Châteaux. Telefon: 0180 5333431 oder +33 1 44351825. Samtags und sonntagmittags geschlossen.

* in der Hauptsaison, ohne Frühstück

Treffpunkt zwölf breiter Prachtstraßen: Der Arc de Triomphe mit seinen bis zu zwei Meter hohen Reliefs an beiden Stirnseiten.

einen der Star-Designer oder eines der Topmodels an der Bar des nahegelegenen Luxushotels „Plaza Athénée" **4**, beim Mittagessen im nahe gelegenen Restaurant „Faugeron" **3** oder im traditionsreichen „Fouquet's" **4** an den Champs-Elysées.

Das Goldene Dreieck, wie diese Gegend zwischen der ehemals „schönsten Avenue der Welt" und dem Seine-Ufer genannt wird, ist übrigens auch die Heimat der berühmtesten Pariser Nachtshows „Lido" **A** und „Crazy Horse" **B**.

Wir drehen eine Runde um den Place Charles de Gaulle, bewundern den hell erleuchteten Arc de Triomphe **5** und beschließen spontan, dieses eindrucksvolle Bauwerk am nächsten Morgen näher anzuschauen. Als gute Adressen fürs Mittagessen empfiehlt uns der Hotelportier „Guy Savoy" **5** oder „Pierre Gagnaire" **6**, die nur ein paar Schritte vom Arc de Triomphe entfernt sind.

Über die Avenue George V erreichen wir die Seine und lassen uns zum Eiffelturm ❻ lotsen. Bis abends um halb elf Uhr bringen mehrere Fahrstühle die Besucher in die Höhe, doch wie vieles in Paris ist auch dieses Erlebnis eine Preisfrage: Wer ganz hoch hinaus will, zahlt für den Besuch der Plattform in 276 Metern Höhe über 20 Mark. Ganz in der Nähe liegt das „Hilton Paris" ❺, dessen Gäste den Turm vom Hotelzimmer aus jederzeit im Blick haben.

Von den vielen kleinen und großen Museen, die Paris zu bieten hat, sollte man auf jeden Fall das Musée d'Art Moderne ❼ und das Musée d'Orsay ❽ am linken Ufer der Seine besuchen, denn sie ergänzen die Ausstellung im Louvre durch zahlreiche Kunstwerke der Moderne – von Cézanne über Picasso bis Renoir.

Geradlinige Verbindung zwischen Place de la Concorde und Arc de Triomphe: Die Avenue des Champs-Elysées.

Museen und Sehenswürdigkeiten

❺ Arc de Triomphe
Der größte Triumphbogen der Welt bietet aus 50 Metern Höhe einen phantastischen Blick über die Dächer von Paris. Place Charles de Gaulle. Täglich geöffnet von 10.00 bis 22.30 Uhr. Eintritt: rund 13 Mark.

❻ Tour Eiffel
Rund 7 000 Tonnen Eisen verarbeitete Gustave Eiffel (unten) für dieses kolossale Bauwerk. Bis zur zweiten Plattform in 115 Metern Höhe führen Treppen. Champ de Mars. Täglich geöffnet von 9.30 bis 23.00 Uhr. Eintritt je nach Höhe zwischen sieben und 21 Mark.

❼ Musée d'Art Moderne
Neben wechselnden Sonderausstellungen zeigt das Museum Werke von Dufy, Modigliani, Braque und Matisse. 11, Avenue du Président-Wilson. Geöffnet von Dienstag bis Freitag jeweils zwischen 10.00 und 17.30 Uhr sowie samstags und sonntags zwischen 10.00 und 18.45 Uhr. Montags geschlossen. Eintritt: rund zehn Mark.

❽ Musée d'Orsay
Im ehemaligen Bahnhof entstand einer der schönsten Kunsttempel von Paris. Hier sind Kunstwerke aus dem 19. Jahrhundert zu sehen – darunter zahlreiche Gemälde der großen Impressionisten. 1, Rue de Bellechesse. Geöffnet von 10.00 bis 18.00 Uhr. Donnerstags von 10.00 bis 21.45 Uhr. Montags geschlossen. Eintritt: rund zehn Mark.

Shows

Ⓐ Lido
Feines Essen, schöne Mädchen, gute Unterhaltung – das Spektakel beginnt täglich um 22.00 Uhr nach dem Dinner. 116, Champs-Elysées.
Telefon: +33 1 40765610.
Internet: www.lido.fr

Ⓑ Crazy Horse
Die weltberühmte Tanz-, Musik- und Erotikshow beginnt um 19.30 Uhr mit Champagner und Abendessen. Weitere Auftritte folgen um 21.45 Uhr und um 23.50 Uhr. 12, Avenue George V.
Telefon: +33 1 47233232.

Im Herzen des Literatenviertels: Das Café „Les Deux Magots" am Boulevard St-Germain-des-Prés.

Auf den Spuren von Sartre & Co.

Vom Musée d'Orsay machen wir einen kurzen Abstecher zum Boulevard St-Germain und erreichen nach ein paar Minuten jenes berühmte Stadtviertel, das einst die Heimat der großen Dichter und Denker war: Jean-Paul Sartre, Albert Camus, Oscar Wilde und Antoine de Saint-Exupéry lebten hier. Man traf sich im „Les Deux Magots" 7, im „Café de Flore" 8 oder in der „Brasserie Lipp" 9, die auch zu den Stammlokalen von Ernest Hemingway zählte.

Auf der Ile de la Cité schlägt nicht nur das Herz der Millionenstadt, die Seine-Insel ist auch der geographische Mittelpunkt von ganz Frankreich. Hier, vom so genannten „Point Zero" vor der Kathedrale Notre-Dame ❾, werden alle Entfernungen gemessen. Eine Attraktion ganz ande-

Restaurants

7 Les Deux Magots
Hier trafen sich die großen französischen Schriftsteller zum Kaffee. Auch heute noch ein schöner Platz „pour faire les terrasses" – um einfach nur zu sitzen, zu reden und zu trinken. 171, Boulevard St-Germain-des-Prés.
Telefon: +33 1 45485525.

8 Café de Flore
Noch heute ein beliebter Treffpunkt für Literaten und Künstler – allerdings meist erst nach 22.00 Uhr. 172, Boulevard St-Germain-des-Prés.
Telefon: +33 1 45485526.

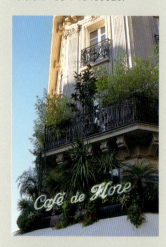

9 Brasserie Lipp
Hemingway liebte dieses Restaurant wegen des leckeren Kartoffelsalats. Picasso war ebenfalls Stammgast. 151, Boulevard St-Germain-des-Prés.
Telefon: +33 1 45485391.

Paris

Fast so traditionsreich wie Notre-Dame: Die Bouquinisten am Quai der Seine.

Museen und Sehenswürdigkeiten

9 Notre-Dame
Über 150 Jahre lang wurde an dieser weltberühmten Kathedrale gebaut. Place du Parvis-Notre-Dame. Täglich geöffnet von 8.00 bis 18.45 Uhr. Turmbesteigungen täglich von 9.30 bis 17.00 Uhr.

10 Musée National d'Art Moderne – Centre Pompidou
Auf 14 000 Quadratmetern Ausstellungsfläche zeigt das Nationalmuseum moderne Kunst von Picasso bis Warhol und von Mondrian bis Christo. 120, Rue St-Martin. Täglich geöffnet von 11.00 bis 21.00 Uhr. Eintritt: zwischen 10 und 17 Mark.

rer Art ist der supermoderne Kunst- und Kulturpalast Centre Pompidou **10**, dessen eigenwillige Architektur eher an eine Chemie-Fabrik erinnert. Das stört die rund 20 000 Besucher aber nicht, die hier tagtäglich durch die verschiedenen Ausstellungen schlendern. Den sehenswerten Mittelpunkt bildet das Musée National d'Art Moderne mit Werken von Matisse, Picasso, Kandinsky, Miró und Léger.

Literatur

► „Paris" – Reiseführer Merian-live, Verlag Gräfe und Unzer. 128 Seiten, ca. 15 Mark.
Internet: www.merian.de
► „Paris" – Reiseführer Richtig Reisen, Verlag DuMont. 360 Seiten, ca. 40 Mark.
Internet: www.dumont.de
► „Paris – Kunstreiseführer", Verlag DuMont. 380 Seiten, ca. 46,00 Mark.
Internet: www.dumont.de
► „Paris selbst entdecken", Regenbogen-Verlag. 440 Seiten, ca. 36 Mark.
► „Paris kulinarisch", Verlag Gräfe und Unzer. Ca. 30 Mark.

Auto-Faszination
Alles über die M

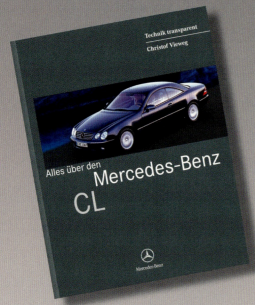

**Alles über den
Mercedes-Benz CL**
168 Seiten, 1999
ISBN 3-932786-10-6

**Alles über die
Mercedes-Benz C-Klasse**
Limousine
216 Seiten, 2. aktualisierte Auflage 2000
ISBN 3-932786-11-4

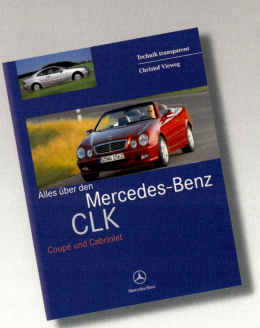

**Alles über den
Mercedes-Benz CLK**
Coupé und Cabriolet
196 Seiten, 3. aktualisierte Auflage 2001
ISBN 3-932786-13-0

**Alles über die
Mercedes-Benz C-Klasse**
Limousine, T-Modell und Sportcoupé
208 Seiten, 3. erweiterte Auflage 2001
ISBN 3-932786-15-7

Die aktuelle Buchreihe von Mercedes-Benz – Technik

Ob C-, CLK-, SLK-, E- oder S-Klasse – über faszinierende Automobile wie die Personenwagen und Nutzfahrzeuge der Marke Mercedes-Benz gibt es viel zu berichten. Die Buchreihe Technik transparent stellt jedes neue Mercedes-Modell im Detail vor, beschreibt die innovative Technik der Fahrzeuge, erklärt die Funktion ihrer modernen Systeme und gibt Autofahrern Tipps für Pflege und Werterhalt. Reportagen über die Auto-Tests in allen Teilen der Erde sowie über erlebnisreiche Reisen mit den Mercedes-Automobilen in die schönsten Regionen Europas bieten zusätzlichen Lesespaß und enthalten interessante Touren-Tipps für Urlaub oder Wochenende.

in Buchform
ercedes-Modelle

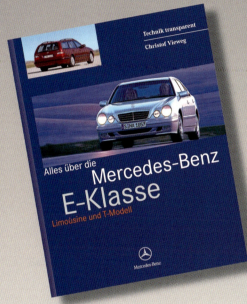

**Alles über die
Mercedes-Benz E-Klasse**
Limousine und T-Modell
224 Seiten, 3. aktualisierte Auflage 1999
ISBN 3-932786-09-2

**Alles über die
Mercedes-Benz S-Klasse**
248 Seiten, 2. aktualisierte Auflage 2001
ISBN 3-932786-14-9

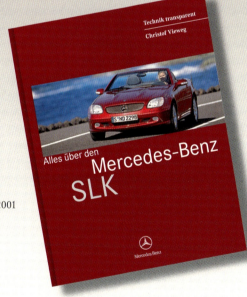

**Alles über den
Mercedes-Benz SLK**
216 Seiten, 3. aktualisierte Auflage 2001
ISBN 3-932786-12-2

Informationen, Reportagen und Reise-Tipps für Autofahrer

Die Bücher der Reihe Technik transparent gibt es im Buchhandel oder direkt bei DaimlerChrysler zum Stückpreis von 59,80 Mark zzgl. Versand- und Verpackungsgebühr. Schicken Sie Ihre Bestellung - Postkarte mit Angabe des gewünschten Titels und der ISBN-Nummer genügt (siehe auch beiliegende Bestellkarte) an:

**DaimlerChrysler Service-Center,
Postfach 1344, D-70703 Fellbach.**

Autofahrer-Tipps

Meldungen aus dem Cockpit

Die C-Klasse ist mit intelligenten Systemen ausgestattet, die sich selbst überwachen. Etwaige Störungen werden sofort durch Warnlampen im Kombi-Instrument oder entsprechende Informationen im Zentral-Display angezeigt. Leuchtet eine der Kontrollleuchten während der Fahrt auf, besteht kein Grund zur Panik. Die wichtigsten elektronischen Steuergeräte haben Notfunktionen, die eine sichere Weiterfahrt bis zur nächsten Mercedes-Werkstatt gewährleisten. Trotzdem sollte man wissen, was die verschiedenen Kontroll- und Warnleuchten im Cockpit bedeuten und was zu tun ist, wenn eine der Störungsanzeigen während der Fahrt erscheint. Detaillierte Informationen und Hinweise zu den Störmeldungen, die als Klartextanzeige im Zentral-Display unter dem Tachometer erscheinen, finden Sie auch in der Bedienungsanleitung.

Störungshinweise, die während der Fahrt im Kombi-Instrument oder an der Mittelkonsole erscheinen können	Möglicher Grund	Was tun?
Gelbe Kontrollleuchte „Warndreieck"	Eines der Antriebsräder hat seine Haftgrenze erreicht. Das elektronische Stabilitätsprogramm ESP® ist aktiv.	1) Beim Anfahren möglichst wenig Gas geben. 2) Langsam fahren. Unfallrisiko!
Gelbe Kontrollleuchte „Motor-Diagnose"	Es liegt eine Störung an der Kraftstoffeinspritzung, an der Zündanlage oder am Abgassystem vor. Die Emissionswerte können dadurch überschritten werden.	Weiterfahren ist möglich. Baldmöglichst eine Mercedes-Werkstatt aufsuchen.

Autofahrer-Tipps

Störungshinweise, die während der Fahrt im Kombi-Instrument oder an der Mittelkonsole erscheinen können	Möglicher Grund	Was tun?
Rote Kontrollleuchte „SRS"	Das Airbag-, Sidebag- oder Window-Bag-System ist gestört (SRS = Supplemental Restraint System). Auch Gurtstraffer oder automatische Kindersitzerkennung können gestört sein.	Weiterfahrt ist möglich. Umgehend eine Mercedes-Werkstatt ansteuern!
Gelbe Kontrollleuchte „ABS"	1) ABS hat sich abgeschaltet, weil der Drehzahlunterschied zwischen Vorder- und Hinterrädern auf glatter Fahrbahn zu groß ist. 2) ABS hat sich wegen einer technischen Störung abgeschaltet. Der Fehler bleibt gespeichert und die Kontrolllampe leuchtet weiterhin auf. Beim nächsten Motorstart wird die Fehlermeldung gelöscht. 3) ABS hat sich abgeschaltet, weil die elektrische Bordspannung auf weniger als zehn Volt abgesunken ist.	1) Weiterfahrt ist möglich. Die Bremse funktioniert trotzdem. 2) Weiterfahrt ist möglich. Vorsicht: Auch ESP® und Brems-Assistent arbeiten jetzt nicht mehr! Die Kontrolllampe muss nach dem nächsten Motorstart erlöschen. Baldmöglichst eine Mercedes-Werkstatt aufsuchen. 3) Weiterfahrt ist möglich. Die Bremse funktioniert trotzdem. Eventuell Generator und Batterie überprüfen. Bei höherer Bordspannung schaltet sich ABS wieder ein.
Rote Kontrollleuchte „Bremse"	1) Die Feststellbremse ist angezogen. 2) Der Bremsflüssigkeitsstand ist zu niedrig.	1) Feststellbremse sofort lösen. 2) Sofort anhalten und eine Mercedes-Werkstatt oder den Mercedes-Service (siehe Seite 196) benachrichtigen. Keine Bremsflüssigkeit nachfüllen. Vorsicht: Totalausfall der Bremsanlage ist möglich.
Gelbe Kontrollleuchte „Kraftstoffreserve"	Im Kraftstoffbehälter befinden sich nur noch etwa acht Liter Kraftstoff.	Nächstgelegene Tankstelle ansteuern.
Anzeige „Airbag Off" auf der Mittelkonsole	Wurde auf dem Beifahrersitz ein spezieller Mercedes-Reboard-Kindersitz installiert, wird der Beifahrer-Airbag beim Aufprall nicht ausgelöst.	Nur Reboard-Kindersitze mit Transpondersystem für die automatische Kindersitzerkennung verwenden.

Notdienst-System

Bei Anruf Hilfe

Mercedes-Benz ist immer für Sie da – im In- und Ausland. Auch nach Feierabend, am Wochenende oder an Feiertagen. Die Kundenberater des Mercedes-Benz Customer Assistance Center sind rund um die Uhr präsent und organisieren im Falle einer Fahrzeugpanne schnelle Hilfe oder stehen Ihnen bei anderen Fragen rund um Mercedes-Benz mit Rat und Tat zur Seite.

Bitte machen Sie bei Ihrer Pannenmeldung in jedem Fall folgende Angaben:

- Derzeitiger Standort Ihres Mercedes-Benz.
- Festgestellter oder von Ihnen vermuteter Schaden.
- Fahrgestellnummer Ihres Mercedes-Benz.
- Derzeitige Telefonnummer, unter der Sie für die Fachleute von Mercedes-Benz bei etwaigen Rückfragen erreichbar sind.

Für Ihren gebührenfreien Anruf bei Mercedes-Benz gilt in den meisten Ländern Europas die einheitliche Telefonnummer **00800 17 777777**, die Sie direkt mit dem Customer Assistance Center verbindet. In den wenigen Ländern, wo diese Direktschaltung noch nicht funktioniert, erreichen Sie die Notdienst-Leitstellen Deutschlands, Österreichs und der Schweiz über folgende Rufnummern (bitte stets auch die angegebene Auslandsvorwahl wählen):

- **Deutschland:**
  +49 69 95307277
- **Österreich:**
  +43 1 502221777
- **Schweiz und Liechtenstein:**
  +41 1 4391567

Wenn Sie allgemeine Informationen über Mercedes-Benz oder die Mercedes-Personenwagen wünschen, können Sie sich auch schriftlich an Ihre Kundenberater wenden. Die Adresse lautet:

Mercedes-Benz
Customer Assistance Center N.V.
Paul-Henri Spaaklan 1
NL-6221 EN Maastricht
Niederlande

Technische Daten

Mercedes-Benz C 180

Motor

Zylinderzahl/-anordnung		4/R, 4 Ventile pro Zylinder
Hubraum	cm³	1 998
Bohrung x Hub	mm	89,9 x 78,7
Nennleistung	kW/PS	95/129 bei 5 500/min
Nenndrehmoment	Nm	185 bei 3 500/min
Höchstdrehzahl	1/min	6 200
Verdichtungsverhältnis		10,6 : 1
Gemischaufbereitung		Mikroprozessorgesteuerte Benzineinspritzung mit Heißfilm-Luftmassenmessung (HFM)

Kraftübertragung

Kupplung		Einscheiben-Trockenkupplung	
Getriebe		6-Gang-Schaltgetriebe	5-Gang-Automatik
Übersetzungen	Achsantrieb	3,46	3,67
	1. Gang	4,459	3,951
	2. Gang	2,614	2,423
	3. Gang	1,723	1,486
	4. Gang	1,245	1,000
	5. Gang	1,000	0,833
	6. Gang	0,838	–
	Rückwärtsg.	4,062	3,147

Fahrwerk

Vorderachse	Dreilenkerachse, McPherson, Bremsmomentabstützung, Schraubenfedern, Gasdruckstoßdämpfer, Stabilisator
Hinterachse	Raumlenkerachse, Anfahr- und Bremsmomentabstützung, Schraubenfedern, Gasdruckstoßdämpfer
Bremsanlage	Hydraul. Zweikreisbremse mit Unterdruckverstärker, Stufenhauptbremszylinder, Scheibenbremsen v. innenbelüftet, Scheibenbremsen h. massiv, Feststell-Trommelbremse hinten, ABS, Brems-Assistent, ESP®
Lenkung	Zahnstangen-Servolenkung, Lenkungsstoßdämpfer
Felgen	6 J x 15; Sportcoupé: 7 J x 16
Reifen	195/65 R 15; Sportcoupé: 205/55 R 16

Maße und Gewichte

Radstand	mm	2 715
Spurweite vorn/hinten	mm	1 505/1 476; Sportcoupé: 1 493/1 464
Gesamt-Länge	mm	4 526; T-Modell: 4 541; Sportcoupé: 4 343
Gesamt-Breite	mm	1 728
Gesamt-Höhe	mm	1 426; T-Modell: 1 465; Sportcoupé: 1 406
Wendekreis	m	10,76
Kofferraumvolumen max.*	l	455; T-Modell: 470 – 1 384; Sportcoupé: 310 – 1 100
Gewicht fahrfertig nach EG	kg	1 455; T-Modell: 1 505; Sportcoupé: 1 445
Zuladung	kg	480; T-Modell: 525; Sportcoupé: 425
Zulässiges Gesamtgewicht	kg	1 935; T-Modell: 2 030; Sportcoupé: 1 870
Tankinhalt/davon Reserve	l	62/8

Fahrleistungen und Kraftstoffverbrauch

		Limousine	T-Modell	Sportcoupé
Beschleunigung 0–100 km/h	s	11,0	11,3	11,0
Höchstgeschwindigkeit	km/h	210	206	210
Kraftstoffverbrauch NEFZ ges.	l/100 km	9,4	9,6	9,4

*nach VDA-Messmethode

Mercedes-Benz C 200 KOMPRESSOR

Motor

Zylinderzahl/-anordnung		4/R, 4 Ventile pro Zylinder
Hubraum	cm³	1 998
Bohrung x Hub	mm	89,9 x 78,7
Nennleistung	kW/PS	120/163 bei 5 300/min
Nenndrehmoment	Nm	230 bei 2 500 – 4 800/min
Höchstdrehzahl	1/min	6 200
Verdichtungsverhältnis		9,5 : 1
Gemischaufbereitung		Mikroprozessorgesteuerte Benzineinspritzung mit Heißfilm-Luftmassenmessung (HFM)

Kraftübertragung

Kupplung		Einscheiben-Trockenkupplung	
Getriebe		6-Gang-Schaltgetriebe	5-Gang-Automatik
Übersetzungen	Achsantrieb	3,46	3,27
	1. Gang	4,459	3,951
	2. Gang	2,614	3,423
	3. Gang	1,723	1,486
	4. Gang	1,245	1,000
	5. Gang	1,000	0,833
	6. Gang	0,838	–
	Rückwärtsg.	4,062	3,147

Fahrwerk

Vorderachse	Dreilenkerachse, McPherson, Bremsmomentabstützung, Schraubenfedern, Gasdruckstoßdämpfer, Stabilisator
Hinterachse	Raumlenkerachse, Anfahr- und Bremsmomentabstützung, Schraubenfedern, Gasdruckstoßdämpfer, Stabilisator
Bremsanlage	Hydraul. Zweikreisbremse mit Unterdruckverstärker, Stufenhauptbremszylinder, Scheibenbremsen v. innenbelüftet, Scheibenbremsen h. massiv, Feststell-Trommelbremse hinten, ABS, Brems-Assistent, ESP®
Lenkung	Zahnstangen-Servolenkung, Lenkungsstoßdämpfer
Felgen	6 J x 15; Sportcoupé: 7 J x 16
Reifen	195/65 R 15; Sportcoupé: 205/55 R 16

Maße und Gewichte

Radstand	mm	2 715
Spurweite vorn/hinten	mm	1 505/1 476; Sportcoupé: 1 493/1 464
Gesamt-Länge	mm	4 526; T-Modell: 4 541; Sportcoupé: 4 343
Gesamt-Breite	mm	1 728
Gesamt-Höhe	mm	1 426; T-Modell: 1 465; Sportcoupé: 1 406
Wendekreis	m	10,76
Kofferraumvolumen max.*	l	455; T-Modell: 470 – 1 384; Sportcoupé: 310 – 1 100
Gewicht fahrfertig nach EG	kg	1 490; T-Modell: 1 540; Sportcoupé: 1 480
Zuladung	kg	480; T-Modell: 525; Sportcoupé: 425
Zulässiges Gesamtgewicht	kg	1 970; T-Modell: 2 065; Sportcoupé: 1 905
Tankinhalt/davon Reserve	l	62/8

Fahrleistungen und Kraftstoffverbrauch

		Limousine	T-Modell	Sportcoupé
Beschleunigung 0–100 km/h	s	9,3	9,6	9,3
Höchstgeschwindigkeit	km/h	230	226	230
Kraftstoffverbrauch NEFZ ges.	l/100 km	9,5	9,9	9,7

*nach VDA-Messmethode

Mercedes-Benz C 230 KOMPRESSOR (Sportcoupé)

Motor

Zylinderzahl/-anordnung		4/R, 4 Ventile pro Zylinder
Hubraum	cm³	2 295
Bohrung x Hub	mm	90,9 x 88,4
Nennleistung	kW/PS	145/197 bei 5 500/min
Nenndrehmoment	Nm	280 bei 2 500 – 4 800/min
Höchstdrehzahl	1/min	6 200
Verdichtungsverhältnis		9,0 : 1
Gemischaufbereitung		Mikroprozessorgesteuerte Benzineinspritzung mit Heißfilm-Luftmassenmessung (HFM)

Kraftübertragung

Kupplung		Einscheiben-Trockenkupplung	
Getriebe		6-Gang-Schaltgetriebe	5-Gang-Automatik
Übersetzungen	Achsantrieb	3,46	3,27
	1. Gang	4,459	3,951
	2. Gang	2,614	3,423
	3. Gang	1,723	1,486
	4. Gang	1,245	1,000
	5. Gang	1,000	0,833
	6. Gang	0,838	–
	Rückwärtsg.	4,062	3,147

Fahrwerk

Vorderachse	Dreilenkerachse, McPherson, Bremsmomentabstützung, Schraubenfedern, Gasdruckstoßdämpfer, Stabilisator
Hinterachse	Raumlenkerachse, Anfahr- und Bremsmomentabstützung, Schraubenfedern, Gasdruckstoßdämpfer, Stabilisator
Bremsanlage	Hydraul. Zweikreisbremse mit Unterdruckverstärker, Stufenhauptbremszylinder, Scheibenbremsen v. innenbelüftet, Scheibenbremsen h. massiv, Feststell-Trommelbremse hinten, ABS, Brems-Assistent, ESP®
Lenkung	Zahnstangen-Servolenkung, Lenkungsstoßdämpfer
Felgen	7 J x 16
Reifen	205/55 R 16

Maße und Gewichte

Radstand	mm	2 715
Spurweite vorn/hinten	mm	1 493/1 464
Gesamt-Länge	mm	4 343
Gesamt-Breite	mm	1 728
Gesamt-Höhe	mm	1 406
Wendekreis	m	10,76
Kofferraumvolumen max.*	l	310 – 1 100
Gewicht fahrfertig nach EG	kg	1 500
Zuladung	kg	425
Zulässiges Gesamtgewicht	kg	1 925
Tankinhalt/davon Reserve	l	62/8

Fahrleistungen und Kraftstoffverbrauch

		6-Gang-Schaltgetriebe	5-Gang-Automatik
Beschleunigung 0 –100 km/h	s	8,0	8,1
Höchstgeschwindigkeit	km/h	240	237
Kraftstoffverbrauch NEFZ ges.	l/100 km	9,9	9,9

*nach VDA-Messmethode

Mercedes-Benz C 240

Motor

Zylinderzahl/-anordnung		6/V, 3 Ventile pro Zylinder
Hubraum	cm³	2 597
Bohrung x Hub	mm	89,9 x 68,2
Nennleistung	kW/PS	125/170 bei 5 500/min
Nenndrehmoment	Nm	240 bei 4 500/min
Höchstdrehzahl	1/min	6 000
Verdichtungsverhältnis		10,5 : 1
Gemischaufbereitung		Mikroprozessorgesteuerte Benzineinspritzung mit Heißfilm-Luftmassenmessung (HFM)

Kraftübertragung

Kupplung		Einscheiben-Trockenkupplung	
Getriebe		6-Gang-Schaltgetriebe	5-Gang-Automatik
Übersetzungen	Achsantrieb	3,46	3,46
	1. Gang	4,459	3,951
	2. Gang	2,614	3,423
	3. Gang	1,723	1,486
	4. Gang	1,245	1,000
	5. Gang	1,000	0,833
	6. Gang	0,838	–
	Rückwärtsg.	4,062	3,147

Fahrwerk

Vorderachse	Dreilenkerachse, McPherson, Bremsmomentabstützung, Schraubenfedern, Gasdruckstoßdämpfer, Stabilisator
Hinterachse	Raumlenkerachse, Anfahr- und Bremsmomentabstützung, Schraubenfedern, Gasdruckstoßdämpfer, Stabilisator
Bremsanlage	Hydraul. Zweikreisbremse mit Unterdruckverstärker, Stufenhauptbremszylinder, Scheibenbremsen v. innenbelüftet, Scheibenbremsen h. massiv, Feststell-Trommelbremse hinten, ABS, Brems-Assistent, ESP®
Lenkung	Zahnstangen-Servolenkung, Lenkungsstoßdämpfer
Felgen	7 J x 16
Reifen	205/55 R 16

Maße und Gewichte

Radstand	mm	2 715
Spurweite vorn/hinten	mm	1 505/1 476
Gesamt-Länge	mm	4 526; T-Modell: 4 541
Gesamt-Breite	mm	1 728
Gesamt-Höhe	mm	1 426; T-Modell: 1 465
Wendekreis	m	10,76
Kofferraumvolumen max.*	l	455; T-Modell: 470 – 1 384
Gewicht fahrfertig nach EG	kg	1 535; T-Modell: 1 585
Zuladung	kg	480; T-Modell: 525
Zulässiges Gesamtgewicht	kg	2 015; T-Modell: 2 110
Tankinhalt/davon Reserve	l	62/8

Fahrleistungen und Kraftstoffverbrauch

		Limousine	T-Modell
Beschleunigung 0 –100 km/h	s	9,2	9,5
Höchstgeschwindigkeit	km/h	235	229
Kraftstoffverbrauch NEFZ ges.	l/100 km	10,8	11,6

*nach VDA-Messmethode

Technische Daten

Mercedes-Benz C 320

Motor

Zylinderzahl/-anordnung		6/V, 3 Ventile pro Zylinder
Hubraum	cm³	3 199
Bohrung x Hub	mm	89,9 x 84,0
Nennleistung	kW/PS	160/218 bei 5 700/min
Nenndrehmoment	Nm	310 bei 3 000 – 4 600/min
Höchstdrehzahl	1/min	6 000
Verdichtungsverhältnis		10,0 : 1
Gemischaufbereitung		Mikroprozessorgesteuerte Benzineinspritzung mit Heißfilm-Luftmassenmessung (HFM)

Kraftübertragung

Getriebe		5-Gang-Automatik
Übersetzungen	Achsantrieb	3,27
	1. Gang	3,951
	2. Gang	2,423
	3. Gang	1,486
	4. Gang	1,000
	5. Gang	0,833
	6. Gang	–
	Rückwärtsg.	3,147

Fahrwerk

Vorderachse	Dreilenkerachse, McPherson, Bremsmomentabstützung, Schraubenfedern, Gasdruckstoßdämpfer, Stabilisator
Hinterachse	Raumlenkerachse, Anfahr- und Bremsmomentabstützung, Schraubenfedern, Gasdruckstoßdämpfer, Stabilisator
Bremsanlage	Hydraul. Zweikreisbremse mit Unterdruckverstärker, Stufenhauptbremszylinder, Scheibenbremsen v. innenbelüftet, Scheibenbremsen h. massiv, Feststell-Trommelbremse hinten, ABS, Brems-Assistent, ESP®
Lenkung	Zahnstangen-Servolenkung, Lenkungsstoßdämpfer
Felgen	7 J x 16
Reifen	205/55 R 16

Maße und Gewichte

Radstand	mm	2 715
Spurweite vorn/hinten	mm	1 505/1 476
Gesamt-Länge	mm	4 526; T-Modell: 4 541
Gesamt-Breite	mm	1 728
Gesamt-Höhe	mm	1 426; T-Modell: 1 465
Wendekreis	m	10,76
Kofferraumvolumen max.*	l	455; T-Modell: 470 – 1 384
Gewicht fahrfertig nach EG	kg	1 565; T-Modell: 1 615
Zuladung	kg	480; T-Modell: 525
Zulässiges Gesamtgewicht	kg	2 045; T-Modell: 2 120
Tankinhalt/davon Reserve	l	62/8

Fahrleistungen und Kraftstoffverbrauch

		Limousine	T-Modell
Beschleunigung 0 – 100 km/h	s	7,8	8,1
Höchstgeschwindigkeit	km/h	245	242
Kraftstoffverbrauch NEFZ ges.	l/100 km	10,5	11,3

*nach VDA-Messmethode

Mercedes-Benz C 200 CDI

Motor

Zylinderzahl/-anordnung		4/R, 4 Ventile pro Zylinder
Hubraum	cm³	2 148
Bohrung x Hub	mm	88,0 x 88,3
Nennleistung	kW/PS	85/116 bei 4 200/min
Nenndrehmoment	Nm	250 bei 1 400 – 2 600/min
Höchstdrehzahl	1/min	4 750
Verdichtungsverhältnis		18,0 : 1
Gemischaufbereitung		Hochdruckeinspritzung, Common-Rail-Technik, Abgasturbolader, EDC

Kraftübertragung

Kupplung		Einscheiben-Trockenkupplung	
Getriebe		6-Gang-Schaltgetriebe	5-Gang-Automatik
Übersetzungen	Achsantrieb	2,65	2,87
	1. Gang	4,988	3,959
	2. Gang	2,816	2,423
	3. Gang	1,780	1,486
	4. Gang	1,249	1,000
	5. Gang	1,000	0,833
	6. Gang	0,823	–
	Rückwärtsg.	4,544	3,147

Fahrwerk

Vorderachse	Dreilenkerachse, McPherson, Bremsmomentabstützung, Schraubenfedern, Gasdruckstoßdämpfer, Stabilisator
Hinterachse	Raumlenkerachse, Anfahr- und Bremsmomentabstützung, Schraubenfedern, Gasdruckstoßdämpfer, Stabilisator
Bremsanlage	Hydraul. Zweikreisbremse mit Unterdruckverstärker, Stufenhauptbremszylinder, Scheibenbremsen v. innenbelüftet, Scheibenbremsen h. massiv, Feststell-Trommelbremse hinten, ABS, Brems-Assistent, ESP®
Lenkung	Zahnstangen-Servolenkung, Lenkungsstoßdämpfer
Felgen	6 J x 15
Reifen	195/65 R 15

Maße und Gewichte

Radstand	mm	2 715
Spurweite vorn/hinten	mm	1 505/1 476
Gesamt-Länge	mm	4 526; T-Modell: 4 541
Gesamt-Breite	mm	1 728
Gesamt-Höhe	mm	1 426; T-Modell: 1 465
Wendekreis	m	10,76
Kofferraumvolumen max.*	l	455; T-Modell: 470 – 1 384
Gewicht fahrfertig nach EG	kg	1 505; T-Modell: 1 555
Zuladung	kg	480; T-Modell: 525
Zulässiges Gesamtgewicht	kg	1 985; T-Modell: 2 080
Tankinhalt/davon Reserve	l	62/8

Fahrleistungen und Kraftstoffverbrauch

		Limousine	T-Modell
Beschleunigung 0 – 100 km/h	s	12,1	12,6
Höchstgeschwindigkeit	km/h	203	197
Kraftstoffverbrauch NEFZ ges.	l/100 km	6,1	6,7

*nach VDA-Messmethode

Mercedes-Benz C 220 CDI

Motor

Zylinderzahl/-anordnung		4/R, 4 Ventile pro Zylinder
Hubraum	cm³	2 148
Bohrung x Hub	mm	88,0 x 88,3
Nennleistung	kW/PS	105/143 bei 4 200/min
Nenndrehmoment	Nm	315 bei 1 800 – 2 600/min
Höchstdrehzahl	1/min	4 750
Verdichtungsverhältnis		18,0 : 1
Gemischaufbereitung		Hochdruckeinspritzung, Common-Rail-Technik, Abgasturbolader, EDC

Kraftübertragung

Kupplung		Einscheiben-Trockenkupplung	
Getriebe		6-Gang-Schaltgetriebe	5-Gang-Automatik
Übersetzungen	Achsantrieb	2,65	2,87
	1. Gang	5,014	3,951
	2. Gang	2,831	2,423
	3. Gang	1,789	1,486
	4. Gang	1,256	1,000
	5. Gang	1,000	0,833
	6. Gang	0,828	–
	Rückwärtsg.	4,569	3,147

Fahrwerk

Vorderachse	Dreilenkerachse, McPherson, Bremsmomentabstützung, Schraubenfedern, Gasdruckstoßdämpfer, Stabilisator
Hinterachse	Raumlenkerachse, Anfahr- und Bremsmomentabstützung, Schraubenfedern, Gasdruckstoßdämpfer, Stabilisator
Bremsanlage	Hydraul. Zweikreisbremse mit Unterdruckverstärker, Stufenhauptbremszylinder, Scheibenbremsen v. innenbelüftet, Scheibenbremsen h. massiv, Feststell-Trommelbremse hinten, ABS, Brems-Assistent, ESP®
Lenkung	Zahnstangen-Servolenkung, Lenkungsstoßdämpfer
Felgen	6 J x 15; Sportcoupé: 7 J x 16
Reifen	195/65 R 15; Sportcoupé: 205/55 R 16

Maße und Gewichte

Radstand	mm	2 715
Spurweite vorn/hinten	mm	1 505/1 476; Sportcoupé: 1 493/1 464
Gesamt-Länge	mm	4 526; T-Modell: 4 541; Sportcoupé: 4 343
Gesamt-Breite	mm	1 728
Gesamt-Höhe	mm	1 426; T-Modell: 1 465; Sportcoupé: 1 406
Wendekreis	m	10,76
Kofferraumvolumen max.*	l	455; T-Modell: 470 – 1 384; Sportcoupé: 310 – 1 100
Gewicht fahrfertig nach EG	kg	1 520; T-Modell: 1 570; Sportcoupé: 1 505
Zuladung	kg	480; T-Modell: 525; Sportcoupé: 425
Zulässiges Gesamtgewicht	kg	2 000; T-Modell: 2 095; Sportcoupé: 1 930
Tankinhalt/davon Reserve	l	62/8

Fahrleistungen und Kraftstoffverbrauch

		Limousine	T-Modell	Sportcoupé
Beschleunigung 0 –100 km/h	s	10,3	10,7	10,3
Höchstgeschwindigkeit	km/h	220	214	220
Kraftstoffverbrauch NEFZ ges.	l/100 km	6,2	6,2	6,2

*nach VDA-Messmethode

Mercedes-Benz C 270 CDI

Motor

Zylinderzahl/-anordnung		5/R, 4 Ventile pro Zylinder
Hubraum	cm³	2 685
Bohrung x Hub	mm	88,0 x 88,3
Nennleistung	kW/PS	125/170 bei 4 200/min
Nenndrehmoment	Nm	370 bei 1 800 – 2 800/min 400 bei 1 800 – 2 600/min*
Höchstdrehzahl	1/min	4 750
Verdichtungsverhältnis		18,0 : 1
Gemischaufbereitung		Hochdruckeinspritzung, Common-Rail-Technik, Abgasturbolader, EDC

Kraftübertragung

Kupplung		Einscheiben-Trockenkupplung	
Getriebe		6-Gang-Schaltgetriebe	5-Gang-Automatik
Übersetzungen	Achsantrieb	2,47	2,65
	1. Gang	5,014	3,595
	2. Gang	2,831	2,186
	3. Gang	1,789	1,405
	4. Gang	1,256	1,000
	5. Gang	1,000	0,831
	6. Gang	0,828	–
	Rückwärtsg.	4,569	3,167

Fahrwerk

Vorderachse	Dreilenkerachse, McPherson, Bremsmomentabstützung, Schraubenfedern, Gasdruckstoßdämpfer, Stabilisator
Hinterachse	Raumlenkerachse, Anfahr- und Bremsmomentabstützung, Schraubenfedern, Gasdruckstoßdämpfer, Stabilisator
Bremsanlage	Hydraul. Zweikreisbremse mit Unterdruckverstärker, Stufenhauptbremszylinder, Scheibenbremsen v. innenbelüftet, Scheibenbremsen h. massiv, Feststell-Trommelbremse hinten, ABS, Brems-Assistent, ESP®
Lenkung	Zahnstangen-Servolenkung, Lenkungsstoßdämpfer
Felgen	7 J x 16
Reifen	205/55 R 16

Maße und Gewichte

Radstand	mm	2 715
Spurweite vorn/hinten	mm	1 505/1 476
Gesamt-Länge	mm	4 526; T-Modell: 4 541
Gesamt-Breite	mm	1 728
Gesamt-Höhe	mm	1 426; T-Modell: 1 465
Wendekreis	m	10,76
Kofferraumvolumen max.**	l	455; T-Modell: 470 – 1 384
Gewicht fahrfertig nach EG	kg	1 600; T-Modell: 1 650
Zuladung	kg	p480; T-Modell: 525
Zulässiges Gesamtgewicht	kg	2 080; T-Modell: 2 175
Tankinhalt/davon Reserve	l	62/8

Fahrleistungen und Kraftstoffverbrauch

		Limousine	T-Modell
Beschleunigung 0 –100 km/h	s	8,9	9,3
Höchstgeschwindigkeit	km/h	230	224
Kraftstoffverbrauch NEFZ ges.	l/100 km	6,8	7,1

*mit Fünfgang-Automatikgetriebe; **nach VDA-Messmethode

Mercedes-Benz C 32 AMG

Motor

Zylinderzahl/-anordnung		6/V, 3 Ventile pro Zylinder
Hubraum	cm³	3 199
Bohrung x Hub	mm	89,9 x 84,0
Nennleistung	kW/PS	260/354 bei 6 100/min
Nenndrehmoment	Nm	450 bei 4 400/min
Verdichtungsverhältnis		9,0 : 1
Gemischaufbereitung		Mikroprozessorgesteuerte Benzineinspritzung, Kompressor

Kraftübertragung

Getriebe		5-Gang-Automatik
Übersetzungen	Achsantrieb	3,06
	1. Gang	3,59
	2. Gang	2,19
	3. Gang	1,41
	4. Gang	1,00
	5. Gang	0,83
	Rückwärtsg.	3,16

Fahrwerk

Vorderachse	Dreilenkerachse, McPherson, Bremsmomentabstützung, Schraubenfedern, Gasdruckstoßdämpfer, Stabilisator
Hinterachse	Raumlenkerachse, Anfahr- und Bremsmomentabstützung, Schraubenfedern, Gasdruckstoßdämpfer, Stabilisator
Bremsanlage	Hydraul. Zweikreisbremse mit Unterdruckverstärker, Stufenhauptbremszylinder, v. innenbelüftete, gelochte Scheibenbremsen, h. innenbelüftete Scheibenbremsen, Feststell-Trommelbremse hinten, ABS, Brems-Assistent, ESP®
Lenkung	Zahnstangen-Servolenkung, Lenkungsstoßdämpfer
Felgen	vorn: 7,5 x 17 ET 37; hinten: 8,5 x 17 ET 30
Reifen	vorn: 225/45 ZR 17; hinten 245/40 ZR 17

Maße und Gewichte

Radstand	mm	2 715
Spurweite vorn/hinten	mm	1 505/1 476
Gesamt-Länge	mm	4 526; T-Modell: 4 541
Gesamt-Breite	mm	1 728
Gesamt-Höhe	mm	1 426; T-Modell: 1 465
Wendekreis	m	10,76
Kofferraumvolumen max.*	l	455; T-Modell: 470 – 1 384
Gewicht fahrfertig nach EG	kg	1 635; T-Modell: 1 695
Zuladung	kg	480; T-Modell: 505
Zulässiges Gesamtgewicht	kg	2 115; T-Modell: 2 200
Tankinhalt/davon Reserve	l	62/8

Fahrleistungen und Kraftstoffverbrauch

		Limousine	T-Modell
Beschleunigung			
0 – 100 km/h	s	5,2	5,4
Höchstgeschwindigkeit	km/h	250	250
Kraftstoffverbrauch			
NEFZ ges.	l/100 km	11,3	11,9

*nach VDA-Messmethode

Sprachführer für Autofahrer

Sprechen Sie deutsch?

Deutsch	Englisch	Französisch	Italienisch	Spanisch
Vokabeln				
Tankstelle	petrol station	la station service	il distributore di benzina	la estación de servicio
Benzin/Diesel	petrol/diesel	l'essence/le gasoil	la benzina/il gasolio	la gasolina/el gasóleo
Motoröl	engine oil	l'huile moteur	l'olio motore	el aceite
Wasser	water	l'eau	l'acqua	el agua
Ölwechsel	oil change	la vidange	cambio dell'olio	cambio de aceite
Reifenpanne	puncture	la panne de pneu	una gomma forata	una rueda pinchada
Pannendienst	breakdown service	le service de dépannage	soccorso stradale	servicio de ayuda
Motor	engine	le moteur	il motore	el motor
Reifen	wheel, tyre	le pneu	il pneumatico	el neumático, la rueda
Bremse	brake	le frein	il freno	el freno
Scheinwerfer	head lamp	le phare	il faro	el faro
Bremslicht	stop lamp	le feu stop	la luce di arresto	la luz de frenado
Rücklicht	rear light, tail light	le feu arrière	il fanale posteriore	la luz trasera
Glühlampe	bulb	l'ampoule	la lampadina	la bombilla
Scheibenwischer	wiper	l'essuie-glace	il tergicristalli	el limpiaparabrisas

Sprachführer

Deutsch	Englisch	Französisch	Italienisch	Spanisch
Redewendungen				
Ich habe eine Panne/ Reifenpanne.	My car has broken down. I have got a puncture.	Je suis en panne. J'ai un pneu crevé.	Ho un guasto. Ho una gomma forata.	Tengo una avería. Tengo una rueda pinchada.
Ich habe kein Benzin mehr.	My car has run out of petrol.	Je n'ai plus d'essence.	Non ho più benzina.	Me he quedado sin gasolina.
Mein Wagen springt nicht an.	My car doesn't start.	Ma voiture ne démarre pas.	La mia macchina non parte.	Mi coche no arranca.
Wo ist die nächste Auto-Werkstatt?	Where is the nearest garage?	Ou se trouve le garage plus proche?	Scusi, dov'è l'officina qui vicino?	Perdón, ¿hay algun taller por aqui cerca?
Bitte schicken Sie mir einen Pannendienst.	Please, send me the breakdown service.	Veuillez m'envoyer le service de dépannage.	Mi mandi il soccorso stradale, per favore.	Por favor, envíeme el servicio de ayuda al automovilista.
Können Sie mich abschleppen?	Can you give me a tow?	Pouvez-vouz me dépanner?	Può aiutarmi?	¿Puede usted sacarme de apuros?
Bitte schicken Sie mir einen Abschleppwagen.	Please, send me a breakdown lorry/ tow truck.	Veuillez m'envoyer une dépannense.	Mi mandi per favore il carro attrezzi.	Por favor, envíeme un coche grúa.
Bitte verständigen Sie die nächste Mercedes-Werkstatt.	Please, inform the nearest Mercedes garage.	Veuillez informer le garage Mercedes le plus proche.	Informi la prossima officina di Mercedes, per favore.	Informe el próximo taller de Mercedes, por favor.
Bitte volltanken – bleifreies Superbenzin.	Fill up the tank, please – unleaded premium.	Le plein de super sans plomb, s'il vous plaît.	Mi fa il pieno, per favore – super benzina senza piombo.	Tende el depósito, por favor – de gasolina super sin plomo.
Bitte geben Sie mir zehn zwanzig dreißig Liter Benzin.	Give me ten twenty thirty litres of petrol, please.	Mettez-moi dix vingt trente litres d'essence, s'il vous plaît.	Mi metta dieci venti trenta litri di benzina, per favore.	Póngame diez veinte treinta litros de gasolina, por favor.
Bitte prüfen Sie den Ölstand.	Please, check the oil level.	Veuillez vérifier le niveau d'huile.	Controlli il livello dell'olio, per favore.	Mire el nivel del aceite, por favor.
Bitte prüfen Sie den Reifenluftdruck.	Please, check the tyre pressure.	Pourriez-vous, s'il vous plaît, contrôler la pression des pneus.	Controlli la pressione delle gomme, per favore.	Mire la presión de los neumáticos, por favor.

Register

A

Ablagen	100
Abmessungen	67
ABS	146
Absorber	68
Aero-Akustik	63, 64
Aerodynamik	58 ff.
Airbags	84 ff.
Aktivkohlefilter	115
Aluminium	67
AMG-Motor	158
Anschieben	167
Antennen	125
Antriebsschlupfregelung	146
Arc de Triomphe	178, 186
ASR	146
Assisi	50
ASSYST	160, 166, 167
Auftrieb	62
Außenfarben	30, 31
Automatikgetriebe	172, 173
Autoradios	121
AVANTGARDE	14

B

Benzinmotoren	153
Bodengruppe	64
Bologna	55
Brems-Assistent	141, 145, 146
Bremsen	141
Bremsflüssigkeit	193
Bremskraftverstärker	141
Brescia	35, 42, 45, 46

C

C 32 AMG	18, 149, 158
Camus, Albert	188
CAN	131
Caracciola, Rudolf	36
Cave	24
CD-Laufwerk	122
CD-ROM	120
Centre Pompidou	189
CFD	59
Champs-Elysées	177, 178, 185
CLASSIC	13
COMAND	100, 121, 122
Common Rail	163, 164
Cracken	154
Crash-Boxen	82
Cupholder	100
c_W-Wert	60, 62
Cyberspace	20 ff.

D

D2B	131
Dach	65
Datenbus	130 ff.
Defrost	109
Design	20 ff.
designo	31
Dieselmotoren	161 ff.
Doppelrollo	107
Doppelzündung	159
Dreiventil-Technik	159
Dual-Phasen-Stahl	67, 82
Dynamische Zielführung	118

E

Easy-Entry-System	102
Eiffelturm	180, 187
Einfahren	156
Einkaufsbox	107
ELCODE	127
ELEGANCE	13
Elektronik	116 ff.
Ellipsoid-Stirnwand	83
Ergonomie	96
Ersatzlicht	76
ESP®	144, 145
EVOLUTION	17, 18, 140
EVOLUTION AMG	140

F

Fahrgastzelle	83
Fahrsicherheit	143 ff.
Fahrtraining	142
Fahrwerk	132 ff.
Fangio, Juan Manuel	37
Ferrara	48
Florenz	53
Fondsitzbank	105
Fondsitze	104, 105
Frontalaufprall	82
Frontmodul	92

G

Gepäckraumabdeckung	107
Getriebe	167 ff.
Glühlampen	72
GPS	125
Gubbio	50
Gurtkraftbegrenzer	91
Gurtstraffer	90

H

Handschuhfach	100
Haptik	96
Heckaufprall	88
HEIZMATIK	108
Heizung	108
Hemingway, Ernest	176, 179
Hinterachse	138, 139
Holz	30

I

IIHS	81
Innenraum	94 ff.
Innenraumpflege	98
Instrumententafel	99
Integralträger	135
Interieur	30, 31
ISOFIX	93

J

Jenkinson, Denis	37

K

Kältemittelverdichter	111
Karosserie	56 ff.
Katalysatoren	165, 166
Kinder	93
Kindersitze	93
Klima-Kompressor	111
Klimatisierungsautomatik	110
Kofferraum	108
Kombi-Instrument	98
Kompakt-Gurtstraffer	90
Kompressor	155 ff.
Kopfstützen	91
Korrosionsschutz	68
Kraftstoffsorte	192
Kühlmittel	193
Kunststoff	67
Kurvenfahrt	139

L

La Défense	179
Lackpflege	65
Ladedruck	157
Ladegutsicherung	89
Ladevolumen	15, 105, 106, 107
Längsträger	82
Larcher, Walter	34 ff.
Lautsprecher	127, 128, 129
Leichtbau	66
Leichtmetallräder	148, 149
Lenkrad	137
Lenkung	137
Leuchtdioden	76
Lichtsensor	71
Lichtwellenleiter	131
LINGUATRONIC	129
Louvre	177, 182, 183
Luftfeuchtigkeit	111, 114
Luftwiderstand	62

M

Maßkonzeption	101
McPherson	135
Mille Miglia	32 ff.
Mittelkonsole	99
Mitterrand, François	183
Modellfamilie	12
Moss, Stirling	37
Motoren	19, 150 ff.
Motorhaube	61
Motoröl	193
Multifunktions-Lenkrad	97, 123

N

Nacht	63
Napoléon	178
Naturmaterialien	71
Navigation	118 ff.
NCAP	81
Nebel	63
Neubauer, Alfred	36, 37, 40, 44
Notdienst-System	196
Notlicht	73
Notre-Dame	181, 188

O

Ölstandskontrolle	160
Orientierungslicht	75

P

Padova	48
Palladio, Andrea	48
Panorama-Schiebedach	74
Paris	174 ff.
PARKTRONIC	128
Partikelfilter	115
Perugia	50
PET	71
Piloteinspritzung	165
Place de la Concorde	177
Plattform	64
Pleuel	154
Polyurethan	99
Pont Alexandre III	175, 180
Powerwall	24
PVC	69

R

Rädertausch	146
Radicofani	52
Radspoiler	61
Radstand	143
Raumlenker-Hinterachse	138, 139
Ravenna	48
RDS	119
Real-Life-Safety	80
Reboard-Kindersitz	85
Recycling	70
Regen	60
Regensensor	69
Reheat-Prinzip	110
Reifen	147, 148, 149, 193
Reifenluftdruck	147
Reifenprofiltiefe	147
Reiserechner	97
Reparaturfreundlichkeit	92
Retter, Helmut	34 ff.
Rimini	48
Rom	50, 51
Rückleuchten	76

S

San Marino	48
Sartre, Jean-Paul	188
Sauggebläse	154
Saugmodul	160
Schaltmodul	169
Scheiben	192
Scheibenbremsen	141
Scheibenwischer	69
Scheinwerfer	75, 76, 77
Schlüssel	127
Sebastian, Wilhelm	36
Sechsgang-Getriebe	167
Sechszylinder	158 ff.
Seitenaufprall	86 ff.
Seitenwände	65
SEQUENTRONIC	168 ff.
Sicherheit	78 ff.
Sicherheitsgurte	90, 91
Sicherheitsnetz	89
Sidebag	88
Siena	53
Sitze	102 ff.
SMS	118
Sonnenstand	114
Soundsystem	128
SPEEDSHIFT	18
SPEEDTRONC	128
Spoilerkante	61
Sportcoupé	17, 29
Sportfahrwerk	136

Sprachbedienung	129
Sprachführer	202, 203
Spurweite	143
Stereobrille	25
Stirnfläche	62
Straßenlage	62

T

Tagfahrlicht	75
Tailored Blanks	66
Taupunktsensor	111
TELEAID	124, 125
TELEDIAGNOSE	126
THERMATIC	110, 111
THERMOTRONIC	110, 112, 113
TIREFIT	107, 143
T-Modell	15, 28, 89, 105
Turbolader	161, 162
TV-Empfang	124

U

Überschlag	88, 89
Umluftschaltung	112
Unfallreparatur	82
Unterbodenverkleidung	61, 69, 70
Urbino	49, 50
UV-Licht	74

V

Verona	39, 46, 47
Vicenza	48
Vier-Augen-Gesicht	26
Vierzylindermotoren	152 ff.
Virtual Reality	24, 58
VNT	162, 164
Vorderachse	134

W

Wendekreis	143
Werkstoffe	71
Werner, Christian	36
Wilde, Oscar	188
Windkanal	59
Windowbag	87, 88

X

Xenon-Licht	73

Z

Zentral-Display	97, 98
Zierteile	30
Zink	68
Zündspulen	153
Zündstartschalter	127
Zusatzheizsystem	163
Zylinder-Laufbuchsen	160

Christof Vieweg, Jahrgang 1956, ist Fachjournalist und Autor verschiedener Publikationen, die sich mit Themen aus den Bereichen Automobil, Technik und Wissenschaft beschäftigen. 1995 erschien sein erstes Buch in der Reihe „Technik transparent", zu der inzwischen zwölf Dokumentationen über die Mercedes-Personenwagen gehören.